Tonius Timmermann
Die Musik des Menschen

SERIE WEGE ZUR
PIPER GANZHEIT
Band 2089

Zu diesem Buch

Musik wird in ursprünglichen Kulturen nicht nur Experten überlassen und als Ware konsumiert, sondern ermöglicht allen Menschen heilsame Selbsterfahrung, Ausdruck und Kommunikation. Heute werden diese therapeutischen Qualitäten von Kultur insgesamt wiederentdeckt, vor allem durch Therapieverfahren, die leiborientiert und mit künstlerischen Medien arbeiten. Der Musiktherapeut Tonius Timmermann schildert am Beispiel der Musik, wie Erfahrungen aus der Therapie über die Krankenbehandlung hinaus für eine menschennähere Kultur nutzbar gemacht werden können. Angesichts der Krise des Gesundheitssystems werden dringend »Räume« benötigt, die der Förderung psychosozialer Gesundheit dienen, wo Selbsterfahrung durch schöpferisches Handeln wieder Lebens-Kunst finden hilft.

Tonius Timmermann, geboren 1950 in Lingen/Ems, Studium der Pädagogik, Tätigkeit als Musikpädagoge, Studium der Musiktherapie in Wien, Atemausbildung in München, Tätigkeit an Kliniken, Promotion über eine musiktherapeutische Einzelfallstudie; arbeitet in freier Praxis als Musiktherapeut in München und Wessobrunn, außerdem am Freien Musikzentrum München.

Tonius Timmermann

DIE MUSIK
DES MENSCHEN

Gesundheit und Entfaltung durch eine
menschennahe Kultur

Piper
München Zürich

Wege zur Ganzheit
Herausgegeben von Helmut Milz und
Matthias Varga von Kibéd

ISBN 3-492-12089-X
Originalausgabe
Oktober 1994
© R. Piper GmbH & Co. KG, München 1994
Umschlag: Federico Luci
Foto: Freies Musikzentrum München
Gesamtherstellung: Clausen & Bosse, Leck
Printed in Germany

Inhalt

Vorwort

Das Verlangen nach Visionen hat zunächst persönliche Gründe. Man sucht seine Identität, einen sinnvollen eigenen Weg, eine Orientierung: Woher komme ich? Wer bin ich und wo stehe ich? Wohin gehe ich? Zu diesen zentralen Fragen wurde ich wieder einmal angeregt, als ich 1992 in einem Vortrag die Zukunftsperspektiven der Musiktherapie beleuchten sollte. Dabei erkannte ich sehr schnell, daß sich dieser Fragenkomplex nur im Hinblick auf eine umfassendere Bewußtseins- und Kulturentwicklung behandeln läßt. Zukunft ist zu einem heiklen Thema geworden, und es kostet Mut, sich den dazugehörigen brennenden Problemen zu stellen, auf die niemand sichere Antworten weiß, weil es eine Situation wie die gegenwärtige in der von uns überschaubaren Geschichte einfach noch nicht gab. Da wir also über keine tradierten Handlungsstrategien verfügen, sind schöpferisches Denken und Gestalten, Phantasie, Intuition und ähnliche Tugenden gefragt – und alle Möglichkeiten, diese zu fördern.

Der Aspekt, unter dem ich mich mit dieser Thematik befassen möchte, ist der kulturelle: Welche Möglichkeiten bietet »Kultur« (dieser Begriff wird noch eingehend zu reflektieren sein) für eine förderliche Zukunftsgestaltung? Sicherlich kann damit keine Kultur gemeint sein, die, abgehoben von der Mehrheit der Menschen, als Bildungswert ein elitäres Dasein fristet; ebensowenig eine Kultur, die sich mit oberflächlicher Harmonie begnügt, Flucht und Verdrängung fördert. Möglichst menschennah müßte es bei dieser Kultur zugehen, so daß sie dem Menschen wieder zurückgegeben wird. Es müßten Räume bereitstehen, in denen sich Menschen über den gemeinsamen schöpferischen Ausdruck und Eindruck begegnen, wo wirkliche, ja existentielle Erfahrungen gemacht werden können. Zu diesen Räumen hätten nicht nur wenige Auserwählte aufgrund ihrer Fachkompetenz Zutritt, sondern alle aufgeschlossenen Menschen, unabhängig von Bildung, Alter oder Herkunft. Gemeinsames oder auch alleiniges Tun und Rezipieren, Kultur-Schaffen und Kultur-Erleben sind gangbare Auswege aus Entfremdung und Isolation, worunter in der technischen Zivilisation viele Menschen leiden und in vielfältiger Form erkranken.

Menschennahe Kultur ist mehr als eine humane, freundliche Geste. Zukunftsprobleme, wie fortschreitende ökologische Krisen, Überbevölkerung, Hunger, innenpolitische und ethnische Spannungen, drohende und akute Kriege, werden immer dramatischer. Diesen Belastungen und den damit zusammenhängenden drängenden Aufgaben werden wir nicht mit einer »Realpolitik« beikommen, die nur Sofortlösungen nachhetzt, um das Schlimmste zu verhindern. Wir brauchen vielmehr neue Visionen, die den Maßen einer menschlichen Weltordnung entsprechen – und der Sinn für das rechte Maß kann nicht nur intellektuell, sondern muß auch emotional erfaßt werden. Dazu bedarf es umfassender Bewußtseinsveränderungen, nicht nur in der Bedeutung eines Um-Denkens, sondern auch einer Umkehr im Fühlen und Erleben.

In jenem Vortrag sagte ich seinerzeit: »Wenn es eine Zukunft für uns Menschen geben soll, reicht es für einen grundlegenden Wandlungsprozeß nicht aus, die Folgen der ökologischen Krise auf der biologischen Ebene zu betrachten und zu beseitigen, sondern wir müssen uns auch mit *den* Ursachen beschäftigen, die im geistig-seelischen beziehungsweise psychosozialen Bereich wurzeln; bei Capra las ich dazu den Begriff der »tiefen Ökologie«. Wie konnte es geschehen, daß ein Bewußtsein der Entfremdung und des Abgesondertseins vom Kosmos, von der Schöpfung so mächtig wurde, daß der Mensch seine Lebensgrundlagen zerstört, und welches ist die geeignete Therapie für diese psychopathologische Verirrung? Wie kann es gelingen, möglichst vielen Menschen wieder eine Erfahrung von Teilhabe zu vermitteln: sinnvoller Teil eines sinnvollen Ganzen zu sein und dies gern mit den anderen Menschen zu teilen? Können Formen von Therapie und Selbsterfahrung, die über das Wort hinaus mit Leib und Seele musisches Erleben und musischen Ausdruck ermöglichen, dazu beitragen, einen Wertewandel vom Wahnsinn permanenten materiellen Wachstums in Richtung auf ein Streben nach innerem Wachstum und sozialer Harmonie voranzutreiben?«[1]

Auf der weltpolitischen Bühne treten noch immer und zur Zeit verstärkt (und oft sehr medienwirksame) Kräfte auf, die dem für eine Bewältigung der Zukunft so dringend notwendigen Zusammenwirken *aller* Menschen entgegenarbeiten (religiöser und politischer Fundamentalismus, Nationalismus, Fremdenhaß etc.). Gleichzeitig entstehen weniger spektakuläre Bestrebungen, an einer menschheitsverbindenden Kultur mitzuwirken. Hiervon soll im folgenden die Rede sein.

Im Emsland, wo ich aufgewachsen bin, gibt es zahlreiche, mehr oder weniger geordnete Ansammlungen großer bis riesenhafter Steine, die im Volksmund auch wohl »Hünengräber« genannt werden und ansonsten als »urzeitliche Kulturdenkmäler« ausgeschildert sind. Schon als Kind stand ich vor diesen mächtigen Zeugnissen frühen menschlichen Wirkens und fragte mich, warum diese Leute sich damals eine solche Mühe gemacht haben, so schwere Steine aufeinanderzuwuchten. Zum Gedächnis ihrer Ahnen? Aufgrund bestimmter Vorstellungen vom Jenseits, von einer anderen Welt, in die wir nach dem Tode gehen? Hatten sie nicht genug damit zu tun, im Diesseits zu überleben? Welche innere Kraft bewirkte diesen Aufwand an äußerer Kraft? Ist es die gleiche Kraft, die sie Höhlenwände bemalen und Knochenflöten bauen ließ?

Offensichtlich gibt es seit jeher im Menschen etwas, das über die biologische Existenzsicherung hinaus in ihm wirksam ist und zur Gestaltung drängt. Die Frage nach dieser Kraft ist ein Grundthema dieses Buches. Mit ihr wenden wir uns zurück in graue Vorzeit und blicken nach vorn in eine noch ungewisse Zukunft. In dem berühmten Science-Fiction-Film *2001 – Odyssee im Weltraum* von Stanley Kubrick beeindruckte mich eine Szene, wo ein plötzlich vom Licht des Bewußtseins begeisterter Primat einen Knochen in die Luft wirft, und der fliegt höher und höher und verwandelt sich in ein hypermodernes Raumschiff. Visionen von Ursprung und Zukunft verbinden sich in diesem Moment und werden (fiktive) Gegenwart.

Vor etwa zwanzig Jahren fand ich in einem Musikgeschäft einen Prospekt, in dem mir das Wort »Musiktherapie« in die Augen sprang – und mich seither nicht mehr losgelassen hat. In der Lüneburger Heide wurde ein Einführungsseminar mit stark improvisatorischen Schwerpunkten veranstaltet.[2] Die Improvisation lag mir von jeher mehr als das Spiel nach Noten. Sie begleitete mich durch Kindheit und Jugend, half mir, den verwirrenden Gefühlen, denen ich im Verlauf meiner verschiedenen Entwicklungsphasen ausgesetzt war, Richtung und Ordnung zu geben, indem ich versuchte, sie auszudrücken und zu gestalten. Sie war Tröstung und Seligkeit, gelebter Schmerz und gelebte Freude zugleich.

Ich meldete mich noch am selben Tag für das Seminar an und erhielt den letzten noch freien Platz. Meine Erwartungen wurden mehr als erfüllt. Die fremden Menschen, die in die stille Heidelandschaft aus allen Richtungen zusammenströmten, wurden innerhalb weniger Stunden zu einer Gruppe, in der Nähe und Geborgenheit möglich war. Das Spielen mit einfachen Instrumenten, Stimme und Bewegung schloß niemanden aufgrund mangelnder Kenntnisse und Fähigkeiten aus, bildete keine Kompetenzhierarchie und verband uns mehr als Worte. Am Sonntag stand für mich fest, daß mein Weg in diese Richtung weitergehen würde. Bald darauf ging ich nach Wien an die Musikhochschule, wo die erste – und damals noch einzige – Ausbildung zum Musiktherapeuten im deutschsprachigen Raum stattfand[3].

Kurz nach meiner ersten Begegnung mit der Musiktherapie hatte ich noch ein anderes für mich entscheidendes Erlebnis. In Bonn lernte ich die Mitglieder des sich gerade konstituierenden Freien Musikzentrums München kennen, die ihr Projekt dort vorstellten. Die Idee, künstlerische und im weiteren Sinne therapeutische Arbeit in einem Raum anzubieten, der allen Menschen ohne weiteres zugänglich ist, also ohne daß sie sich als Künstler oder Patienten zu definieren haben, begeisterte mich sofort. Hier empfand ich zum ersten Mal ganz deutlich, welch riesige Lücke im Kulturangebot unserer Gesellschaft klafft. Es fehlen einfach Freiräume, in denen Menschen durch Spiel und Beschäftigung mit den Grundlagen der Kultur in Kontakt mit sich und anderen kommen können – ohne daß Leistungen gefordert und bewertet werden. Im Bereich der Musik könnte dieser Kontakt beispielsweise zustande kommen: durch einen spielerischen und experimentellen Zugang zum Singen und Musizieren, durch das Selbstbauen einfacher Instrumente, durch spielerisches Entdekken ihrer Klangmöglichkeiten, durch spontane improvisierte Bewegung zur Musik usw.

So wurde mir die Musik, über die therapeutische Dimension hinaus, zu einer Aufgabe. Neben meiner klinischen Arbeit mit psychisch kranken Patienten blieb es für mich immer wichtig, Selbsterfahrungsgruppen anzubieten, um auch Menschen ohne Patientenstatus Gelegenheit zu geben, mit musiktherapeutischen Mitteln ihren inneren Potentialen und den damit auftretenden Konflikten zu begegnen. Auf diese Weise wuchs in mir die Überzeugung, daß gerade von den Therapieverfahren, die mit künstlerischen Medien arbeiten, wesentliche Impulse zur Erneuerung der Kultur und ihrer Vermittlung ausgehen können.

Hinzu kam die für meine Entwicklung ganz wesentliche Begegnung mit Herta Richter. Die von ihr entwickelte Atemarbeit wurzelt in ihren Erfahrungen mit dem holländischen Atemtherapeuten Cornelius Veening und dem Münchner Arzt Dr. Johannes Schmitt (»Atem-Schmitt«). In den Ausbildungsjahren bei ihr lernte ich mich in neuer und elementarer Weise kennen und erfuhr grundlegende Zugänge zu jenem Bereich, aus dem die Impulse zum Schöpferischen kommen. Ich lernte über den Körper das bewußtere Spüren und über den Atem das aufmerksame Warten, das Vertrauen darauf, daß sich das Stimmige ereignet, wenn ich mich selbst stimme, selbst zum gestimmten Instrument werde, wenn ich nicht »machen« und die Ereignisse zwingen will, sondern mich im wachen Wahrnehmen dessen übe, was gerade *ist*. Diese Haltung hat meine eigene therapeutische Arbeit wesentlich beeinflußt und bereichert. Auch die Zusammenarbeit mit meiner Frau, der Pianistin und Atempädagogin Gabi Engert-Timmermann, wurzelt hier, eine integrale Kombination aus Körper-, Atem- und Musikerfahrungen; sie wird in Teil IV beschrieben.

An der Universität Ulm wirkte ich mit an einem Projekt »Musik in Prävention und Therapie«, das sich seit den achtziger Jahren dort entwickelt[4]. Als übergeordnetes Ziel läßt sich die Vernetzung von Wissenschaft, Kunst und Therapie, ein sinnreiches

Zusammenwirken von Praxis und Forschung beschreiben. Meine Rolle innerhalb dieses Projektes bestand darin, Möglichkeiten zu erkunden, wie man Methoden der modernen Psychotherapieforschung auf die Musiktherapieforschung anwenden könnte[5]. Darüber hinaus beschäftigten mich die anthropologischen Wurzeln der Musikausübung und damit Grundlagen und Sinn kultureller und künstlerischer Gestaltung überhaupt.

Seit 1992 wirke ich in München an einem Projekt mit, das darauf abzielt, alle Therapieverfahren, die mit künstlerischen Medien oder anderen Mitteln der Kultur arbeiten, in einem integralen Konzept zur Prävention, Behandlung und Rehabilitation einzusetzen. Das »Freie Musikzentrum« und die »Gesellschaft zur Förderung von Kunst- und Kulturtherapie«[6] arbeiten zur Zeit zusammen an einer Vernetzung von menschennaher Kulturarbeit und therapieorientierten Angeboten als einer im weitesten Sinne psychosozialen Gesundheitspflege.

Ich habe das alles berichtet, um zu zeigen, wie sich das Thema dieses Buches aus meiner persönlichen Geschichte und entsprechenden Erfahrungen mit vielen Menschen ergibt. Vor allem die musiktherapeutische Arbeit mit musikalischen Laien macht mich ganz sicher, daß eine neue, menschennahe Kulturarbeit aus den Neu- und Wiederentdeckungen der künstlerischen und leiborientierten Therapieverfahren inspiriert und gespeist werden kann. Diese Ansicht könnte aber auch ein gewisses Mißtrauen hervorrufen, das vielleicht Peter Sloterdijk mit der Bemerkung, die Psychoanalytiker deuteten die Welt als Klinik[7], auf den Punkt bringt. Allerdings war die Psychoanalyse ja auch eine Reaktion auf pathologisierende Tendenzen im Zivilisationsprozeß des beginnenden Jahrhunderts, die nicht ohne weiteres nur in einer Gesundheitsnische ohne psychosoziale und politische Konsequenzen und Vernetzungen bearbeitet werden können. Eine in vielerlei Hinsicht kranke Welt braucht sicherlich Therapie, aber nicht noch mehr Kliniken, sondern mehr Gelegenheit zu gesunden. Das bedeutet nicht unbedingt, daß man sich die zukünftige Welt als ein großes Trainigslager für psychosoziale Fitness vorstellen muß. Diese Gefahr scheint mir derzeit auch nicht allzu groß zu sein. So kann ich guten Gewissens für die Einrichtung von Räumen plädieren, in denen mittels Kultur den Entfremdungserscheinungen entgegengewirkt wird, wo Menschen üben können, sich selbst, den anderen und die Mitwelt besser zu spüren und in verantwortliche Beziehung zu anderen zu treten.

Auch wenn ich mich vielleicht hier und da der Kritik der Spezialisten aussetze, so wage ich mich doch ein Stück aus der fachlichen Ecke heraus, um fächerübergreifende Perspektiven und Ansätze zu formulieren, deren Diskussion mir fruchtbar erscheint. So fließen Erfahrungen und Reflexionen aus den verschiedensten Gebieten zusammen. Sie sollen den inneren Zusammenhang zwischen dem Ursprünglichsten menschlicher Kultur und zukünftigen Möglichkeiten verdeutlichen.

Einführung und Überblick

Visionen werden verwirklicht, indem man ganz in der Gegenwart lebt und diese mitgestaltet. Rückblick und Umschau bereiten den Boden, auf dem Neues wachsen kann. Dieses Neue kann etwas sehr Altes sein, gewandet und ausgestaltet nach den Bedürfnissen von Zeit und Ort. Verbindungen zwischen Kultur, Kunst, Gesundheitspflege und Heilung sind sehr alt. Diese Beziehungen in zeitgemäßer Form wieder lebendig werden zu lassen, könnte in viele Richtungen fruchtbar wirken.

Am Beispiel der Musik wird eine gesamtgesellschaftliche Situation deutlich, die auf der einen Seite geprägt ist von tiefer Entfremdung, von Isolation, Leistung und Profit, ohne Blick auf das Ganze, und die auf der anderen Seite bisher unbekannte und interessante Möglichkeiten globaler Kommunikation, der Lebensqualität und Selbstverwirklichung bietet. In den modernen Industriegesellschaften ist der Blick auf die Kultur weitgehend eingeschränkt auf den alles beherrschenden Gesichtspunkt der Leistung. Entweder wird sie zur Ware, indem sie sich nach dem jeweiligen Markt richtet, ständig »neue« Bedürfnisse auskundschaftet beziehungsweise erzeugt, oder sie wird verwaltet von einer Subventions-Elite, die sich an ästhetischen Gesetzmäßigkeiten orientiert, die für den Nichteingeweihten oft schwer zu durchschauen sind. In puncto Kultur sind daher viele Menschen – wenn überhaupt – auf die Rolle des Konsumenten fixiert und sehen für sich selbst keine Chance, an der Gestaltung einer kulturellen Vielfalt aktiv mitzuwirken. Bei der Musik kann man dieses Phänomen gut studieren. Festlegende Begabungskriterien und eine Pädagogik, die nicht von der Situation und den Interessen des Kindes ausgeht, sondern von einem starren Lehrpensum und dessen leistungsmäßiger Bewältigung, zerstören bei vielen Menschen die Beziehung zu ihrer inneren Musikalität. Die Schönheit klassischer Musik kann dabei zum Alptraum werden; ein Zugang zu manchen Formen zeitgenössischer Musik wird gar nicht erst entdeckt; eigenschöpferische Impulse und Freude am spielerischen Gestalten verkümmern bereits in der Wurzel:

Klimpere nicht herum! Spiele die vorgegebenen Noten! Keine Experimente! Damit diese Situation sich verändert, müßte die Musik vom Bann des Kenner- und Könnertums befreit und vom hohen Roß des Kulturheroismus heruntergeholt werden. Musik ist an der Basis ein Ausdrucksmittel, das jedermann zur Verfügung steht. Zunächst lernt der Mensch sprechen – und dann erst liest er Bücher. Sich mit der musikalischen Literatur in Form von Noten zu beschäftigen, ist außerordentlich bereichernd und die Musikalität fördernd. Am Anfang muß die Musik den Menschen jedoch erst einmal dort abholen, wo er keine Scheu hat: bei der Lust am Spielen und Experimentieren. Hier lebt die Freiheit, das dem Eigenen Gemäße zu suchen. Man begegnet sich und dem, was man in sich vorfindet und zuläßt. Man trifft Mitmenschen, die an diesem Prozeß teilhaben und ihn begleiten. Man findet Raum und Mittel für ein Authentisch- und Wesentlichwerden im musikalischen Erleben und Ausdruck. Und in diesem Raum kommen – in unserer Gesellschaft nach längerer Pause – zwei ursprünglich verbundene Bereiche wieder zusammen: Kultur und Gesundheitswesen.

Was die Musik betrifft, so gibt es einen erstaunlichen sprachlichen Zusammenhang. Das deutsche Wort »ge-sund« ist eng verwandt mit »sound«, dem englischen Wort für Klang[1]; »I am sound« ist der sprachliche Vorgänger von »I am fit«. Wenn man von der Tatsache ausgeht, daß Klänge naturgesetzlich geordnete akustische Schwingungsphänomene sind[2], kann man im spielerischen Deuten dieser Tatsache jemanden »ge-s(o)und« nennen, der im Ein-Klang mit sich und der Welt ist, sozusagen in persönlicher körperlich-seelisch-geistiger, sowie sozialer und ökologischer Harmonie schwingt. Harmonie bedeutet hier nicht eine selektive Zuwendung zum Schönen und Angenehmen unter Ausblendung von Trauer, Wut und anderen in unserer Gesellschaftsordnung weniger akzeptierten Gefühlen. Es handelt sich auch nicht um einen statischen Zustand. Harmonie muß immer wieder neu gefunden und ausbalanciert werden. »Cultura« als »Pflege von Körper, Seele und Geist«[3] dient ursprünglich genau diesem Balanceakt, diesem achtsamen Umgang mit vielfältigen Befindlichkeiten. In ursprünglichen Gesellschaften finden wir weltweit Spiele, Rituale, Aktionen mit Objekten, Musik und Bewegung, die mehr oder weniger bewußt dem Erhalt oder der Wiederherstellung individueller und sozialer Ordnung und Harmonie dienen. Der Umgang mit starken Gefühlen und angestauten Aggressionen wird erleichtert durch regelmäßige Rituale mit Musik und Tanz, die tagelang dauern können. Trauer und Schmerz sind dann nicht tabuisiert, sondern können mit Unterstützung der Umgebung ausgelebt werden, wenn diese emotionalen Energien gestaltet und gebunden werden. Auf diese Weise verringert sich erheblich die Gefahr, daß sie sich in destruktiver Weise gegen Individuum und Gesellschaft richten. Jeder hat immer wieder Gelegenheit, Gefühle, alltägliche oder auch nichtalltägliche Seinszustände auszudrücken und ihnen eine jeweils entsprechende Form zu geben. Allein die Gestaltung von Konflikten kann schon therapeutisch wirken. Jeder Mensch sucht nach Wegen, wie er sein Wesen bestmöglich zum Ausdruck bringen kann. Wenn er aber dabei systematisch entmutigt wird und aufgibt, verliert er seine Lebendigkeit und Gesundheit, er stirbt allmählich ab.

Am Beispiel der Musik wird vielleicht sogar besonders deutlich, warum viele Menschen bei uns von ihren kreativen und künstlerischen Seiten und Begabungen abgeschnitten leben. Auch viele Musikprofis weichen von einem mit der persönlichen Entwicklung sich wandelnden Selbstausdruck ab, um ausschließlich Interpreten zu werden, und dabei meist noch zu Spezialisten für eine bestimmte Stilrichtung. Diese Professionalisierung und Perfektionierung ist zweifellos erforderlich, um die Schönheit der klanglichen Darstellung voll zur Geltung zu bringen. Auch ist die Pflege traditioneller Musik und die Weiterentwicklung bereits gewachsener künstlerischer Formen ein wichtiger Aspekt zukünftiger Musik. Dieser steht außer Frage und wird schon durch die Selbstverständlichkeit seiner Präsenz gebührend gewürdigt.

Demgegenüber möchte ich hier weniger bekannten und beachteten Aspekten der Musik Raum geben und Überlegungen anstellen, wie diese auf die weitere Kulturentwicklung Einfluß nehmen können. Die Musik der Zukunft kann nicht geplant werden durch festgelegte akademische Spielregeln. Damit sie aus der *zeitgenössischen Seele* heraus Gestalt annimmt, bedarf es des Spontanen, Ungeplanten, des Experiments und der Improvisation. Jenseits solcher Kategorien wie »begabt« und »unbegabt«, »musikalisch« und »unmusikalisch«[4], »Künstler« oder »Nichtkünstler«[5] kann der Musizierende eine offene, einfühlsame Haltung haben. Er kann das, was sich in diesem und im nächsten Moment ereignet, absichtslos annehmen[6], auf Impulse aus dem eigenen Inneren horchen und das Musizieren, das sich dazu einstellen will, geschehen lassen. Fragen wie: auf welche Weise das vor sich geht und was daraus folgt – ob das Geschehen nur dem Augenblick vorbehalten bleibt oder ob man es reflektiert, notiert, weitergestaltet, für sich behält oder aufführt –, interessieren erst an zweiter Stelle. Die Bereitschaft zur Selbsterfahrung und die Gestaltung des eigenen inneren Prozesses mit allen Freuden und Leiden erfüllt die uralte Beziehung zwischen Kultur und Gesundheit im allgemeinen und Musik und Gesundheit im besonderen mit neuem Leben. Dabei geht es nicht nur um schmückendes Beiwerk, sondern um notwendige Faktoren des menschlichen Seins[7]. Vom Wiegenlied bis zur Totenklage begleitet Musik das Leben der Menschen: als Lebenshilfe, als Mittel der Krisenbewältigung, als Ausdruck verschiedenster psychologischer Zustände – und als Weg zu ihnen. Gesundheitspflege und Heilung sind ursprünglich nicht getrennt von Kunst und Religion. In der Person des Schamanen tritt uns eine Integrationsfigur entgegen, in der Heiler, Künstler und Priester gleichermaßen ihre Wurzeln finden, verknüpft auch durch Erfahrungen in außergewöhnlichen Bewußtseinszuständen, die sich fruchtbar auf das alltägliche Leben auswirken.

Zeitgenössische psychotherapeutische Verfahren, die erlebnisorientiert arbeiten, knüpfen an diese Traditionen an, insbesondere wenn ein künstlerisches Medium als Möglichkeit von Ausdruck und Kommunikation eingesetzt wird. Das jeweilige künstlerische Medium – in unserem Fall die Musik – ist jedoch nicht als isolierter Faktor wirksam. Es ist eingebettet in das Beziehungsgeschehen der am Prozeß Beteiligten, und es kommt auch in anderen Ausdrucksformen wie Sprache, Körpersprache und -bewegung, Atemfluß und Atemnot, Schweigen und Pausen usw. zur Darstellung.

Als methodische Konsequenz dieser Tatsache bilden sich zunehmend mehrdimensionale therapeutische Ansätze heraus. Diese entsprechen zum einen der Persönlichkeit des Therapeuten, seinen besonderen Neigungen und Fähigkeiten und richten sich zum anderen nach den individuellen Bedürfnissen der jeweiligen Menschen, mit denen gearbeitet wird. Mehrdimensionale Angebote, die beispielsweise vom Körper- und Atemerleben ausgehen, Hören und Gestalten von Musik, Selbst-Ausdruck und Begegnung durch Bewegung, bildnerisches Gestalten und dergleichen einbeziehen, führen zu einem ganzheitlichen Erleben, das Körper, Seele und Geist zusammenführen kann. Ein freies psychotherapeutisches Setting, wie es durch neuere Entwicklungen auch im Selbsterfahrungs-Bereich angeregt wird, befreit den Menschen von der Rolle des Leistungserbringers oder Konsumenten. Er wird zum frei Handelnden im Rahmen seiner persönlichen Geschichte, im Laufe der Zeit vielleicht sogar zum Künder wesentlicher Erfahrungen – und damit zum Künstler in seiner ursprünglichen Bedeutung. Die Musik ist hier nicht mehr »heilig« im Sinne distanzgebietender Ehrfurcht (wie auch in der neuen Religiosität Gott befreit wird von der Rolle des über allen Wolken entfernt waltenden Patriarchen). Sie wird zu einem individuellen Weg in existentielles Erleben und Sein. Über den im engeren Sinne therapeutischen Ansatz hinaus birgt Selbsterfahrung mit den Mitteln von Kunst und Kultur die Chance, einen Prozeß in Gang zu bringen, welcher der Entfremdung des zivilisierten Menschen von wesentlichen Grundlagen seiner Existenz entgegenwirkt. Von humanistischen Psychologen wird schon seit langem betont, daß die neuen Psychotherapieformen viel zu kostbar sind, um sie lediglich »kranken« Menschen vorzubehalten. Es wohnt ihnen ein enormes Potential an sozialen Lern- und inneren Wachstumsmöglichkeiten inne. Und sie können eine »Kulturtherapie« in der doppelten Bedeutung des Wortes sein: mit den Mitteln der Kultur für eine gesündere Kultur wirken.

Auf der gesundheitspolitischen Ebene gilt es, Maßnahmen zu treffen, die über den Erhalt des momentanen Systems hinausgehen. Es kann keine Perspektive für die Menschheit sein, daß immer mehr Ärzte in immer mehr Großkliniken immer mehr erkrankte Menschen behandeln. Dies ist gar nicht finanzierbar – einmal ganz abgesehen von der ethisch-humanitären Seite dieses Problems. Die wichtigste gesundheitspolitische Aufgabe der Zukunft heißt daher: Gesundheit fördern und pflegen, heißt: Prävention, Prophylaxe und Förderung der Eigenverantwortlichkeit. Die Delegation der Sorge für die eigene Gesundheit an die Experten des Gesundheitswesen macht die Entfremdung des heutigen Menschen besonders sinnfällig. Hier bedarf es dringend geeigneter Hilfen und Angebote, die den Lernprozeß zur Selbstwahrnehmung wieder in Gang setzen, so daß die Menschen soweit wie möglich wieder in der Lage sind, sich selbst zu spüren und selbständig auf ihre Befindlichkeit zu achten.

Auch der Bereich der Rehabilitation gehört in diesen Zusammenhang. Viele Menschen haben es nach längeren Klinikaufenthalten schwer, sich ohne Hilfe wieder in das alltäglich Leben zu integrieren und landen unweigerlich wieder in der Klinik (der sogenannte »Drehtür-Effekt«). Hier zu sparen ist kurzsichtig, weil sich auf diese Weise die Probleme nur vermehren. Auf die Dauer billiger und natürlich auch humaner ist die Schaffung von Räumen, in denen qualifiziertes Personal mittels geeigneter Formen und Inhalte Menschen in kritischen Phasen begleitet. Gesundheitspolitiker und Krankenkassen sind zum phantasievollen Mitdenken und -handeln aufgefordert. Die Grenzen zum sozialen Bereich sind fließend, und bürokratische Kompetenzabgrenzungen können über Schicksale entscheiden, wenn die Verantwortlichkeit herumgeschoben wird, anstatt daß man kooperiert. Verhaltensgestörte Kinder und Jugendliche beispielsweise schweben in großer Gefahr, in asoziales und kriminelles Milieu abzugleiten. Auch hier ist Vorbeugung natürlich besser als Resozialisierung. Gerade in der gegenwärtigen Situation in Deutschland sollte man hier nicht wegschauen, um Gelder zu sparen, sondern über Einrichtungen nachdenken, wo gefährdete Menschen sich in sinnvoller Weise betätigen können – nicht als ausgegrenzte Subkultur, sondern integriert in innergesellschaftliche Aktivität.

Die Rückbesinnung auf Möglichkeiten, die sich seit Urzeiten zur Pflege seelischer und gesellschaftlicher Harmonie bewährt haben und ihre zeitgemäße Realisierung, schließt den Kreis unserer Überlegungen. Die im engeren und weiteren Sinne therapeutische Arbeit mit Musik und anderen künstlerischen und kulturellen Mitteln ist ein idealer Baustein im Netzwerk der Maßnahmen, die psychosoziale Gesundheit fördern. Selbsterfahrung mit Musik und anderen künstlerischen und kulturellen Mitteln kann, ohne daß bereits Krankheits-Etikettierungen vorgenommen werden, dem einzelnen Menschen seinen Standort und die damit verbundenen Fragen und Konflikte erlebnishaft nahebringen. Dadurch könnte man ihn frühzeitig zu einem achtsameren oder veränderten Umgang mit sich selbst motivieren. Ausdruck und Bewältigung von Konflikten und Leid können dabei Hand in Hand gehen mit der Erfahrung positiver Lebensqualitäten, mit Freude und Lust.

Daß dies nicht *nur* »Zukunftsmusik« ist, wird am Beispiel des »Freien Musikzentrums München« erläutert, eines seit den siebziger Jahren noch immer einzigartigen Projektes, welches durchaus Modellcharakter im Hinblick auf zukünftige Gesundheitszentren hat. Als Ort der Begegnung zwischen Menschen und Kulturen konzipiert, schrieb sich der Verein bereits bei seiner Gründung »Musik und Gesundheit« als eines der Hauptthemen in die Statuten. Die ständig wachsende Zahl von Interessenten dokumentiert ein kulturelles Bedürfnis in der Bevölkerung, das – wohl aufgrund des scheinbar wenig Spektakulären – noch immer relativ wenig Beachtung und Reflexion in den Medien gefunden hat.

Menschennahe Kulturarbeit ist kein Luxus. Ob Möglichkeiten für eine Mitgestaltung am schöpferischen Prozeß, an der Entdeckung und Gestaltung des Eigenen im Beziehungsgefüge einer Gemeinschaft vorhanden sind, wird mitentscheiden, wie hoch in den nächsten Generationen die Quote von Süchtigen, Kriminellen, Psychiatrie-Patienten und Selbstmördern sein wird. Gerade für die jungen Menschen, die, auf der Suche nach sich selbst, heute an jeder Straßenecke Heroin kaufen und mehr oder weniger obskuren Sekten beitreten können, wären kulturelle Angebote solcher Art in größerem Umfang dringlich. Diesbezügliche Sparsamkeit der öffentlichen Hand wird uns in Zukunft mit Sicherheit sehr teuer zu stehen kommen.

Wenn ich als Ausblick das letzte Kapitel »Zukunfts-Musik«[9] betitele, so ist dieser Begriff einerseits im übertragenen Sinne gemeint und soll neue Möglichkeiten der Verbindung von Kultur und Gesundheit aufzeigen. Im wörtlichen Sinne bezieht er sich vor allem auf das Anliegen, dem Menschen die Musik zurückzugeben, eine Musik, in die jeder, unabhängig von kultureller Herkunft oder Bildung, auf seine Weise einstimmen kann, so daß neben der kulturellen Vielfalt der Völker und ihrer Pflege auch etwas Gemeinsames, Menschheitsverbindendes weiterwachsen kann. Dies war wohl noch nie so existentiell notwendig wie heute.

I. AM URSPRUNG DER KULTUR

1. Die Vernetzung von Religion, Kunst und Heilung

»Tief ist der Brunnen der Vergangenheit. Sollte man ihn nicht unergründlich nennen?« so beginnt Thomas Manns Roman *Joseph und seine Brüder*. Archäologen fördern Spuren zutage, wenn sie sich durch die vielen Schichten hindurcharbeiten, Überreste längst vergangener Kulturen, stumme Zeugen einstigen menschlichen Gestaltens, die durch die Zungen der Forscher wieder zum Sprechen gebracht werden – wenn sie sie richtig deuten. Viele Funde werfen mehr Fragen auf, als sie Antworten geben. Aber auch Fragen sind etwas Kostbares. Sie liefern keinen Schluß, sondern einen Anfang. Sie lassen der Phantasie Spielraum – und somit der Subjektivität einer Wirklichkeit, in der jeder selbst etwas für sich finden kann.

Wenn ich also tief genug in den Brunnen der Vergangenheit hinabtauche, so begegne ich am Ursprung menschlicher Kultur religiöser und künstlerischer Betätigung, Symbolbildungen auf den verschiedensten Ebenen. Diese Urfähigkeit, dieses Urbedürfnis ist vielleicht das grundlegendste Kriterium für das Wesen des Menschen, da es den Prozeß der Bewußtseinsentfaltung ordnend und sinngestaltend begleitet. Das unmittelbare Erlebnis des Seins in der Welt kommt in diesen Symbolisierungen zum Ausdruck, und dadurch entsteht Kultur[1].

Das lateinische »cultura« läßt sich als »Pflege von Körper, Seele und Geist« übersetzen. Die Bedeutung von Agri-kultur, der Pflege des Ackerbodens, wird erst bei seßhaften Völkern, die Besitz ergreifen von der Erde, sinnvoll. Viele Jahrtausende (mindestens 99 % der Menschheitsgeschichte) wanderte der Mensch jedoch in kleinen Gruppen umher, jagend und sammelnd – und vermutlich ökologischer, gleichberechtigter und friedlicher als jemals später. Der Traum vom goldenen Zeitalter dürfte nirgends so nah gewesen sein wie in dieser Epoche[2]. Bruce Chatwins Roman *Traumpfade* (im englischen Original *Songlines*) schildert sehr anschaulich, wie die australischen Aborigines eine regelrechte musikalische Kartographie entwickelt haben und ihre Wanderungen nach Liedern geordnet sind.

Der reichlich arrogante Begriff »*Vor*geschichte« läßt die »eigentliche« Geschichte aber quasi erst mit dem Phänomen des Besitzes beginnen und beschränkt diese zum großen Teil auf ein nicht enden wollendes Gerangel darum. Unter diesem Aspekt kann das Thema Zukunft, vor allem angesichts der Bevölkerungsexlosion, leicht zur Horrorvision eines apokalytischen Endkampfes um die letzten unverbrauchten Ressourcen verführen.

Um zur Frage nach dem Ursprung von Kultur zurückzukommen: ich vermute ihre Entstehung da, wo der Mensch nicht mehr »Selbst-verständlich« sein Dasein lebt, sondern wo er sich aus dem archaisch-symbiotischen Zustand der ursprünglichen Einheit mit der Mutter Natur löst und der Weg in die Freiheit und Verantwortung des sich individuierenden Menschen beginnt. Er kann jetzt staunen, daß etwas und er selbst existiert, und damit philosophieren über die Grundfragen: Woher komme ich? Wer bin ich? Wohin gehe ich? Er erlangt die Freiheit der Entscheidung – auch gegen die Natur und sein Selbst, damit aber auch Verantwortung und Schuldfähigkeit. Der Impuls zum Verlassen des Paradieses unbewußter und unschuldiger Ganzheitlichkeit ist also zeitlich dort anzusiedeln, wo der Mensch Bewußtsein von seiner Existenz und seinem Handeln in dieser Welt entwickelte. Als die Stimme des unbewußten Selbst nicht mehr (selbst-) verständlich war, bedurfte er bestimmter Mittel und Wege, um bewußt wieder in Kontakt mit diesem seinem ursprünglichen Wesen zu treten. Julian Jaynes formulierte hierzu eine These, nach der der Mensch des Altertums mitsamt seinen frühen Hochkulturen in einer ganz anderen Geistesverfassung lebte. Diese Theorie der »bikameralen Psyche« besagt, daß ein Teil des Nervensystems, der als »göttlich« organisiert war, den restlichen Menschen quasi herumkommandierte, Direktiven formulierte und energetisierte, wobei die halluzinierten Stimmen aller einzelnen untereinander im Zusammenhang eines differenzierten hierarchischen Systems standen. In der tiefenpsychologischen Sprache bedeutet dies, daß die Stimmen des Selbst zur Stimme der nach Außen projizierten Gottheit beziehungsweise Götter wurden[3].

Indem die Einheit mit der Welt, die in der Jungschen Psychologie ›participation mystique‹ oder ›participation inconsciente‹ heißt, das Verbundensein mit allem, sich auflöste, suchte der Mensch Rückverbindung, Wiederverbindung, Religio. Diese Begriffe könnten dazu verleiten, derartige Bestrebungen lediglich als regressiv im Sinne einer Rückentwicklung zu verstehen. Tatsächlich bedeutet jedoch ein bewußtes Wiederbegegnen mit Ganzheit und Teilhabe, daß es nicht im magischen Gebundensein sondern im frei-willigen Sichverbinden geschieht. In religiös motivierten Inszenierungen bildeten sich rituelle Strukturen als Grundmodelle des kulturellen und künstlerischen Lebens und Wirkens des Menschen heraus, z. B. Poesie und Drama in der Sprache des Mythos, die Gestaltung von Kult-Objekten und musikalischen Formen als Gesang und Instrumentalspiel, meist verbunden mit Bewegung und Tanz. Der Mensch trachtete danach, seine verlorenen Teile zu »rufen«, mit ihnen zu kommunizieren, der ursprünglichen Ganzheit immer wieder gewahr zu werden.

Die Entwicklung von Kultur dient, so betrachtet, dem Kontakt und der Herstellung eines Beziehungsgeflechtes zwischen dem sich von der unbewußten Ganzheit (dem unbewußten Selbst) getrennt entwickelnden bewußten Ich und dieser ursprünglicheren Existenzform, die er noch ahnt. Diese tiefe Sehnsucht nach Zugehörigkeit und Teilhabe, nach Geborgensein in einem größeren Ganzen, leitet den Menschen in seinem gesamten Entfaltungsprozeß. Sehr vereinfacht beschrieben, geht der Weg vom unbewußten Selbst über das abgetrennte bewußte Ich zum bewußten Selbst oder Überbewußtsein[4]. Offenbarung, Sinngebung und Begleitung dieser Entwicklung geschieht in mannigfaltiger Form im Rahmen all dessen, was wir als »Kultur« bezeichnen. Dabei wirken die drei Ebenen – Körper, Seele und Geist – zusammen. Betrachten wir sie aber um der genaueren Charakterisierung willen zunächst einmal getrennt:

Körper-Kultur umfaßt Körperpflege (daher der »Kulturbeutel«), Eß- und Trinkkultur, Bewegung, Gymnastik, »Fitness«, Tanz, Sport und ähnliches mehr. *Seelen-* oder *seelische Kultur* ist als solche bei uns bezeichnenderweise kein Begriff. Im Wort

27

»Seelsorge« hat der pflegliche Umgang mit der Seele bei uns Tradition, die sich in dem modernen Ausdruck »Psychohygiene« in wenig ansprechender Weise neu orientiert. Der Bereich bezieht sich jedenfalls generell auf den Umgang mit dem Gefühlsleben. Unter *geistiger Kultur* verstehen wir wohl am ehesten die Pflege von Gebieten wie Philosophie, Religion, Kunst, Weltordnung und -gestaltung. Sowohl das logische Denken als auch das Intuitive, Einfall und Eingebung gehören hierher, aber auch das »Geistliche«, heute meist als »Spiritualität« bezeichnet.

Die Unterscheidung befriedigt letztlich nicht, da die Bereiche in Wirklichkeit eng miteinander vernetzt sind. So finden beispielsweise Gefühle ihren Ausdruck in geistiger Gestaltung, die auf der materiellen Körper-Ebene den Sinnen wahrnehmbar wird. Für unsere Thematik bedarf dieser Gestaltungsvorgang besonderer Aufmerksamkeit und wird uns daher noch eingehend beschäftigen. Er stellt die Grundlage für den künstlerischen Ausdruck dar. Dieser ist mit dem Religio-Aspekt des menschlichen Entfaltungsprozesses eng verbunden. In der künstlerischen Gestaltung wird Religio-Erleben offenbar – und gleichzeitig kann Kunst im weitesten Sinne auch zu diesem Erleben hinführen. Es wird deutlich, daß in den frühen Kulturen religiöse und künstlerische Praxis eng miteinander verknüpft sind und einer »tiefen Ökologie« dienen, bei der alle Lebensbereiche des Menschen aufeinander bezogen sind: das Verhältnis zur Mitwelt, das Individuelle und das Soziale – Gesundheit im Sinne eines Eingestimmtseins in die personale und transpersonale Weltordnung. Religion, Kunst und Heilung sind vielfach vernetzt. Im folgenden soll dies näher betrachtet werden.

Religion umfaßt innere Haltungen und äußere Handlungen, die sich auf die Stellung des Menschen in der Welt und zu den in ihr wirkenden Kräften beziehen. Sie wurzelt in der Begegnung mit dem Numinosen, mit existentiellen, das Ich erschütternden Erfahrungen transzendenter Wirklichkeiten, die über das alltägliche Bewußtsein des Menschen hinausreichen. Solche Erfahrungen sind mit der Angst besetzt, die Kontrolle über sich zu verlieren und von unbekannten Kräften überwältigt und besessen zu werden. Daher gehört in allen Kulturen zur Religion die Möglichkeit der geistigen Einordnung numinoser Erlebnisse in einen Sinnzusammenhang, eine Mythologie, deren äußere Form in Kult und Ritual gestaltet wird. Diese Ordnungen kanalisieren die lebendige Erfahrung, geben dem Ich des Menschen Schutz, Halt und Richtung.

Im Rahmen unseres musikalischen Themas sollte die etymologische Herleitung des Wortes »religio« von Karl Kerenyi nicht fehlen: »eine verfeinerte Gabe des Lauschens, ein zähes Hinhorchen und sich danach richten.«[5] Gedanklich können wir hier anknüpfen an die oben erwähnte Stimme des Selbst. Wo der Mensch nicht mehr in unbewußter Selbst-Verständlichkeit existiert und handelt, bedarf er der Zeichen, der besonderen Kontaktaufnahme mit den wegweisenden Instanzen in ihm, der Anrufung und Bitte um Erhörung, der Übung von Zuhören und aufmerksamer Aufnahmebereitschaft. »Gehorsam« bedeutet ursprünglich soviel wie Hören oder Horchen auf den Sinn, während »Absurdität« (von lat. »ab-surdus«) soviel heißt wie »absolut taub« sein für den Sinn einer Situation.[6]

In vielen ethnischen Kulturen ist es gebräuchlich, daß einzelne oder alle aus einer Generation an der Schwelle zum Erwachsenwerden sich zurückziehen in die Natur, um eine Vision zu empfangen, einen Namen oder ein eigenes Kraftlied mitgeteilt zu bekommen. Nach den Vorstellungen und Begriffen der Tiefenpsychologie gerät der Mensch, der sich in einer solchen Situation befindet, in die Auseinandersetzung zwischen dem Freudschen »Über-Ich« (die Stimmen der verinnerlichten Eltern, Ahnen, prägender Bezugspersonen) und der Jungschen »inneren Stimme« als Organ der eigenen Bestimmmung, für die nicht die soziale Gruppe, sondern das individuelle Selbst maßgebend ist. Wer auf diese innere Stimme hört und ihr folgt, gehorcht dem, was sich ihm als das Ureigene offenbart. Diese in das eigene innere Wesen gerichtete religiöse Übung unterscheidet sich grundlegend von einem religiösen Dogmatismus und Fundamentalismus, die das religiöse Erleben ersetzt haben. Wenn dieses Erleben selbst in den Vordergrund tritt, bedarf es dafür sinnvollerweise eines Rahmens, in dem Ausdruck und Gestaltung, mithin auch musisch-künstlerische Betätigung im weitesten Sinne, einbezogen sind.

Der *Kunst* liegt der schöpferische Trieb des Menschen zugrunde. Er will etwas ausdrücken, das in ihm ist und über die Natur als das Gegebene hinausgeht. Das bunte Herbstblatt ist, was es ist. Der betrachtende Mensch kann darin alles mögliche sehen. Er kann es als »Kunstwerk« betrachten. Dies ist sein ästhetisches Vermögen. Wenn der Regen auf das Dach trommelt, vermag der Mensch darin sinnvolle rhythmische Strukturen zu erkennen. Aber was veranlaßt ihn, über das Betrachten hinaus aktiv zu werden und Tiere an Felswände zu malen oder sich eine Trommel zu bauen? Solche Tätigkeiten gehen doch über das rein physische Überleben hinaus und scheinen aus einem anderen, im Hinblick auf das Menschsein jedoch nicht minder existentiellen Antrieb zu kommen.

Der schöpferische Impuls ist jedem Menschen angeboren. Aufgrund seines freien Willens kann er diese Kraft im Einklang mit der Schöpfung (also gesund) einsetzen oder zerstörerisch und krankmachend. So wächst ihm mit der Reifung des Ich eine Verantwortung gegenüber seiner Mitwelt zu, die sich im Umgang mit seiner Kreativität spiegelt. Wann aus diesem schöpferischen Impuls »Kunst« entsteht, sei später noch genauer betrachtet[7].

Der Schöpfungsakt als Urphänomen ist in den Mythologien zentrales Thema. Er wird in Form von Geschichten erzählt, als göttliches Theater inszeniert, getanzt, mit Klängen und Rhythmen beschworen und dargestellt in den Kulten, der religiösen Sprache der Frühzeit[8]. Rituelle Gestaltungen, kunstvolle Masken, Gewänder, Statuen und andere Objekte, Lieder, Musik, Tanzformen usw. bilden sich in großer Vielfalt heraus. In ihnen drücken sich religiöse und künstlerische Erfahrungen aus. Im natürlichen Schöpfungsvorgang sind Funktion beziehungsweise Sinn und Ästhetik nicht getrennt. Erst beim Menschen tritt diese Möglichkeit auf, weil er sich quasi neben sein Produkt stellen und es bewußt wahrnehmen und reflektieren kann. Ursprünglich werden künstlerische Dinge jedoch nie unter rein ästhetischen Aspekten oder gar als ›L'art pour l'art‹ betrachtet. Die Auffassung von Kunst als Verzierung oder schmückendes Beiwerk, auf das man letztlich verzichten kann, ist bereits Ausdruck einer Geisteshaltung und Seelenverfassung, die weit entfernt ist vom urspünglichen Sinn und keinen Zugang mehr hat zum Wesen des Künstlerischen.

Der schöpferische Impuls als *Grund* der Kunst offenbart sich im *Spiel* als dem elementaren Faktor aller Kulturentwicklung. Aus ihm heraus konkretisieren sich die Kulte. Spiel ist freies Handeln, jedoch nicht im Rahmen des alltäglichen Lebens, sondern immer davon abgehoben. Kinder spielen »als ob«, identifizieren sich aber gleichzeitig völlig mit ihrem Tun. Man kann bei ihnen gesammelte Aufmerksamkeit und große Hingabe an ihr Spiel feststellen, einen Bewußtseinszustand, den man durchaus als »kontemplativ« charaktererisieren kann. Durch das Spielen finden Kinder den Zugang zu der Kultur, in der sie aufwachsen, und es ist für sie auch das natürliche Mittel der Selbstheilung.[9]

Die Anfänge des Spiels liegen im spontanen Handeln. Aus dem Improvisieren und Experimentieren mit verschiedensten menschlichen Ausdrucksmöglichkeiten entwickeln sich nach und nach Spielregeln, wird das Spiel zum Träger und Ausdruck erlebter Ordnungen. Erst in der Dekadenzphase schließlich werden nur noch Regeln beachtet, deren Sinn nicht mehr erlebt wird. Zunächst jedoch entstehen Formen und Techniken, mit denen wesentliche Erfahrungen gemacht und ausgedrückt werden können. Spiel wird zum Erfahrungs- und Darstellungsmittel gesteigerter Welterfahrung[10]. Auch im religiösen Kult bleibt der Spielcharakter bis in die erhabensten Handlungen hinein erhalten. Es kommt jedoch ein geistiges Element hinzu, das sich im Gruppenkonsens einer Kultur ausdrückt, in den gemeinsamen Überzeugungen, ihrem *Mythos*: Diese Handlungen bewirken Heil, indem sie sich an eine dem Menschen übergeordnete Macht und Ordnung der Dinge wenden. In einem Zustand des Ergriffenseins vom Spielvorgang verändert sich die Zeitwahrnehmung. Der so Ergriffene lebt ganz im Augenblick, das heißt, im ewigen Hier und Jetzt.

Die grundlegenden Formen der Kunst sind Konstanten in der von uns überschaubaren Geschichte: Malerei, Plastik, Objekte;

31

Musik und Tanz; Poesie, Erzählung und dramatische Darstellung. Die thematischen Inhalte sind archetypisch strukturiert, unterliegen jedoch zeit- und kulturspezifischen Wandlungen. Im antiken Griechenland wurde unterschieden zwischen den *musischen* Künsten (den neun Musen zugeordnet), vor allem den Bereichen Musik, Tanz und Poesie, und den *bildenden* Künsten, die als dem Handwerk zugehörig galten. Die musischen Künste bedürfen der Handlung beziehungsweise Aufführung, während die bildenden Künste in ihrer relativ statischen Form an die Materie gebunden sind. Aber auch vor den ersten sogenannten Hochkulturen finden wir bedeutende Kunst, die sowohl von der Technik als auch vom Ausdruck her allen späteren Entwicklungen keineswegs unterlegen ist.[11]

Wenn der zeitgenössische Philosoph Onfray meint: »Die musikalische Ekstase erspart es uns, Zuflucht bei der Religion zu suchen«[12], trennt er zwar, was im Grunde nicht zu trennen ist, hat jedoch gleichzeitig in dem Sinne recht, daß Musik beziehungsweise Kunst und Religion im Wesen eins sind. Alle wesentlichen psychologischen Grundgegebenheiten des Menschen drücken sich in Religion und Kunst aus. Der existentielle schöpferische Trieb experimentiert im freien Spiel und bildet in lustvoller Disziplin mit den verschiedenen musisch-künstlerischen Medien Formen aus, die sich im Einklang mit den mythologischen und sozialen Ordnungsstrukturen einer Gesellschaft zum Kult, zur Kultur gestalten. An den Wurzeln der Kultur steht das Bestreben des Menschen, mit Hilfe dieser Mittel aus der eigenen Mitte heraus in eine Stimmigkeit mit sich selbst, der sozialen Gruppe, der Mitwelt und einer ihr innewohnenden umfassenderen Ordnung zu kommen. Kultur in diesem Sinne sorgt also für den pfleglichen Umgang des Menschen mit sich und seiner Umgebung, sorgt für Gesundheit als einem Stimmigsein mit sich und der Welt als Ganzem.

Die Beziehungen zwischen Religion, Kunst und *Heilung* sind damit offensichtlich, geht es doch um das Heilige und das Heil-sein als Ganz-sein[13]. Das germanische Adjektiv »heill« bedeutet »ganz, ungebrochen, ohne Schwäche«, »heilag« ist der mit Kraft erfüllte, gesunde Mensch[14]. Einen Menschen *heilen* bedeutet, ihm zu helfen, sich wieder an seine zentrale Kraft anzuschließen, an seine Mitte, um die herum sich sein persönlicher und transpersonaler Ordnungsprozeß, seine Harmonie als fließendes energetisches Gleichgewicht konstelliert. Dies kann unter Umständen auch bedeuten, daß ein Mensch seine Krankheit oder Behinderung annimmt und sie als eine besondere Form seiner Entwicklung akzeptieren und schätzen lernt.

Wie man an den wenigen noch intakten ethnischen Kulturen beobachten kann, werden in der Praxis der Heilung traditionell innerhalb des gesamten rituellen Wirkkomplexes musisch-künstlerische Mittel angewandt. Die Aufmerksamkeit des Heilers und gegebenenfalls der sozialen Gruppe ist dabei stark auf den Menschen in der Patientenrolle fokussiert. Das bedeutet intensive Beachtung, Zuwendung und Beziehung als Basis des Heilungsprozesses. Die moderne Placebo-Forschung eröffnet aufschlußreiche Perspektiven auf die heilenden Faktoren in alten und modernen Gesellschaften. Sie erbrachte den Nachweis, daß auch in der von materialistischem und naturwissenschaftlichem Denken geprägten Medizin des 20. Jahrhunderts nicht allein der (Wirk-)Stoff am Medikament wirkt, sondern wer es *unter welchen Umständen* verabreicht. Mit anderen Worten: der Therapeut und das Setting wirken ganz erheblich mit.

In der zeitgenössischen Psychotherapie ist man sich trotz aller sonstigen ideologischen und methodischen Unterschiede zumindest in diesem Punkte ziemlich einig. Definieren wir alle auf ein Individuum wirkenden zwischenmenschlichen Beziehungen als »Beziehungsfeld«, so kann man innerhalb desselben unterscheiden zwischen direkten oder persönlichen Beziehungen – Eltern, Freunde, Lehrer, Partner – und der Gesellschaft als Ganzem, einem komplexen System von Werten, Normen, Glaubensinhalten und Symbolen, in das man durch Erziehung und soziale Interaktion integriert ist. Wie früher vielleicht der Glaube an jeweilige Götter oder die Achtung vor dem Träger eines bestimmten Federschmucks bestimmend waren, so sind es heute der Glaube an die Wissenschaft und die Magie des weißen Kittels. Die Wirksamkeit moderner medizinischer Maßnahmen ist dadurch überhaupt nicht in Frage gestellt, jedoch sollten diese Erkenntnisse über die Anteiligkeit verschiedener Wirkfaktoren beachtet werden. Auf der Basis des Beziehungsfeldes nämlich werden erst die Fragen nach Diagnose, Indikation und therapeutischen Mitteln relevant. In den heutigen technologisch orientierten Gesellschaften wird dabei der Technik eine große Bedeutung eingeräumt – von der »Apparate-Medizin« bis zur psychotherapeutischen Behandlungs-»Technik«. In den ursprünglichen Kulturen werden neben physikalisch-physiologischen Mitteln vor allem die jeweiligen kulturellen, d. h. die religiösen und künstlerischen Inhalte therapeutisch genutzt. Auf diesen Grundansatz wird im folgenden immer wieder Bezug genommen.

Die Verwobenheit der drei beschriebenen Bereiche – Religion, Kunst und Heilung – offenbart sich deutlich im *Ritual* als dem Mutterboden und Ordnungsfaktor kultureller Entfaltung. Daher soll abschließend darauf noch eingegangen werden, auch im Hinblick auf die Rolle der Musik in diesem Zusammenhang. Das Basismodell des Rituals hat eine Struktur, die man auch als »archetypisch« bezeichnen könnte. Diese Struktur taucht bei näherem Hinsehen auch in der modernen Therapie- und Selbsterfahrungsarbeit wieder auf (vgl. Kap. IV.4). Sie ist dreiphasig[15]:

1. Vorbereitung:

Mittels physischer und psychischer Methoden (Askese, Waschungen, Besinnung, Kontemplation...) sollen Läuterung und Konzentration auf das Anliegen erreicht werden. Musik kann hier einstimmende Wirkung haben.

2. Durchführung:

Die Inszenierung des Rituals selbst umfaßt Handlungen wie Räucherung, Opfer, Einnahme von Drogen, Konzentration auf bestimmte Objekte, Gebete, Beschwörungen, Intonation numinoser Urlaute beziehungsweise liturgischer Gesänge, sowie andere Formen des musikalischen und tänzerischen Ausdrucks. Dabei kann es zu Eingebungen, Visionen, zum Gefühl des Einseins mit allem oder anderen transzendenten Erlebnissen kommen wie andererseits auch zur Erfahrung der Hindernisse, die sich diesem Erleben in den Weg stellen. Je nach kulturellem Kontext sind dem einzelnen dabei strenge Regeln auferlegt oder improvisatorische Freiheiten gestattet, die ihm einen individuelleren Zugang erlauben.

3. *Nachbereitung:*

Die Erfahrungen werden schließlich mitgeteilt und ausgewertet, was verbal (Erzählen, poetische Gestaltung...) oder nonverbal (Singen, Malen...) geschehen kann. Wenn das Ritual unter einer bestimmten Fragestellung veranstaltet wurde, kann man hier die Zeichen deuten und über Antworten nachdenken.

Die Rolle der Musik im Ritual ist also eine zweifache: Zum einen kann sie bereits bei der Vorbereitung einstimmend wirken und dann im Rahmen der Durchführung gezielt in einen veränderten Bewußtseinszustand führen und diesen steuern helfen. Zum anderen dient sie in der Nachbereitungsphase der Mitteilung und Gestaltung des Erlebten – und damit seiner Verarbeitung und Integration in das Alltagsleben.

2. Musik im alltäglichen Leben

Mit Alltag verbinden wir das Gewöhnliche: Erfahrungen und Handlungen, die regelmäßig wiederkehren und die im allgemeinen mit der physischen Existenz und der Organisation des Gemeinschaftslebens zu tun haben. Daneben gibt es besondere Anlässe wie religiöse oder profane Feste und Feiern, Konzertbesuche oder andere kulturelle Ereignisse, die womöglich durch Waschungen, das Anlegen spezieller Kleidung und innere Einstimmung vorbereitet werden. Das unterscheidende Ich-Bewußtsein brachte diese Trennungen hervor, die auch Fragen zum Kunstbegriff aufwerfen, wie etwa: Was unterscheidet Kunst von Nichtkunst? Gibt es Musik, die Kunst ist und solche, die es nicht ist? Gibt es alltägliche und nichtalltägliche Kunst?

Ein dreiphasiges anthropologischen Modell[1] begreift die Entwicklung von Kunst ausgehend vom alltäglichen Gebrauchsgegenstand über den geschmückten Gebrauchsgegenstand bis zum Schmuck. Die Beschäftigung mit diesem Modell sei uns Anregung, tiefer in die Reflexion dieser Fragen einzusteigen. Prüfen wir zunächst einmal, ob und gegebenenfalls wie dieses Modell auch auf die Musik anwendbar ist, und nehmen wir dazu das Beispiel des Schlafliedes:

Gebrauchsgegenstand	die Mutter summt ihr Kind in den Schlaf
geschmückter Gebrauchsgegenstand	es entwickeln sich Schlaflieder
Schmuck	ein Sänger singt ein Kunst-Schlaflied auf der Bühne, obwohl niemand schlafen soll

Die Schwierigkeit des Unterfangens wird sofort offensichtlich. Wenn mir schon bei der Vorstellung Zweifel kommen, Kunst habe sich aus dem Profanen herausentwickelt und diene dem Schmuck, so wird es bei der Musik im wahrsten Sinne des Wortes absurd. Das Mysterium in den Dingen tritt uns in der Musik vielleicht am unmittelbarsten entgegen, weshalb ihr traditionell die Rolle des Mittlers zum Numinosen zukommt. Ursprüngliche und kultivierte Lautgestaltungen, wenngleich in gewisser Weise an eine Aufgabe gebunden, lassen sich nicht gleichsetzen mit einem Gefäß oder Kleidungsstück. Musik ist, auch am Ursprung, nie in der Weise »Gebrauchs-Musik« wie ein Gegenstand »Gebrauchs-Gegenstand«. Die Trennung in Funktion und Ästhetik, nämlich das echte Schlaflied als reine Funktion und das Kunstschlaflied als reine Ästhetik, entpuppt sich bei näherer Betrachtung als eine scheinbare.

In unserem Beispiel geht es nicht um das Einschläfern als reine Funktion, sondern – wie im Normalfall – um die liebevolle Unterstützung des kindlichen Bedürfnisses nach Schlaf im Rahmen einer intensiven und sehr nahen emotionalen Beziehung zwischen Mutter und Kind. Das »als ob« des Sängers auf der Bühne läßt sich auf diese innige Beziehung nicht anwenden, da das Kind dies spüren würde. Das Sicheinstimmen auf ein anderes menschliches Wesen kann weder als »Funktion« noch als »Fiktion« geschehen. Auch wenn man an andere Beispiele für ursprüngliche musikalische Alltagsformen denkt, wie z. B. die Totenklage oder Liebeswerbung, wird spürbar, daß es sich hierbei immer um die musikalische Ausgestaltung einer zwischenmenschlichen Beziehung handelt. Auch der Komponist eines »Kunstschlafliedes« möchte über den Ausdruck eigener Gefühle hinaus eine zwischenmenschliche Beziehung zum Hörer herstellen, die aber nie so direkt sein kann, da er ja überwiegend für ihm persönlich nicht bekannte Menschen komponiert. Vielleicht ist die Absicht seines Liedes, den Hörer zu berühren, durch die musikalische Form des Schlafliedes die Innigkeit der frühen Mutter-Kind-Situation zu beschwören, die Möglichkeit von Nähe, Wärme und Geborgenheit sinnfällig zu machen und damit Trost und Hoffnung zu spenden. In jedem Fall knüpft er an diese frühe und grundlegende menschliche Situation an.

Etwas anders stellt sich die Sache dar, wenn man Situationen berücksichtigt, wo Musik beispielsweise das Arbeiten erleichtern soll. Hier erhalten Begriffe wie »Gebrauchsmusik« und »funktionale Musik« eine gewisse Richtigkeit. Nur sind diese

Arten von Musik bei Naturvölkern meist noch mit viel sozialem Kontakt und mit Freude verbunden, während die unendlichen Tonbänder am modernen Arbeitsplatz nur an Leistungssteigerung und Profitoptimierung orientiert sind oder im Kaufhaus den Kaufrausch erzeugen sollen. Bei der Verwendung von Musik in Sozialisation und Pädagogik ist die Kombination von Lust und Effekt heute noch häufig zu finden. Auch in diesem Fall sind Bezeichnungen wie »Gebrauchsmusik« und »funktionale Musik« unter Umständen manchmal berechtigt. Dort jedoch, wo Beziehung eine wesentliche Rolle spielt, erweisen sie sich als unzureichend.

In der Musik ist die Verbindung zu grundlegenden emotionalen Impulsen wie Klage, Lobpreisung oder Liebe direkt spürbar; die Gefühle und Stimmungen übertragen sich leicht auf den Hörer. Kultivierung bedeutet Verfeinerung durch Gestaltung. Aus dem Schrei des Abschiedsschocks wird die spontan begonnene und dann mehr und mehr durchgeformte Totenklage. Auch bei einem zeitgenössischen Komponisten kann dies sehr ähnlich ablaufen. Die 1979 entstandene Orgelkomposition *Bardo*[2] von Peter Michael Hamel beispielsweise entstand als Reaktion auf den Tod seines Vaters. »Zwei Tage, nachdem er gestorben war, habe ich an der Orgel das ausdrücken wollen, was mich dieser Tod überhaupt erleben ließ. Ich wurde mir nicht bewußt, ob dies Angst, Panik, Schrecken, schön oder schlimm war. Ich konnte nicht mehr außen stehen und beobachten. Ich habe dann das gemacht, was mir in diesem Augenblick zuträglich war: ich habe alle Register mit einem Knopf (Tutti) gedrückt, habe die Ellenbogen drauf und die Füße so seitlich gestellt. Dann habe ich die Orgel angestellt und die Luft ist reingekommen – und dann kam der größte Aufschrei, den diese Orgel überhaupt machen konnte. Und plötzlich wußte ich, ich wollte eigentlich schreien, aber ich konnte nicht und habe die Orgel schreien lassen. Und ich habe aus diesem Schrei heraus weitergearbeitet. Es war eine Art Urschrei für mich – aber ich habe es auch gestaltet. Ich habe mit dem Schrei gearbeitet. Ich habe meine tiefste Betroffenheit dem Hörer ja gegeben, um ihm vielleicht in einer möglichen Situation zu zeigen, wie man damit umgehen kann…«[3]

Das Finden einer angemessenen Form ist sowohl für den Komponisten als auch für den Improvisierenden zentrales Thema. »Klänge werden Musik, indem sie ihre Vereinzelung aufgeben, indem sie Zusammenhänge bilden und Form annehmen. Der Klang verwirklicht sich musikalisch nicht, es sei denn in einer Form, die seiner Natur Rechnung trägt.«[4] Dabei kann man Klänge, die ein Mensch hervorbringt, eigentlich nicht als gesondertes Phänomen betrachten, welches unabhängig von seiner körperlich-seelisch-geistigen Verfassung existiert; diese symbolisiert sich akustisch im klanglichen Geschehen. Die musikalischen Formen basieren quasi auf innerpsychischen »Gestaltungs-Vorlagen«, die in der Musik prozeßhaft zum Ausdruck kommen und in der Zuordnung zu bestimmten Anlässen und Lebensbereichen ihren Raum finden.

Welche Dimensionen des Lebens konkret mit Musik in Verbindung stehen, möchte ich anhand des folgenden Überblicks verdeutlichen[5]:

1. *Mythologie und Religion:*
   Riten, Zeremonien, Kult, Gottesdienst, Ekstase, Trance, Meditation
2. *Krankenheilung:*
   Rituale, Bewußtseinsveränderung,therapeutische Trance, Musiktherapie
3. *Arbeit und Versorgung:*
   Arbeitslieder, Energetisierung durch Rhythmus und Gesang, Singen für die Pflanzen, Steigerung von Arbeitsleistung und Konsum
4. *Pädagogik und Politik:*
   Lieder zur Enkulturation und Sozialisation (vor allem bei schriftlosen Völkern), politische Lieder und Musikwerke, Nationalhymnen, politische Zeremonien, Militärmusik
5. *Alltägliches Leben:*
   Wiegenlied, Erotik, Kampf, Jagd, Spiel, soziales Leben und Gruppenidentität

Besonders hervorgehoben sei an dieser Stelle die Bedeutung von Musik im pädagogischen Bereich, welche ja von den alten Griechen sehr betont wurde. Menschenbildung ohne Musik scheint auch uns heute kaum vorstellbar. Über Kinderlieder wird eine

Fülle von grundlegendem Wissen über die Welt (bzw. das Weltbild einer Kultur) vermittelt. Musik und Bewegung vermögen das spontane Ausdrucksverlangen des Kindes zu befriedigen, aber auch zu kanalisieren und zu transformieren. Beispielsweise können sich auf diese Weise zerstörerische Aggressionen in konstruktive wandeln. Dann müssen sie nicht unterdrückt werden und finden ihren Platz. Dasselbe gilt für alle möglichen Gefühle, vor allem wenn sie stark bis überwältigend scheinen und Reaktionen auf eine Notlage sind. Sie können in Formen von Gesang, Musik und Bewegung einfließen, die sozial nicht nur sanktioniert sind, sondern häufig darüber hinaus die Solidarität der Gemeinschaft und damit ein intensives Zusammengehörigkeitsgefühl, Zuwendung und Unterstützung hervorrufen. Der Mensch wird mit seiner Krise nicht alleingelassen.

Der soziale Aspekt des Musizierens ist immer gegeben, wenn Menschen miteinander musikalisch kommunizieren. Hier wird ein individuelles Bedürfnis befriedigt, und gleichzeitig findet eine Integration in die jeweilige soziale Gruppe statt oder auch deren Stärkung und Förderung. Die dabei entstehende Identität und Solidarität geht bei manchen Arten des Singens, Musizierens und Tanzens auch über die menschliche Gruppe hinaus und umfaßt die Geister der Natur, beispielsweise solche, die Nahrung bringen und damit Leben ermöglichen. Bei manchen Naturvölkern ist es gebräuchlich, mit Pflanzen musikalisch zu kommunizieren. Das läßt sich aber letztlich nicht separat auf den Arbeitsbereich beziehen, es steht im Zusammenhang mit der jeweiligen Mythologie und Religion. Damit gelangen wir in einen Erfahrungsbereich, der über das Alltagsbewußtsein hinausgeht.

Da wir uns im nächsten Kapitel mit nichtalltäglichen Bewußtseinszuständen beschäftigen wollen, sei hier dieser Grenzbereich noch einmal näher in Augenschein genommen. Das Alltagsbewußtsein ist Ergebnis eines Auswahlprozesses. Aus der Vielzahl von Reizen beziehungsweise möglicher Wirklichkeiten wählt der einzelne Mensch aus, und zwar aufgrund seines genetischen Erbes sowie kultureller und individueller Bedingungen. Die Spezies Mensch hat aus Gründen des Überlebens im Verlauf seiner Evolution Sinnesorgane entwickelt, die bei allen Gesunden identisch sind und von daher eine objektive Ebene von Wirklichkeit mit der Möglichkeit zur Konsensbildung darstellen. Gleichzeitig ist dieser Prozeß der Bewußtseinsbildung eine jeweils persönliche Konstruktion, so daß neben der Kultur auch die soziale Herkunft, die Familiensituation und die individuelle Veranlagung Einfluß auf ihn ausüben. Dieser Prozeß ist im Grund nie abgeschlossen. Der Mensch kann aber mehr oder weniger offen für Veränderungen sein. Im einen Fall hängt er an Automatismen und Konditionierungen. Wenn er jedoch bereit ist zu Wandlung und Entfaltung, werden ihn Möglichkeiten interessieren, seine die Wirklichkeit reduzierende Wahrnehmung zu erweitern. Wie Musik dabei eine Rolle spielen kann, soll das nächste Kapitel beleuchten.

3. Musik und nichtalltägliche Wirklichkeiten

Seit jeher experimentiert der Mensch mit Möglichkeiten, sein Bewußtsein zu erweitern und zu intensivieren. Er fand dabei eine Vielzahl von Wegen. Zu den am meisten verbreiteten Mitteln, in Bereiche jenseits des alltäglichen Ich-Bewußtseins zu versetzen, gehören die musikalischen. Der Schamane (im nächsten Kapitel ausführlicher behandelt), als Kontaktperson zwischen Diesseits und Jenseits, begreift und verehrt die dabei benutzten Instrumente ganz konkret als »Fahrzeuge«. So wird die Schamanentrommel je nach Lebensraum und kulturellem Kontext als Pferd, Schlitten oder Boot bezeichnet. Mit dem Alltagsbewußtsein nicht spür- und wahrnehmbare Wesenheiten und Kräfte sollen durch Rhythmen und Klänge vergegenwärtigt, entfesselt, geordnet oder gebändigt werden. Die musikalischen Mittel schaffen somit Verbindungen zwischen Ich-, Unter- und Überbewußtem. Sie bewirken eine Fokussierung der Aufmerksamkeit auf das Lauschen und Hinhorchen und laden zu einer Reise nach innen ein. Im Rahmen der Selbstfindung helfen sie bei der Suche nach der eigenen Schwingung, der individuell pulsierenden Lebendigkeit, einem persönlichen Rhythmus, Ton oder Lied. Und sie fördern die Lust am transpersonalen Verschmelzen. Um sich über mögliche Wirkungen dieser musikalischen Mittel auf den Menschen verständigen zu können, ist es sinnvoll, über psychologische Modelle nachzudenken, die als »Landkarten« im Bereich der verschiedenen möglichen Bewußtseinszustände dienen.

Wir haben bereits jenes selektierende Bewußtsein, in dem wir mehr oder weniger zielgerichtet mit unserem Überleben auf diesem Planeten beschäftigt sind, als »alltäglich« bezeichnet. Dagegen ist der »nichtalltägliche« Bewußtseinszustand eher charakterisiert durch Ziel- und Absichtslosigkeit und eine ganzheitliche Welterfahrung. Er erinnert insofern an die ursprüngliche unbewußte Teilhabe. Allerdings geht es nicht um ein Zurück in überwundene Seinsformen, sondern um eine bewußt wiedererlangte Teilhabe am Weltganzen, also eine progressive Entwicklung, eine Entfaltungsmöglichkeit, die der Menschheit schon seit langem bekannt ist. Daher besitzt die klassische mythologische Dreiteilung der Welt auch in aktuellsten tiefenpsychologischen Modellen und Kartographien menschlicher Bewußtseinszustände noch ihre Gültigkeit[1].

Mythologie	*Tiefenpsychologie*
Himmel	Überwußtsein oder bewußtes Selbst
Erde	Ich
Unterwelt	Unterbewußtes oder unbewußtes Selbst

Wir sehen den Menschen hier eingebunden zwischen Über- und Unterwelt, zwischen bewußtem und unbewußtem Selbst. Als Person ist der Mensch auf die Erde beziehungsweise das Ich zentriert, er hat aber, bewußt oder unbewußt, Anteil an allen Bereichen. Er besteht aus einem bewußten Ich, mit dem er sich identifiziert, und einem persönlichen *Unbewußten*, mit dem ihm diese Identifikation oft Schwierigkeiten bereitet. Dieses ist nämlich Speicher nicht nur für positive Gefühle und Erfahrungen, mit denen das Bewußtsein und die Gesellschaft sich einverstanden zeigen, sondern es enthält auch alles Verdrängte, Unerwünschte, Belastende und Ängstigende. Seine Äußerungen durch die Sprache des Traumes und der Schicksalsinszenierung werden oft nur unbewußt und indirekt wahrgenommen, das heißt, die Botschaften werden nicht als solche aufgefaßt und entschlüsselt. Die bewußten und unbewußten *persönlichen* Seelenteile machen das Individuum aus. Die bewußte Seite ist gekennzeichnet durch Wachheit und Klarheit, sowie ein zielgerichtes Denken und Handeln, welches auf die alltägliche Realität des Lebens gerichtet ist. Darüber hinaus hat der Mensch Zugang zu den transpersonalen Bereichen des kollektiven Unbewußten oder unbewußtem Selbst und dem Überwußten oder bewußten Selbst[2].

Die Unterwelt oder das *Unterbewußte* wird in den alten Kulturen nicht, wie vielfach heute, als eine Art seelischer Mülleimer betrachtet, sondern als sakraler Bereich, und entsprechend ist die Einstellung zum Traum. Ein solches Traumgesicht läßt sich nicht vergleichen mit den neurotischen Traumbeispielen der psychoanalytischen Literatur. Es stellt vielmehr eine Geistreise zum Mittelpunkt der Welt dar. Jemand, der den Kontakt zur Welt der Träume verloren hat, seinem Traumauftrag zuwider handelt, wird krank[3]. Traumerleben ist der Stoff, der die Religionen, Mythologien, später auch Märchen und anderen Erzählformen der verschiedenen Völker speist, wobei die Motive durch die gemeinsame Erfahrungswelt des Menschlichen und seine Thematiken begrenzt und in allen Kulturen vergleichbar sind. Die Beziehungen zwischen Traum und Malerei sind offensichtlicher als die zwischen Traum und Musik. Doch sind schöpferische Musiker, wenn sie phantasieren, improvisieren und komponieren, in gewisser Weise oft Tagträumer und nähern sich einem dem Nachtträumen vergleichbaren Zustand an – aber eben bewußt. Außerdem tauchen Musik und Musikinstrumente in der unbewußten Symbolsprache der Träume auf[4].

Erfahrungen im *Überbewußten* haben immer zu tun mit einem Überschreiten der Grenzen des alltäglichen Ich als Bewußtseinserweiterung oder -intensivierung, folglich mit Transzendenz, mit transpersonalen, spirituellen, mystischen Erfahrungen. Der Zugang zum Überbewußten wird gesucht durch Kontemplation, Meditation, Versenkung, intensive Kreativität und diverse Trance-Techniken. Neben Musik und Tanz können beispielsweise Fasten, Wachen und bestimmte Substanzen dazu den Weg bereiten, oder einige der genannten Möglichkeiten werden kombiniert. Dabei entscheidet aber nicht die Qualität der Technik über die Qualität der Erfahrung, sondern die gesamte Situation und Einstellung des jeweiligen Menschen. Die überwiegend unbewußte Fluktuation zwischen alltäglichem Wachbewußtsein und Unterbewußtsein in Schlaf und Traum ist jedem Menschen bekannt. Erfahrungen mit Bereichen des Überbewußten können zwar auch spontan auftauchen oder schicksalhaft durch eine Nah-Todes-Erfahrung verursacht werden; im allgemeinen aber bedürfen sie spezifischer Vorbereitung, und es gehört letztlich wohl immer auch so etwas wie Gnade oder Verdienst dazu. Berichte über Erfahrungen mit dem Überbewußtsein gibt es weltweit in kulturspezifischen Ausprägungen. Manche Kulturen pflegen sorgfältig den Zugang zu solchen Zuständen[5]. Zur Zeit ist die Tendenz zu einer »ganzheitlichen« oder »holistischen« Weltsicht aktuell. So entsteht neben der extremen Betonung rationalen, analytischen Denkens, dessen eingeschränkte Perspektiven wahrscheinlich verheerende Folgen für die Welt als Ganzes haben, eine neue, den Erfordernissen der Zeit entsprechende Bewußtseinsstruktur. Es liegt in der Natur der Sache, daß dieser Prozeß nicht allein durch Denken und Abstraktion, sondern vor allem durch lebendige Erfahrungen angeregt wird. Wo das rationale, analytische Denken sich überwertig und einseitig entfaltet, setzt das ein, was man gemeinhin als »Verkopfung« bezeichnet. Diese Tendenz, wie jede Einseitigkeit, darf man durchaus als schädlich für den ganzen Menschen betrachten, wenn dieser nämlich verlernt, auch immer wieder Vertrauen in tragende Kräfte zu fassen, um Basis und Mitte nicht zu verlieren. Diese Qualität, bei uns früher »Gottvertrauen« genannt, bezieht sich auf ein Grundgefühl von Zugehörigkeit und Einverstandensein. Das Üben dieser Fähigkeit ist in unserer heutigen individualistischen und multikulturellen Gesellschaft immer schwieriger zu institutionalisieren. Die tradierten kollektiven Rituale sind für viele Menschen nicht mehr mit lebendiger Selbsterfahrung gefüllt. Eher herrscht bei vielen ein Mißtrauen gegenüber einem vorgegebenen »Glauben« vor. Man findet aber vielfach eine große Offenheit für das Selbsterleben, die für Angebote empfänglich macht, bei denen sich jeder individuell auf das einlassen darf, was er spürt. Eventuell wächst von dort aus eine Bereitschaft, sich auch einmal freiwillig in ein größeres Ganzes einzuschwingen und sich als dessen Teil zu erfahren. Hier sind gerade nonverbale Medien sehr geeignet, weil ihnen von Natur aus nichts »Ideologisches« anhaftet. Ein Klang ist erst einmal einfach ein Klang. Sich auf ihn einzulassen, bedeutet nicht unbedingt, in eine vorgegebene Richtung gehen zu müssen, sondern er öffnet eher den Zugang zum eigenen Erleben. Eigenes Erleben hilft, sich selbst zu entdecken, Vertrauen in die tragenden Kräfte im eigenen Inneren zu fassen und sich tiefer Erfahrung zu überlassen.

Die negative Komponente dieser Erfahrung ist die Angst vor

dem Verlust des Ich, die Bedrohung eines Zusammenbruchs der Persönlichkeit, in der Psychopathologie auch »Psychose« genannt. Auf der psychosozialen Ebene droht die Gefahr, daß das Individuelle im Kollektiven untergeht. In einer Zeit der anonymen Massengesellschaften und eingedenk politischer Beispiele aus Geschichte und Science Fiction ist dies auch nicht weiter verwunderlich. In meiner musiktherapeutischen Selbsterfahrungsarbeit erlebe ich es immer wieder, daß Teilnehmer an freien Improvisationen über die ganz konkreten Ängste berichten, im Gruppenklang unterzugehen, als Individuum manipuliert oder gar vernichtet zu werden.

Die positive Komponente wäre eine Erfüllung des menschlichen Bedürfnisses nach Nähe, Hingabe, Verschmelzung und Transzendenz. Dies kommt einer positiven Definition von Trance[6] als klarer und bewußter Zustand der Teilhabe nahe und gibt auch einer modernen Verwendung nichtalltäglicher Bewußtseinszustände in Selbsterfahrung und Therapie eine Perspektive. Die Erfahrung eines fließenden Bewußtseins, des Getragenseins von einer allumfassenden Wirklichkeit, das Gefühl von Klarheit, Zentriertheit und Ich-Freiheit ist heilsam im ursprünglichsten Sinne.

Sowohl das Hören von Musik als auch gemeinsames Musizieren, Singen und Tanzen weisen in diese Richtung. Dabei ist Einfachheit der Mittel für die meisten Menschen besser geeignet als hohe Komplexität. Diese bedarf eines hohen Zeitaufwandes an übender Vorbereitung, wie er nur dem Berufsmusiker zur Verfügung steht. Grundsätzlich stehen diese Möglichkeiten aber jedem Menschen offen. Sich mit der Stimme – und sei es nur mit einem einzigen lang gesungenen Ton – in eine Gruppe von Menschen mit Hingabe einzuschwingen, kann ein tiefes Erlebnis von Verbundenheit und Geborgensein vermitteln. Ähnliches gilt für das Trommeln eines einfaches Rhythmus oder für sonstiges elementares Instrumentalspiel. Neben solchen Aktivitäten kann langes achtsames Lauschen auf einfache, sich immer wiederholende klanglich-rhythmische Motive eine starke Wirkung haben, wenn allmählich das Bemühen losgelassen wird, diese akustischen Muster noch rational zu erfassen und einordnend zu verarbeiten. Damit wird die Wahrnehmung weniger filtrierend und selektierend, die Linearität der Zeit-Erfahrung schwindet bis hin zur Zeit-Freiheit (Gebser), und die Pforten der Wahrnehmung anderer Bewußtseinsschichten können sich öffnen. Davon wird später noch ausführlicher die Rede sein.

In diesen Zusammenhang gehört auch die »Meditationsmusik« oder »meditative Musik«. Meditatives schöpferisches Handeln erfolgt um seiner selbst willen, ohne Anspruch auf Leistung und Produkt, im Bewußtsein der Absichtslosigkeit. Musik ist entweder spontaner Ausdruck der meditativen Stimmung des Spielers, oder ein Musiker gelangt über ein komponiertes Stück, welches er völlig verinnerlicht hat, beim Spielen in jenen meditativen Zustand, wo »Es spielt«[7]. Die Auswahl von Musik zur meditativen oder sonstwie bewußtseinsverändernden Hörerfahrung ist ein ausgesprochen subjektives Thema. Jeder hat da seine Vorlieben. Es gibt geeignete Stücke in der alten und klassischen Musik Europas, in der Musik aller Völker, speziell des indischen, tibetischen und japanischen Kulturraums. Daneben gibt es heute eine Flut von neuen Produktionen, oftmals speziell »zur Meditation« empfohlen. Auch die Grenzen zu Kitsch und Kommerz können und dürfen sehr subjektiv erlebt werden.

Die reinigende und heilsame Wirkung ekstatischen und enstatischen (nach innen sich versenkenden) Erlebens ist unzweifelhaft. Sie stellt ein menschliches Grundbedürfnis dar, und wo dies nicht beachtet wird, da entstehen Zerrformen: Süchte aller Art, zerstörerische Agressivität, religiöser Fanatismus usw. Es scheint mir heute dringlich, darüber nachzudenken, wie in einer modernen multisubkulturellen Gesellschaft eine positive und freie Kultivierung solcher anthropologischer Grundbedürfnisse gestaltet werden kann.

4. Die Figur des Schamanen:
Priester, Künstler, Heiler

Wenden wir den Blick noch einmal zurück zu den Ursprüngen menschlicher Kulturentwicklung, zu den Vernetzungen zwischen Religion, Kunst und Heilung. Wenn wir nun nach den Menschen fragen, die konkret bei der Betreuung des Prozesses der Bewußtseinsentwicklung führend waren, so tritt uns weltweit und in beiderlei Geschlecht die Figur des Schamanen entgegen, immer als eine besondere Persönlichkeit, die aus der jeweiligen sozialen Gruppe herausragt. Von den früheren Schamanen wissen wir wenig. Man ist auf mündlich überlieferte Berichte, archäologische Funde und die wenigen heute noch traditionell ausgebildeten Schamanen angewiesen. Über Schamanismus sind in den letzten Jahren eine Fülle von Büchern erschienen[1]. Wer das lediglich als vorübergehenden Modetrend betrachtet, läßt die Gründe außer acht, die zu dieser Wiederentdeckung in unserer Zeit geführt haben.

Nachdem eine neue Generation von Wissenschaftlern die eurozentrische Sichtweise der Welt zunehmend relativiert hat und die damit einhergehende Arroganz einer Neugier und Lernbereitschaft hinsichtlich anderer Kulturen weicht, tritt auch die Bedeutung des Schamanentums wieder hervor. Dabei geht es nicht darum, frühere Handlungsweisen zu imitieren, sondern eine zeitgemäße Form für die Haltung und das Verhalten des alten Schamanen zu finden. Eine Vielzahl heutiger Berufe geht auf den Schamanen zurück. Gerade in einer Zeit der wachsenden Spezialisierung auf immer kleinere Teilbereiche scheint es mir interessant und wichtig, sich umfassender auf die eigenen Wurzeln zu besinnen.

In den Mythen vieler Völker taucht die Vorstellung auf, daß der Weltlauf sich in Zeitalter gliedert und es in ferner Vergangenheit ein »goldenes Zeitalter« gab, in dem die Menschen sich als harmonisch mitschwingender Teil eines Ganzen erlebten. In dem Maße, wie sich der Mensch von diesem Zustand entfernte, entstanden Krisen und Krankheiten. Um solcher Not abzuhelfen, brauchte man Mittler, die dem Menschen Beistand dabei leisteten, den pathologisierenden Mustern des Alltagsbewußtseins zu entkommen. Diese Mittler waren die ersten Schamanen. Sie machten sich auf die »Reise«, um verlorene Seelen oder Seelenteile wiederzuholen.

Eine solche mythologische Theorie zur Entstehung und Behandlung von Krankheiten scheint – im Unterschied zum heutigen Arzt – dem (post)modern-psychotherapeutisch Denkenden und Handelnden gar nicht so abwegig, beschäftigen ihn doch gerade die von der bewußten Persönlichkeit verdrängten und abgespaltenen psychischen Teil-Komplexe, die durch das Unbewußte geistern und dem Betreffenden mancherlei schwierige und leidvolle Schicksalssituationen bereiten. Dies kann – um nur ein Beispiel zu nennen – eine nicht zugelasse Aggression sein: Durch dauernde Unfälle, Operationen und ähnliche Situationen, in denen er »Opfer« einer »aggressiven« Handlung wird, macht sie den Betreffenden immer wieder auf ihre Existenz aufmerksam, und erst wenn dieses Problem in irgendeiner Form bearbeitet und erledigt ist, hat der Betreffende wieder Ruhe. Auch der heutige Psychotherapeut möchte diesen verlorengegangenen (unbewußt gewordenen) Teil der Seele wiederholen (wieder bewußt werden lassen), mit anderen Worten: seinen Patienten mit den ins Unbewußte verdrängten Erlebnissen und Gefühlen seiner persönlichen Geschichte in Kontakt bringen und damit zu seiner Heilung (in Sinne von Ganzmachung) beitragen. Erforderlich ist dafür allerdings die Bereitschaft des Patienten. Ohne seine Kooperation kann eine solche Intervention nicht erfolgreich sein.

Der traditionelle Schamane beschäftigt sich aufgrund seiner Berufung und Ausbildung mit nichtalltäglichen beziehungsweise veränderten Bewußtseinszuständen. Indem er sich immer wieder darin übt, diese anzustreben, pflegt und hütet er den Weg zu ihnen. Wie schon im letzten Kapitel angedeutet, stehen ihm dabei eine Reihe von Methoden zur Verfügung. Diese kann man grob untergliedern in

– allgemeine urreligiöse Übungen (meditativ oder ekstatisch)

- körperorientierte Techniken (forcierte Atmung, Hitze, Kälte, Drogen…)
- und den aktiven oder rezeptiven Einsatz künstlerischer Mittel im Rahmen des kultischen Kontextes.

Für unser Thema interessant sind vorwiegend die letzteren, und dabei insbesondere die musikalischen Mittel. Am bekanntesten sind Gesänge und das Spiel auf Instrumenten (wie Trommel, Rassel, Musikbogen usw.) in Form von sich ständig wiederholenden musikalischen Mustern. Diese sind auch häufig die Basis für Tanz und dramatische Aktionen.

Die Fähigkeit, sich in einen nichtalltäglichen Bewußtseinszustand zu versetzen, und die daraus resultierenden prophetischen oder heilerischen Potenzen erwirbt der Schamane im allgemeinen während seiner Lehrzeit, der eine Berufung vorausgeht. Diese erfolgt, oft entgegen dem eigenen Wunsch, durch Träume, Visionen und die sogenannte Schamanenkrankheit, meist eine körperlich-seelisch-geistige Krise im Grenzbereich zwischen Leben und Tod. Häufig muß er sich im Rahmen von Initiationshandlungen harten Prüfungen aussetzen. Weltweit zentrales Motiv sind Tod- und Wiedergeburtserlebnisse. Die Inhalte dieser Erfahrungen variieren kulturspezifisch, das Muster des Tod-Wiedergeburts-Prozesses ist jedoch archetypisch.

In der gängigen Literatur über den Schamanismus stößt man immer wieder auf Beschreibungen und Untersuchungen, die sich mit musischen Elementen im rituellen Kontext ethnischer Kulturen beschäftigen. Obwohl in den verschiedenen Kulturen in unterschiedlicher Weise, wird der Schamane idealtypisch für die Vernetzung von Religion, Kunst und Heilung, und damit zur Integrationsfigur schlechthin:

Er ist *Priester* oder *Seelsorger* für eine Gruppe von Menschen und in diesem Rahmen als Mystiker, Prophet und Visionär zuständig für den Kontakt zum Jenseits oder Unbewußten, für den mythologischen, im weitesten Sinne religiösen Bereich. Er leitet die Rituale. Er ist Mittler zwischen der Alltagswirklichkeit und anderen Realitätsebenen. Er hat Einfluß auf Wetter, Jagd, Ernte, ist Kontaktperson zu den Ahnen, Geistern und Göttern. Gleichzeitig fungiert er oft als Pädagoge, indem er das kulturelle Erbe und Wissen des Stammes weitervermittelt und Nachfolger ausbildet. Dies verbindet sich mit seiner Rolle als *Psychologe*, geistlicher Lehrer und Mittler zwischen Diesseits und Jenseits, vor allem für Menschen, die den Weg der Initiation über die Tod-Wiedergeburtserfahrung nicht gehen. Erst auf späteren Kulturstufen beginnt dann die Unterscheidung zwischen dem Priester (als Sakralspezialisten) und dem Heiler, der für die Gesundheit zuständig ist.

Als *Heiler* wird er im Bedarfsfall diagnostisch und therapeutisch tätig, sorgt aber vor allem für Gesundheit: durch gesundheitserhaltende Maßnahmen als Berater beziehungsweise soziale Führungspersönlichkeit oder im Rahmen ritueller und musischer Aktivitäten. Vom Medizinmann unterscheidet ihn, daß er sich oft eben durch diese Tätigkeiten in einen nichtalltäglichen Bewußtseinszustand versetzt, um zu heilen.

Dieser Umstand verbindet ihn auch mit seiner Rolle als *Künstler*. Er fertigt magische Felszeichnungen, Masken, Fetische usw. an, gestaltet seine innere Schau und die Geschichte/n des jeweiligen Stammes sprachlich und dramatisch: in Dichtungen, Gesängen, Tänzen, Szenarien. Und er ist für die rituelle Musik zuständig. Praktisch alle heute noch gebräuchlichen Grundformen der Kunst gehen auf den Schamanismus zurück. Ursprünglich dient die Aktivierung der künstlerischen Kräfte zunächst der Selbstheilung des werdenden Schamanen und dann der therapeutischen Betreuung des Stammes.[2]

Der Zusammenhang zwischen Kunst und nichtalltäglichem Bewußtsein (respektive der damit verbundenen Möglichkeiten von Selbsterfahrung und Therapie) verdient somit nähere Betrachtung. Ich schlage dabei eine Brücke zwischen dem urzeitlichen Schamanen und schamanistischen Elementen, wie sie noch heute in der Kunst auftreten. Die Verbindung zu modernen Psychotherapie-Verfahren wird danach aufgezeigt.[3]

Grundsätzlich unterscheide ich dabei vier Ebenen:

1. Aktion
2. Objekt
3. Musik
4. Sprache.

Auf den *Schamanen* angewendet kann man dazu z. B. folgendes assoziieren:

Aktion: Dramaturgie und Gestaltung von Ritualen, Tänze, Schauspiel, Pantomime

Objekt: Kultobjekte wie Fetische, Masken, Gewänder, Schmuck, Totempfähle, religiöse Schaubilder, Mandalas im Sand, Herstellung kultischer Musikinstrumente (z. B. Trommel, Schwirrholz, Rassel)

Musik: Schamanen-Musik: Gesänge und Gesangstechniken, spezielle klangliche und rhythmische Strukturen

Sprache: Tradierung und »Weiterspinnen« der kulturspezifischen Mythen, verfertigen von Gedichten und Geschichten (die oft von seinen Reisen in veränderte Bewußtseinszustände berichten)

Nach dem gleichen Muster einige Beispiele aus der Kunst der Gegenwart:

Aktion: Beuys' Performance *Coyote*; Aktions-Kunst und Happenings; das New Yorker Living Theatre; surrealistische und »Kult«-Filme wie *Le chien andalou* oder *Koyannicatse*

Objekt: Kultische Kunstobjekte und Bilder bei Joseph Beuys, der eine besondere Beziehung zum Schamanentum hatte; »Grenzüberschreitungen« in den Kunstwerken psychiatrisch Erkrankter; Bilder von Ernst Fuchs, Max Ernst, Salvatore Dali

Musik: von J. S. Bach (als Ausdruck kosmischer Ordnung); Igor Strawinski (Ritual und Ekstase); psychedelische Rockmusik (Pink Floyd, Third Ear Band); moderne Komponisten: John Cage (»nonintentional music«), Morton Feldman, Meredith Monk, Peter Michael Hamel

Sprache: Gedichte und literarische Schilderungen von Erfahrungen mit verändertem Bewußtsein und initiatorischen Erfahrungen: Hermann Hesse (*Steppenwolf*), Alfred Kubin (*Die andere Seite*), Aldous Huxley, Allen Ginsburg

Wenn man schließlich dieses Modell auf den modernen Heiler anwendet, insbesondere auf den *mit künstlerischen Medien* arbeitenden Therapeuten, lassen sich folgende Beispiele finden:

Aktion:	körper-/leib- und bewegungsorientierte Verfahren,Tanztherapie, Psychodrama, Ritual Movement, Spieltherapie
Objekt:	Kunst-, Gestaltungs-, Maltherapie
Musik:	aktive und rezeptive Formen der Musiktherapie, Musik in der Bewegungs- und Tanztherapie, z. T. im Katathymen Bilderleben nach Leuner, bei der Holotropen Therapie nach Grof
Sprache:	verbale Verfahren beziehungsweise verbale Anteile in überwiegend nonverbalen Methoden, Poesie- und Biblio-Therapie, Geschichten in der Therapie

So beginnt also die alte Personalunion von Künstler und Heiler in der modernen Praxis wieder aufzutauchen. In diesen Zusammenhang eingebettet, erhält das Thema »Gesundheit und Entfaltung durch eine menschennahe Kultur« erst seinen eigentlichen Sinn, indem nämlich deutlich wird, daß wesentliche Grundlagen von Kultur eng mit unserer körperlichen, psychosozialen und geistigen Gesundheit verbunden sind.

II. DIE KULTURELLE GEGENWART

1. Profi und Laie – künstlerische und psychologische Selbstverwirklichung

Die Verbindung des Musizierens mit dem Broterwerb ist, in bezug auf die gesamte Menschheitsgeschichte gesehen, eine relativ neuartige Erscheinung. Die musikalischen Profis im Sinne hauptberuflicher Spezialisten lassen entsprechend lange auf sich warten. Im Mittelalter gab es in ganz Europa den Barden, der als reisender Sänger und Saiteninstrumentalist eine Mischung aus Musiker, Dichter und Journalisten darstellte. In seinen Liedern und Balladen wurde aktuelles Zeitgeschehen künstlerisch verarbeitet und dargestellt. Bei den Kelten wurde der Barde von den Druiden ausgebildet und vermittelte deren Wissen in Form von Lehrgesängen. Der Troubadour war nicht nur Musiker, Sänger und Dichter, sondern unter anderem auch Arzt, Handwerker, Tierbändiger – mit anderen Worten: ein »Allround-Mensch«.[1]

Das Ideal des hochqualifizierten Spezialisten kommt erst viel später und strebt in unseren Tagen seinem Höhepunkt zu. Die Flut der Informationen ist so gewaltig angeschwollen, daß kein Mensch mehr auf dem laufenden bleiben kann – es sei denn auf einem kleinen Spezialgebiet. Selbst bei der Musik gibt es inzwischen so viele Sparten, daß von einem Musiker, der das Ideal des Spitzenkönners erreichen will, zumeist eine frühe Spezialisierung gefordert ist. Musikerpersönlichkeiten, die heute noch sowohl klassische Musik als auch Jazz, Rock o. ä. in hoher Qualität darbieten können, sind selten. Die meisten erarbeiten sich ein bestimmtes Repertoire entsprechend ihrem Musikstil und Tätigkeitsbereich. Bei dieser spezialisierten Professionalität kann man zu großer Virtuosität gelangen, allerdings in einem beschränkten musikalischen Ausdrucksfeld. Die Gefahr dabei ist, daß sich dieses zuletzt in gekonnt vorgebrachten Floskeln erschöpft und das Schöpferische und grenzüberschreitend Spielerische zu kurz kommt. Ob ein Mensch sich seiner ursprünglichen Musikalität entfremdet, darüber entscheidet weitgehend der grundlegende musikalische Unterricht. Hier werden Weichen gestellt für einen musischen Entfaltungsprozeß. Und sie werden leider häufig nicht in Richtung auf die Fähigkeit gestellt, das eigene Wesen bestmöglich zum Ausdruck zu bringen.

Die Schulpädagogik neigt bis heute dazu, aus allen menschlichen Fähigkeiten »Fächer« zu machen, die »zensiert« werden. Nicht von den individuellen Anlagen und Neigungen des Kindes aus wird unterrichtet, sondern ein allgemeinverbindlicher Lehrplan schreibt vor, was wie zu lernen ist. Ob das letztendlich wirklich effizient ist und eine möglichst hohe Anzahl schöpferisch intelligenter Menschen beschert, erscheint mir zweifelhaft. Völlig unangebracht ist dieses Verfahren sicherlich im musisch-künstlerischen Bereich: wenn die Musikpädagogik (in und außerhalb der Schule) zum Beispiel ebenfalls von Beginn an eine Anpassungsleistung an Vorgegebenes fordert, entsprechend dem Gelingen oder Scheitern »Begabung« aussiebt und demgemäß die Bevölkerung in sogenannte »Musikalische« und »Unmusikalische« einteilt. Ausnahmen bilden einzelne musikpädagogische Persönlichkeiten, die diesen Zustand seit Jahrzehnten beklagen[2]. In Anbetracht der Probleme mit Schülern im schulischen wie im privaten Musikunterricht zeigen Musiklehrer jedoch ein zunehmendes Interesse, neue Wege zu beschreiten. Nicht selten werden mittlerweile Musiktherapeuten befragt oder musiktherapeutische Zusatzqualifikationen angestrebt. Eine Befruchtung des pädagogischen durch den therapeutischen Bereich treibt hier erste zarte Blüten.

Spezialisierung dient, positiv betrachtet, einer Selbstverwirklichung, bei der sich der Mensch auf solche Dinge konzentrieren kann, die ihm liegen und zu denen er sich berufen fühlt. Zu einer Zeit, in der Spitzenleistungen auf einem Spezialgebiet zum höchsten Ideal erhoben werden, besteht jedoch die Gefahr, Einseitigkeit und Beschränkung zu fördern. Gerade in bezug auf die elementare Pädagogik wäre eine neue Einstellung wichtig. Pädagogen sollten im Rahmen ihrer Ausbildung besser auf die Aufgabe vorbereitet werden, ihren Schülern eine umfassende Persönlichkeitsbildung anzubieten. Dafür braucht man Räume, die frei sind von Leistung und Anspruch. Es ist naheliegend, hierbei im musisch-künstlerischen Bereich anzusetzen.

Zum Begriff »Kunst«

Die Geschichte des Begriffs »Kunst« mag einem vorkommen wie die Geschichte einer Begriffsverwirrung[3]. Jeder scheint darunter etwas anderes zu verstehen. Und womöglich kann in der Tat auch nur jeder einzelne für sich klären und definieren, was für ihn »Kunst« bedeutet. Bezieht sich »Kunst« als Fachrichtung lediglich auf Malerei, Plastik und dergleichen, also auf die Ebene materieller Gestaltung (»bildende Künste«), ist bei der »darstellenden Kunst«, der Schauspielerei, bereits ein zusätzliches Wort vonnöten. Die Musik fällt schon nicht mehr in engerem Sinne unter diesen Begriff, wenngleich alle Vertreter gleichermaßen als »Künstler« bezeichnet werden. Darüber hinaus taucht der Begriff im Zusammenhang mit allen möglichen Gebieten auf. Als sieben freie Künste (septem artes liberales) galten im mittelalterlichen Bildungssystem Grammatik, Rhetorik, Dialektik, Arithmetik, Geometrie, Musik (Musiktheorie) und Astronomie oder Sphärik[4]. Im Zusammenhang mit therapeutischen Aktivitäten spricht man von Heilkunst. In Japan werden verschiedenen Wege des Zen als Künste betrachtet. »Martial arts« würden bei uns eher als Kampfsport angesehen. Für den europäischen Geist zunächst ebenso befremdlich erscheint die Kunst, beim Bogenschießen den Pfeil im rechten Moment (Kairos) absichtslos loszulassen und ins Schwarze zu treffen. Sollte es bei der Kunst vielleicht im Grunde – und unabhängig vom Medium – um Geist oder Bewußtsein, um eine bestimmte Seinshaltung gehen?

Versuchen wir, bei der grundsätzlichen Frage anzusetzen, warum der Mensch seit jeher Ausdrucksmöglichkeiten entwickelt, die als »Kunst« bezeichnet werden, welchen Sinn und welche Bedeutung sie in seinem Leben und seiner Entwicklung allgemein haben – und insbesondere in unserer heutigen Situation haben könnten. Dabei beziehe ich mich wieder auf das Grundmodell der vier Ebenen Aktion, Objekt, Musik und Sprache.

Das Element des Schöpferischen, das allen künstlerischen Ausdrucksformen zugrundeliegt, findet der Mensch bereits vor. Es manifestiert sich in der Natur, in der Schöpfung, als deren

Teil er sich ursprünglich erlebt. Somit hat er Anteil an dem Wesen, welches sich in der Schöpfung offenbart und ist mit einem schöpferischen Impuls ausgestattet, der ihn zur Gestaltung drängt. Diese findet ihre äußeren Grenzen in den materiellen Gegebenheiten, die er in der Welt vorfindet. Allerdings gibt es schier unendliche Möglichkeiten, das Vorhandene zu kombinieren. Der Maler Paul Gauguin schrieb: »Man sagt, daß Gott ein wenig Ton in seine Hände nahm und alles machte, was ihr wißt. Wenn der Künstler seinerseits ein schöpferisches Werk vollbringen will, darf er nicht die Natur nachahmen, sondern er muß die Elemente von der Natur nehmen und ein neues Element schaffen«[5]. In diesem Spannungsfeld zwischen einer gegebenen Ordnung und der Freiheit, die ihm aus den Möglichkeiten einer bewußten Auswahl erwächst, wird der Mensch als Geschöpf zum Schöpfer – und dies macht innerhalb der Schöpfung seine besondere Qualität, aber auch seine besondere Verantwortung aus.

Karl Blossfeld stellt die Naturnähe menschlicher Gestaltung fest: »... alle gestaltete Form hat ihr Urbild in der Welt der Pflanzen. Sogar der Tanz, kunstgewordener Menschenleib, findet sein Gleichnis in einer Knospe von rührend kindhafter Geste und einem Ausdruck reinster seelischer Spannung...«[6]. Diese Gestaltungskräfte, die sich in der Natur offenbaren, sind auch im Menschen angelegt und werden im bewußten Tun durch Zeitgeist, kulturelles und familiäres Umfeld sowie die Einmaligkeit des Individuums im Gestaltungsvorgang beeinflußt und konkretisiert. Phantasie als »eingeborene Kraft des Wiederfindens urbildlicher Strukturen in allem Gewachsenen und Werdenden«[7] läßt uns Menschen teilhaben an dem großen Gewebe, an dem wir alle mitwirken können – sofern wir uns nicht zu Phantasielosigkeit und Entfremdung verleiten lassen.

Kultur wird heute überwiegend von professionellen Spezialisten veranstaltet und findet an besonderen, dafür vorgesehenen Plätzen (Museum, Konzertsaal, Fernsehen usw.) statt. Dagegen ist nichts einzuwenden, solange sich Kultur nicht allein darauf beschränkt. Ursprünglich gehören Kultur und Kunst mitten hinein in das Leben, und in diesem Punkt können die »Zivilisierten« einiges lernen von den »Primitiven«. Deren lebendiger Umgang mit Kultur steht im krassen Widerspruch zur Unnahbarkeit der Glasvitrine, des Podestes oder sonstiger Hemmschwellen für Möglichkeiten, Kunst als wirksames Kommunikationsmedium zu begreifen. Kunst darf nicht zu einem Objekt des Marktes reduziert werden. Kunst gehört in das Leben selbst, ist einbezogen in einen Prozeß, an dem *alle* beteiligt sind.

Kultur und Kunst brauchen mehr allgemein zugängliche Räume, eine breitgestreute frühe Förderung, um wieder zentrale gesellschaftliche Praxis zu werden. Es geht nicht primär um ein besonderes Können, sondern um die universelle menschliche Fähigkeit, persönlich und gesellschaftlich ein lebenswertes Leben zu gestalten. Die künstliche Abspaltung der ästhetischen Dimension ist dabei nicht förderlich. Kunst ist Selbstausdruck in gelungener Gestalt, wobei das Gelingen nicht nur Leistung meint. Das Ringen um die angemessene Form ist als Entwicklungs- und Wandlungsprozeß letztlich wichtiger als das Ergebnis. In der Kunst beziehungsweise dem Menschen als Künstler geht die Schöpfung als Evolution weiter[8].

Die Fähigkeit zum ästhetischen Erleben gründet in einer bestimmten Haltung. Ich kann achtlos und gelangweilt durch die Welt gehen oder mit allen meinen Sinnen in ihr sein. Dann ist sie in jedem Moment neu und erregend, und auch die banalste Handlung, zum xten Male ausgeführt, kann ein einmaliges Ereignis sein. Hier geht es um Lebens-Kunst, und die Ausbildung dieser Fähigkeit kann sich nur in einem Raum ereignen, wo weder Leistung noch Zensur noch Zeitdruck bestimmend sind. In einer solchen freien Atmosphäre kann es gelingen, daß der Mensch sich selbst als angeschlossen an die elementare und wunderbare Kraft des Lebendigseins erlebt.

Der Künstler als Profi

»Berufen sind die Künstler, die bis in die Nähe jenes geheimnisvollen Grundes dringen, wo das Urgesetz die Entwicklungen speist. Da, wo das Zentralorgan aller zeitlich-räumlichen Bewegtheit, heiße es nun Hirn oder Herz der Schöpfung, alle Funktionen veranlaßt, wer möchte da als Künstler nicht wohnen? Im Schoße der Natur, im Urgrund der Schöpfung, wo der geheime Schlüssel zu allem verwahrt liegt?«

Paul Klee

Die Alternative oder Ergänzung zu der Kunst, die vom Können kommt, ist eine Kunst, die kündet[9], die Kunde bringt und damit Erkennen und Erkenntnis. Sie setzt die Bereitschaft zu existentieller Erfahrung, zur Intensivierung des Bewußtseins und zu Grenzüberschreitungen voraus. Gegenüber dem Menschen, der sich im Alltagsbewußtsein fest verankert meint, ist der Mensch als Künstler, in der Nähe des Urgrundes, eine marginale Figur wie der Schamane oder auch spätere Mystiker. Er wird schwer verständlich, wo er tiefer eintaucht in die Geheimnisse des Lebens und von Erfahrungen künden will, die jenseits des sprachlich Faßbaren liegen.

Das Abrichten des Menschen auf ein Funktionieren in der modernen Industriegesellschaft entfremdet ihn immer mehr von dem Künstler in sich, bis an den Punkt, wo er diesen Teil seiner selbst nur noch auf den offiziellen Profi-Künstler projizieren kann, der ihm auf der Bühne oder in den Medien als Ausnahmemensch präsentiert wird. Der Kontakt mit dem schöpferischen Urgrund in uns selbst ist aber in Wahrheit jedem von uns zugänglich, und letztlich bedeutet diese (Rück-)Verbindung ein Schöpfen aus der Quelle der Gesundheit. Es darf uns allen nicht gleichgültig sein, ob noch mehr Menschen diesen Weg verlieren oder wiederherstellen.

Grundlegende Gedanken zu einem solchen erweiterten Kunstbegriff äußerte Joseph Beuys, der zweifellos eine der bedeutendsten Künstlerpersönlichkeiten unserer Zeit war. Beuys betrachtete künstlerische Produktivität als Forschungsarbeit. Es ging ihm darum, durch permanente Übung das Leben zu entautomatisieren, und dieser Weg sollte allen Menschen offen stehen. »Also wir leben doch alle in einer Kultur, die so sagt: da sind Künstler und da sind Nichtkünstler. Das wird dann unmenschlich, dadurch gibt es den Begriff der Entfremdung zwischen den Menschen.«[10]. Kunst ist für Beuys dagegen ein Mittel, »die Isolation zu durchbrechen und die Wahrheit der Gesamtzusam-

62

menhänge zu finden. Aus dem Tiefpunkt, wo ihm [dem Menschen] alle spirituellen Nabelschnüre abgeschnitten sind, muß er sich und kann er sich wieder erheben.« Und an anderer Stelle sagt er unmißverständlich: »Kunst ist Therapie«[11].

Seine existentielle Grunderfahrung (die man als Berufungserlebnis deuten kann) machte Beuys während des Zweiten Weltkrieges, als er nach einem Flugzeugabsturz von Tataren geborgen wurde. Er fand sich, aus längerem Koma erwachend, in Fett und Filz eingewickelt und mit Honig ernährt. Diese Stoffe tauchten später dann immer wieder in seinen Werken auf. Die Grenzerfahrungen zwischen Leben und Tod, einer schamanischen Initiation vergleichbar, fließen in seine bildende und aktionistische Kunst ein. »Als Beuys dann mit seinen szenischen Auftritten begann, war es schamanisches Wesen, was er in sich selbst geweckt hatte. Versenkung, das Wirken mit der Stille, die Dehnung der Zeit, das Sammeln von Kraft und ihre Aussendung«[12]. Der Schamane war für Beuys keine historische Figur, zu der er sich rückwendete, sondern repräsentierte für ihn in unserer materialistischen Zeit im Gegenteil etwas Zukünftiges, das es zu entwickeln galt. Für Beuys ist der Künstler der Schamane der modernen Gesellschaft, indem er sich durch Selbstaufgabe der Gemeinschaft opfert und damit heilende Verhaltensformen im anderen aktiviert. Das Happening ist ein modernes schamanisches Ritual und »eine Art Therapie«[13].

Der erweiterte Kunstbegriff bei Beuys bezieht sich auf alle Menschen, auf die ganze Gesellschaft und ist durchaus politisch gemeint. Kreativität ist ihm Volksvermögen, und der Begriff Kunst soll auf die menschliche Arbeit an sich angewendet werden. In seinem Manifest zur Gründung einer »Freien Internationalen Hochschule« heißt es: »Kreativität ist nicht auf jene beschränkt, die eine der herkömmlichen Künste ausüben, und selbst bei diesen ist sie nicht auf die Ausübung ihrer Kunst beschränkt. Es gibt bei allen ein Kreativitätspotential, das durch Konkurrenz und Erfolgsaggression verdeckt wird. Dieses Potential zu entdecken, zu erforschen und zu entwickeln, soll Aufgabe der Schule sein.«[14]

Jeder Mensch ist ein Künstler: Dieser Satz kann natürlich auch

gründlich mißverstanden werden und zum Alibi für oberflächliche Attitüde werden. Nach meinem Verständnis bezieht er sich
am ehesten auf eine bewußte Haltung dem Leben gegenüber.
Während die Attitüde ein »Als-ob« darstellt und auf der Ebene
von Show, Gag und Provokation um ihrer selbst willen agiert,
zielt die bewußte Lebenseinstellung auf den Kontakt mit dem
Wesentlichen ab, dem Kunst im Ausdruck geben will.

Die Grenze zwischen Kunst und Leben fließend zu gestalten,
war der zentrale Gedanke von »Fluxus« (das Fließende), einer
neodadaistischen Bewegung der 60er Jahre: Kunst und Leben
sollen miteinander in Einklang gebracht werden. In diesem geistigen Feld begegnen sich Beuys und die andere Künstlerpersön-
lichkeit, die hier näher vorgestellt werden soll: der jüngst ver-
storbene amerikanische Komponist John Cage. Beide schöpfen
aus einer geistig-spirtuellen Quelle: Beuys aus esoterischem
Christentum und Anthroposophie, Cage aus dem Zen-Buddhis-
mus. Zen betont als Grundhaltung eine Offenheit und Absichtslosigkeit gegenüber dem, was einem begegnet. Es gibt keine
letztlich gültigen Unterweisungen. Worten und Begriffen wird
keine große Bedeutung für die Erkenntnis zugebilligt: Was zählt,
ist die eigene Erfahrung, ein Wachwerden gegenüber dem eigenen Wesen. Diese Philosophie beeinflußte eine Reihe europäischer und amerikanischer Künstler.

Cage wandte mit dem Begriff »nonintentional music« das
Ideal der Absichtlosigkeit direkt auf die Musik an. Bekannt
wurde auch seine »Music of change«, Kompositionen nach dem
»Buch der Wandlungen« (»I Ging«), einem 5000 Jahre alten chinesischen Orakelbuch. Manche mögen das als eine Art regressi-
ven Akt betrachten, einen Rückfall in magische Praktiken der
Orakelbefragung. Andere sehen darin eine Bewußtseinserweiterung von einer Dimension wie die Wiederentdeckung des Unbewußten in der Psychotherapie: »Was für Sigmund Freud die
Entdeckung des Unbewußten bedeutete, war für Cage die Entdeckung des Nichtintentionalen.«[15]. Erkundete Freud mit Hilfe
seiner Patienten das Unbewußte, so betrachtete Cage diese Kompositionen als eine Erkundung des Absichtslosen. Dabei wollte
er Sentimentalität vermeiden und die Musik von der Vorherr-

schaft des Gedächnisses, des Geschmacks, der Vorlieben und Abneigungen befreien[16]. Wir werden später noch sehen, daß Cages Suche nach Überwindung der intentionalen Gerichtetheit ganz im Einklang mit einem zeitgemäßen Bewußtseinswandel und Paradigmenwechsel ist. Cage ist kein Komponist im herkömmlichen Sinne. Zwar verfaßt er mehr oder weniger exakte Notationen und Spielanweisungen – bedarf also noch der Figur des Interpreten. Aber er hält im Grunde vor der Musik inne und will uns mehr eine Haltung der Lebens-Kunst denn ein Kunstwerk als Produkt vermitteln. Eher ist dieser Künstler ein Musikphilosoph, einer, der das Medium Musik, beziehungsweise deren Elemente bis hin zum Geräusch, einsetzt, um uns wieder zum Hinhören zu bewegen. Dies knüpft an Kerenyis Religio-Definition als »Lauschen« und »Hinhorchen« an und verbindet Kunst und Religion in erlebbarer Weise. In Cages eigenen Worten: »Neue Musik heißt neues Hören. Nicht der Versuch, ein Gesagtes zu verstehen, ganz einfach Aufmerksamkeit für die Aktivität der Klänge«[17]. Noch ein anderes Zitat gehört in diesen Zusammenhang: »Die Nützlichkeit des Unnützen ist eine gute Nachricht für Künstler. Denn Kunst dient keinem nützlichen Zweck. Sie hat mit der Veränderung der Hör- und Sehgewohnheiten und des Geistes zu tun.«[18] Es kommt auf das Verständnis von »Nützlichkeit« an, ob man sie mit einem profitablen Zweck oder einem sinnlich-geistigen Entfaltungsprozeß verbindet. Daß eine solche Veränderung des Gewohnten fruchtbringend ist, weiß nur, wer diesen Weg geht. Cage wußte, daß dazu eine Haltung gehört, die »die schönen Künste nicht vom Rest des Lebens trennt, sondern eher die Unterschiede zwischen Kunst und Leben verwischt«[19].

Die Konsequenzen aus Beuys und Cage: Kunst entsteht aus dem Sichanschließen des einzelnen Menschen an seinen schöpferischen Urgrund. Sie beschränkt sich nicht auf bestimmte akademisch anerkannte Ausdrucksformen, sondern ist prinzipiell frei und umfaßt alle Möglichkeiten, die das Leben bietet. Die Trennungen zwischen Kunst und Leben, Künstler und Nichtkünstler sind Definitionen, die letztlich für den einzelnen keine Bedeutung haben. Wer offen ist für die Wahrnehmung der schöpferischen Impulse, die aus seinem Inneren heraus nach außen drängen, und wer diesen Ausdruck zuläßt und gestaltet: der begibt sich auf den Weg der Kunst.

Wieder zurück zur Themenstellung dieses Kapitels und seinen zentralen Fragen. Kann man überhaupt zwischen künstlerischer und psychologischer Selbstverwirklichung unterscheiden? Ist Kunst nicht immer Ausdruck der psychologischen Selbstverwirklichung des Künstlers? Und ist nicht psychologische Selbstverwirklichung der Weg zur Lebens-Kunst?

Definieren wir Dilettantismus oder die künstlerische Betätigung des Nichtprofis positiv: als Befreiung von der Experten-Doktrin, ohne in Attitüden zu verfallen und Oberflächlichkeit zu kultivieren; als Befreiung vom Anspruch der »Kunst« auf der Basis vorgegebener handwerklicher Perfektion. Dann werten wir den »Laien« auf zum ernsthaft Suchenden nach dem seinem Wesen gemäßen Ausdruck. Der therapeutische Charakter einer solchen Suche des Menschen und der Entdeckung des Künstlers in sich ist unbestreitbar: Ausdruck und Verarbeitung von Erfahrungen und Gefühlen in schöpferischer Betätigung stellt die natürliche Seelsorge dar, wie sie von jedem spielenden Kind als selbstverständlich betrieben wird.

Professionalität setzt zwei Dinge voraus: Begabung und Übung. Natürlich ist nicht jeder Mensch von seinen Anlagen her für alles gleichermaßen begabt. Eine besondere musikalische Begabung ist eine Gnade, die zu ihrer Entfaltung auch eines besonderen Einsatzes bedarf. Dies ist der Weg des Übens, ein ruhiger Weg, bei dem man lange an einer Sache bleiben muß beziehungsweise will. Zur Professionalität gehört darüber hinaus meist auch, daß das Ergebnis dieser Entwicklung schließlich einer Öffentlichkeit vorgestellt wird. Nicht jeder aber will diesen Schritt vor das Publikum tun. Mancher möchte seine Persönlichkeit gar nicht publik machen, sich beobachten und begutachten lassen, will nur still künden, sich und wenigen Nahestehenden. Der professionelle Künstler exponiert sich, der »Dilettant«, der »Laie« nicht. Er wird sein Leben teilen, wie die alten Schamanen es auch taten, in Broterwerb und künstlerische Selbstverwirklichung.

»Professio« heißt eigentlich »öffentliches Bekenntnis zu etwas«[20]. Die wesentliche Unterscheidung zwischen dem Profi und dem Laien liegt nicht im Grad technischer Perfektion, sondern in der Öffentlichkeit ihrer künstlerischen Arbeit. So erwiderte Cage einmal einem Zuschauer, der behauptet hatte: »Das kann ich auch« mit den Worten: »Aber Sie tun es nicht – das ist der Unterschied zwischen uns!«

2. Musikhören in der Industriegesellschaft

»Wenn in unserer Industriekultur Musik unverbunden außerhalb, ja sogar im Gegensatz zum eigentlichen Lebensinhalt stehen kann, dann liegt das einmal an der unserer vielschichtigen Gesellschaft eigenen Pluralität der möglichen Geschmacksrichtungen, zum andern auch an unserer im wesentlichen anti-emotionalen und in ihrer Verachtung des ›Müßiggangs‹ vielleicht sogar kunstfeindlichen bürgerlichen Tradition, die bildende Kunst und Musik in eine ›Kultur‹ für Liebhaber abgeschoben und zum prestigemehrenden Gesellschaftsspiel erhoben hat.«

Urs Ramseyer[1]

»...daß Menschen sich zum Hörbaren zumeist in derselben Einstellung verhalten, wie sie im sehenden Umgang mit entfernten Dingen vorherrscht – nämlich objektivierend und zerstreut, nicht-innig, unberührt, im Modus der Selbstbewahrung und der Distanzierung.«

Peter Sloterdijk[2]

Die industrialisierten Gesellschaften befinden sich in einem Prozeß permanenter Leistungsoptimierung. Alles, was nicht der Leistung dient – direkt als Aktivität oder indirekt als Kraftschöpfen zu neuen Produkten und Erfolgen –, wird allenfalls als nette Beigabe aufgefaßt und befindet sich gesellschaftlich am Rande. Für eine Kultur, in der sich jeder Mensch im pfleglichen Umgang mit sich und anderen übt, ist wenig Raum und Zeit. Oberflächlicher Konsum von Kultur bewirkt in dieser Beziehung aber gar nichts. Der Mensch muß im Musikerleben *ganz* anwesend sein. Er braucht Zeit, um sich zu spüren, sich mit seinem Inneren zu verbinden, damit sich in ihm etwas regen und entfalten kann. Viele jedoch sind heute gehetzt, schon im Kindesalter, der Muse fehlt die Muße, menschen-nahe Kultur ist weitgehend ersetzt durch Fern-sehen oder andere Formen kulturellen Konsumverhaltens.

Dabei könnte Musik, die sich ja im Grunde einer großen Beliebtheit erfreut, so hilfreich sein bei der Lösung zentraler gegenwärtiger Probleme, da sie ganzheitliches Erleben zu fördern und damit zur Überwindung wachsender Spaltung und Desintegration beizutragen vermag. Dies ist um so dringlicher, als der moderne Mensch eine Entwicklung durchlaufen hat, in welcher der einheitliche Lebenszusammenhang des Individuums vergangener Zeiten zerstört und in unterschiedliche Teilwelten segmentiert ist. Der moderne Mensch ist mit derart extrem widersprüchlichen Bedeutungs- und Erfahrungswelten konfrontiert, daß das Ich sich nicht mehr als Ganzes erleben kann; Identität wird nur noch ausschnitthaft erlebbar und bleibt in weiten Teilen anonym[3]. In der Folge werden Individuierung und Subjektivität zu den wichtigsten Anliegen des Menschen, was sich sowohl auf das Kulturschaffen als auch auf die Entwicklung der modernen Psychotherapie auswirkt. Entfremdung beziehungsweise die Suche nach Sinn und Identität wird zum zentralen Thema. Warum sollte nun Kultur und insbesondere Musik für dieses Thema hilfreich sein?

Betrachten wir die geschichtlichen Zusammenhänge noch etwas genauer. Die Bedeutung der Musik für den Menschen ergibt sich aus der historischen Dimension sowohl des einzelnen Menschen (Ontogenese) als auch der Menschheit als Ganzes (Phylogenese). Die persönliche Geschichte des Hörens beginnt lange vor der Geburt, lange bevor wir sehen können. Wahrscheinlich gehört die Zeit im Mutterleib mit ihrer intensiven akustischen Atmosphäre entwicklungspsychologisch zu den prägendsten Phasen. Immer mehr tiefenpsychologisch denkende Therapeuten beginnen sich dafür zu interessieren. Das mütterliche Medium ist ein Klangkörper[4]. Das Schwingen im mütterlichen Herzschlag, die Geräusche von Blut, Atem, Muskeln, Gelenken, Darmtätigkeit, aber auch die Stimme der Mutter und der ersten Bezugspersonen, Musik, die von außen erklingt oder erschreckt – diese akustischen Wahrnehmungen begleiten den Menschen durch sein grundlegendes primäres Entwicklungsstadium. Später dann lauscht das Kind dem Summen und den Schlafliedern der Eltern, lernt erste Kinderlieder. Es übernimmt oder verweigert tradierte Hörgewohnheiten, eignet sich einen eigenen Musikgeschmack an, hört bestimmt Musik in bestimmten Situationen. Die musikalische Sozialisation und Individuation nimmt ihren Lauf.

Die Geschichte der Musik, ihrer Wahrnehmung und Gestal-

69

tung, ist nicht zu trennen von der Bewußtseinsentwicklung des Menschen. Das überzeugendste Modell für diesen Prozeß ist das von Jean Gebser[5]. Er differenziert fünf Bewußtseinsstrukturen, die menschheitsgeschichtlich und entwicklungspsychologisch[6] beschrieben werden. An anderer Stelle[7] im Hinblick auf Musik ausführlicher beschrieben, seien sie hier nur kurz skizziert:

Die *archaische Bewußtseinsstruktur* ist jener ursprüngliche Zustand, in dem der Mensch noch unbewußt ganz und eins mit allem ist. In der individuellen Entwicklung bedeutet dies die intrauterine Phase mit der oben beschriebenen Klangsphäre. Allgemein kann man elementare Klänge und natürliche Rhythmen hier als akustische Symbole des Einsseins auffassen.

In der *magischen Bewußtseinsstruktur* weicht dieses selbstverständliche Verschmolzensein einer allmählichen Aufspaltung in eine beobachtende Person und die Welt als ein zu beobachtendes Gegenüber. Dieses kann auch bedrohliche Aspekte aufweisen. Um gegenüber diesen Mächten selbst mächtig zu sein, entwickelt der Mensch der Frühzeit magische Mittel wie Bannen, Beschwören usw., welche die psychische Energie konzentrieren helfen. Das Ohr, in seiner äußeren Form labyrinthisch, ist das wichtigste magische Organ. Dies liegt natürlich auch daran, daß ein gutes Gehör für den in der Natur lebenden Menschen existentiell wichtig ist. Aber auch im kultischen Bereich wird die Wirkung musikalischer Phänomene beachtet. Schamanen verwenden repetitiv strukturierte Heilgesänge und Rhythmen. Kinder lassen sich in dieser Phase gern mit Speichel, Pusten und »Heile, Heile Segen...« behandeln. In den Liedern dieser Zeit spielt die Wiederholung eine große Rolle: sie bietet Kontinuität und Sicherheit bei der Aneignung der Welt.

In der *mythischen Bewußtseinsstruktur* werden die einstimmigen modalen Skalen entwickelt und in ihrer Wirkung erforscht. Dabei wird die kreisförmige Struktur der musikalischen Repetitivität aufgebrochen und lineare melodische Motive entwickelt, die aber immer noch angebunden sind an den Zentralton. Neben alter europäischer Musik kann man fast die gesamte traditionelle Musik des Orients hier einordnen, vor allem die Musik der indischen und arabischen Kulturräume. Pentatonik und einfache Melodien entsprechen dieser Phase in der musikalischen Entwicklung des Kindes. In der musikalischen Sozialisation werden die kulturspezifischen Unterschiede geprägt.

Die Bezogenheit auf einen Zentralton oder Bordun endet in Europa etwa zur Zeit der Renaissance. So entspricht die mentale Bewußtseinsstruktur der Entwicklung des Individuums. Analytisch-rationales (teilendes) und abstrahierendes Denken ermöglicht einen ungeheuren technologischen Fortschritt, gleichzeitig schreitet der Verlust des Bezogenseins auf die Mitte und des Teilhabebewußtseins weiter fort. Die Entdeckung des Räumlichen ermöglicht in der Malerei die Perspektive und in der Musik Mehrstimmigkeit und funktionale Harmonik. Töne werden in der Notenschrift zu Zeichen abstrahiert, die Überlieferung durch Hören und Improvisation verliert mehr und mehr an Bedeutung. Wissenschaft und Theorie finden Eingang in die Musik. Das Komponieren nach rationalen Gesetzmäßigkeiten wird möglich, die scheinbar so sicheren Gesetze der »Harmonie« werden in Atonalität und elektronischem Experiment aufgelöst. Allerdings spaltet sich bei diesem Vorgang die Musik auch in verschiedene Richtungen und Hörerkreise als Subkulturen auf, was im nächsten Kaptitel näher beleuchtet wird.

Derzeit befinden wir uns nach Gebsers Modell in einer Phase des Übergangs in Richtung auf eine integrale Bewußtseinsstruktur. Diese, noch Zukunftsvision, ist charakterisiert durch ein von ihm als »gänzlichend« bezeichnetes Denken, ein auf die Menschheit (nicht auf nationale Interessen) bezogenes Handeln und das Integrat als Nachfolge von Matriarchat und Patriarchat. Außerdem ordnet er ihr noch die Eigenschaften: »durchsichtig, transparent, gegenwärtigend und auf den bewußten Geist abzielend« zu. Dabei taucht wieder die Frage nach der zukünftigen Musik auf: Wird sie, wie Stockhausen meint, Teil einer »Erdkultur«?[8] Wird sie, auf die Menschheit bezogen, ein Spiel mit den musikalischen Elementen aller Zeiten und Völker?[9] Das wachsende Interesse an der Musik anderer Kulturen und dem musikalischen Experiment könnte darauf hindeuten, daß an einer alles durchleuchtenden Gegenwärtigung verschiedenster musikalischer Elemente durch kompositorische und improvisatorische Integration geforscht und gearbeitet wird. Der Gänzlichungscharakter des integralen Bewußtseins könnte auch bewirken, daß die Aufspaltung der Musik und ihrer Hörer dabei eines Tages überwunden wird, ohne daß die Pluralität der musikalischen Phänomene verlorengeht.

Wenn integrales Denken Ursprung und Gegenwart verbindet, vergegenwärtigt sich in der ursprünglichen »Eintönigkeit« des Archaischen vielleicht eine neue Intensität: ein absichtsloses, und nicht durch permanente Rationalisierung und Analyse gestörtes, Aufgehen in den Schwingungen der Töne und die durch das Instrument bedingte Spezifität ihrer Obertönigkeit, der Klangfarbe. Hier sind wir an den Wurzeln beziehungsweise der Keimzelle von Musik überhaupt, denn der einzelne Ton enthält bereits wie ein Samenkorn alle musikalischen Möglichkeiten. In der Obertonreihe spektriert er in eine Teiltonstruktur, in der alle in der Musik vorkommenden Intervalle in der Reihefolge ihres Konsonanzgrades in Erscheinung treten. Die Intervalle wiederum sind die Elemente, aus denen sich Tonfolgen (Skalen oder Melodien) und Akkorde zusammensetzen. Somit haben wir sämtliche Bausteine für die musikalischen Gestaltungen. Das Gesetz der Ganzzahligkeit in der Obertonreihe (die im Monochordexperiment durch das Teilen einer Saite in der Reihenfolge der ganzen oder natürlichen Zahlen verdeutlicht wird) und das sich daraus entfaltende musikalische Geschehen bilden eine Analogie zur naturgesetzmäßigen Grundstruktur des Kosmos überhaupt. Der Mensch ist seelisch disponiert für diese Ordnung[10] – aber für die Ordnung als Ganzes! Und diese birgt in sich eben auch Spannung, Dissonanz und Chaos, da die gegebenen Intervalle nicht nur auf Harmonie festgelegt sind. Auch dieses Thema wird uns im nächsten Kapitel über zeitgenössische Musik noch beschäftigen.

Für eine Gehörbildung, die über das Analytische hinausgeht, ist das Erforschen der seelischen Qualitäten von Interesse, die mit diesen Bausteinen verknüpft werden können. Und hier erhebt sich die Frage nach musikalischen Archetypen, zumal der Ausdruck bereits von Kepler in Verbindung mit den musikalischen Intervallen benutzt wurde, die er als der Seele eingeboren betrachtete. Das spürende, meditative Erlauschen musikalischer Elemente (Klangfarben einzelner Töne, verschiedene Intervalle und Tonskalen, einfache Melodien und Rhythmen) wird bislang kaum betrieben, obwohl hier doch ein sinnvoller Zugang zur Sprache der Töne gegeben wäre. Vielleicht wird es für eine Weltmusik von Bedeutung sein, sich diese elementaren Bausteine als die allen Menschen gemeinsame Basis der Musik bewußt zu machen, um mit ihnen dann schöpferisch und frei spielen zu können.

Musik entfaltet sich, wenn die musikalischen Elemente in einem wie auch immer gearteten sinnvollen musikalischen Zusammenhang geordnet werden. Das Besondere an dieser Form der Kunst ist, daß der Fluß der Zeit abgebildet wird. Die Ordnungen und Gesetzmäßigkeiten in der Natur sind ihrem Wesen nach in Wirklichkeit ja keinesfalls statisch. Man kann sie eher als einen fließenden Energiestrom beschreiben, der bestimmte Ordnungsmuster pulsierend umspielt, diese jedoch nie im Sinne eines statischen Ideals erreicht. Kritiker der harmonikalen Forschung haben das immer wieder mißverstanden, aber in Anbetracht der Aussagen, welche die moderne Physik zu diesem Thema macht, darf man sich wohl von der Vorstellung eines auf statisches Zahlenmaterial zu reduzierenden Kosmos verabschieden. So gehört, lädt uns manche Musik nicht in eine Traumwelt ein, in der wir der Wirklichkeit entfliehen, sondern führt uns womöglich an existentielle Wirklichkeitserfahrungen heran, wie wir sie uns im alltäglichen Bewußtsein nicht träumen lassen.

Wenn wir von einer Wirkung der Musik sprechen, geht es um diese subjektiv inspirierte schöpferische Konstruktion der Wirklichkeit im Bewußtsein des Hörers. Die Anregungen der musikalischen Ereignisse erreichen uns über drei Ebenen:

Auf der *körperlichen Ebene* werden Klang und Musik als Schwingungen gespürt, auf welche die verschiedenen Körperteile und -räume Resonanz geben können durch aufnahmebereites Mitschwingen. Sie können aber auch abgewehrt werden durch körperliche Gegenreaktionen wie Verspannung, Panzerung, »Zumachen« oder Ignorieren.

Auf der *seelischen Ebene* werden bei Hörerfahrungen – je

nach Offenheit und Bereitschaft des Hörers – Emotionen, Phantasien, Bilder und dergleichen wachgerufen.

Auf der *geistigen Ebene* können entweder aufgrund der Vorbildung oder spontan die der Musik innewohnenden geistigen Zusammenhänge und Gesetzmäßigkeiten erkannt werden. Art und Intensität dieser Wirksamkeit ist allerdings abhängig von der Verfassung des Hörers und den Umständen, unter denen er Musik hört. Durch die technologischen Entwicklungen im Bereich der Tonträger ist es zu einer in der bisherigen Menschheitsgeschichte einmaligen Situation gekommen. Der Mensch kann, wann immer und seit dem »Walkman« auch wo immer er will, Musik hören, und zwar jede, die irgendwo auf der Welt aufgenommen und auf Band oder Platte zugänglich ist. Die Frage ist nur: Warum will er wann und wo welche Musik hören?[11]

Mehr an der Oberfläche gehört, dient Musik als Kulisse, zur Begleitung von eher mechanischen oder momentan lustlos ausgeführten Tätigkeiten, aber auch zur Inspiration geistiger Arbeit. Des weiteren kann Musikhören beim Anknüpfen von Kontakten hilfreich sein. Über gemeinsames Hören von Musik kann man eine Verbindung zu anderen herstellen, durch gemeinsamen Musikgeschmack kann Verbundenheit und Gruppenidentität spürbar werden. Ferner gibt es ein intellektuelles und analytisches Hören, vor allem bei Musikern und den von Adorno so genannten »Bildungshörern«.

Unter der Rubrik »Selbstmedikation«, die bewußt oder unbewußt autotherapeutische Bestrebungen beinhaltet, finden wir vor allem den Wunsch, sich in eine andere Stimmung zu versetzen, die derzeitige Stimmung positiv zu beeinflussen. Vielleicht will man in eine andere Wirklichkeit gelangen, dem Hier und Jetzt entkommen, sich fortträumen, vielleicht auf eine imaginäre Urlaubsinsel oder in eine sonstige Wunschsituation. Eventuell wählt man eine Musik, die an vergangene Erlebnisse und Personen erinnert, an Lebensphasen, in denen es einem besser ging. Oder man hört Musik, um sich die Zeit zu vertreiben, sich abzulenken, sich zu betäuben. Auch aus Angst vor der Stille, vor den Pausen im Gespräch, zur Verdrängung unerwünschter Gefühle kann man Musik benutzen. Der manipulative Charakter zeigt sich speziell bei solcher Musik, die permanent berieselt und wo die suggestive Wirkung ausgenutzt wird, beispielsweise in der Werbung, in Warenhäusern, am Arbeitsplatz.

Auch eine »Umstimmung« wird häufig durch das Musikhören versucht. Man kann ruhige Musik auf sich wirken lassen: zur Entspannung, Besinnung, Meditation, um sich innerlich zu sammeln, zum Einschlafen oder Tagträumen. Umgekehrt kann Musik aktivieren und stimulieren. Manchmal gelingt es, mit ihr gute Laune zu erzeugen, andere zum Mitsingen oder Tanzen anzuregen.

Die andere Möglichkeit ist, eine Musik auszuwählen, die der momentanen Stimmung entspricht. Emotionale Zustände können verstärkt werden bis hin zur Katharsis. So kann man traurige Musik hören, um die augenblickliche Traurigkeit noch intensiver zu spüren, vielleicht um endlich weinen zu können. Mit aggressiver Musik kann das Durchleben und Verarbeiten von Spannungen verknüpft sein, vor allem in Kombination mit Bewegung.

Der aufmerksame Musikgenuß führt in tiefere Schichten des Erlebens und bewirkt ein allmähliches Verschmelzen von Hörer und Gehörtem, also ein Erleben von Zuständen, in denen sich frühe Symbiose und reife Teilhabe begegnen. Ein ständiges Gefühl des Einsseins mit dem Kosmos läßt sich mit dem menschlichen Leben kaum in Einklang bringen. Aber die Musik ermöglicht immer wieder ein Erleben dieser Verbundenheit, und darin liegt vielleicht die heilsame Wirkung, die viele sich von ihr erhoffen und die sie auch immer wieder in ihr zu finden vermögen.

Die meisten Menschen werden vermutlich auf die Frage, warum sie Musik hören, schlicht antworten: zur Unterhaltung. Was meint dieser Begriff aber, wenn man ihn einmal genauer hinterfragt? Das Wort steht im Zusammenhang mit »Unterhalt«, was soviel bedeutet wie jemandem von unten Halt, d.h. eine gute Basis geben. Es bedeutet auch »versorgen«, also ihm Sorgen zu nehmen, ihn vor allem aber auch »nähren«, in einem Sinne, der über die materielle Nahrung hinausgeht. Was für diese gilt, die vor allem in letzter Zeit zunehmend zu einem beliebten Streitobjekt bezüglich ihrer Qualität geworden ist, gilt für nichtmaterielle Nahrung in Form von Musik und anderen Kulturgenüssen genauso. Daher möchte ich – selbst auf die Gefahr hin, moralisierend zu wirken – hier doch einige Gedanken und Assoziationen zu »guter« und »schlechter« Unterhaltung darlegen.

Eine »gute Unterhaltung« spendet eine gute Basis und einen Geist, der Halt gibt und Ge-halt hat. Eine »schlechte Unterhaltung« gibt keine gute Basis (Zerstreuung, Ablenkung vom Eigentlichen, Hinlenkung der Aufmerksamkeit auf ethisch negative Qualitäten) und macht schlimmstenfalls »halt-los«. Der kommunikative Aspekt umfaßt Austausch und Kontakt. Gute Unterhaltung bedeutet dann: sich gegenseitig Halt geben, eine stabile Gemeinschaft mit Zusammen-halt bilden, wo positive Qualitäten wie Vertrauen, Liebe, friedliches Zusammensein möglich sind. Schlechte Unterhaltung in diesem Sinn weckt dagegen negative Qualitäten wie Isolierung, Feindschaft, Mißtrauen, Haß, Gewalt, eine ungesunde Gruppe oder Gesellschaft. Die Verantwortung der Medien, aber auch der Komponisten ist evident.

So soll am Schluß zu diesem Thema noch ein zeitgenössischer Komponist zu Wort kommen. Günther Bialas sagt: »Ich habe nichts gegen ›leichte‹ Musik. Wir haben nur den ganzen Bereich der Unterhaltung den Geschäftemachern überlassen; so ist daraus eine Industrie geworden. Aber im Grunde gehört die Unterhaltung zu den legitimen Aussagemöglichkeiten der Musik.«[12]

3. Zur Symbolik und Ästhetik
zeitgenössischer Musik

»Da spielt man gegen Wände und tönt nur im Ghetto.«

Ingo Metzmacher[1]

»Durch ihr bloßes Auftreten zwingt die moderne Kunst den braven Bürger, sich als das zu fühlen, was er ist, braver Bürger, ein Geschöpf, das nicht fähig ist, das Sakrament der Kunst zu empfangen... denn die neue Kunst ist eine Kunst der Bevorrechtigten, des Nervenadels, der Instinktaristokratie.«

José Ortega y Gasset[2]

Ginge Beethoven heute durch die Heiligenstädter Straße in Wien, würde er folgendes wahrnehmen: eine vierspurige Ausfahrtstraße mit entsprechender Geräuschkulisse und hohem Lärmpegel, rechts und links Tankstellen, Werkstätten, Industrieanlagen, von Abgasen verschmutzte Fassaden, weit und breit kein grünes Blatt. Wie würde sich anhören, was er nach diesem Spaziergang komponiert? Könnte er ehrlicherweise etwas anderes aufs Notenpapier bringen als den Ausdruck von Dissonanz, Schrillheit, Häßlichkeit, Entfremdung?

Solche Eigenschaften werden von vielen Menschen der »Neuen Musik« (mit dem großen »N«) zugeordnet, aufgrund welcher Hörerfahrungen oder Vorurteile auch immer. Aber auch Jazz- und Rockmusik (neue Musik mit kleinem »n«) wird zum Teil ähnlich eingeschätzt. Es scheint fast so, als sei zeitgenössische Musik polarisiert in einen kleinen progressiven bis avantgardistischen Teil auf der einen Seite, von der großen Mehrheit der Menschen mit Verständnislosigkeit – wenn überhaupt – gehört oder gar als akustische Quälerei erlebt, und ein breites Angebot von gefälliger Musik auf der anderen Seite, das in einem unvergleichlich größerem Ausmaß angenommen und konsumiert wird.

Soziologisch tritt hier ein Phänomen zutage, das an die historisch wohlbekannte Zweiteilung der Gesellschaft in Adel und Volk erinnert und an die damit verbundene Zweiteilung der Kunst in eine aristokratische und eine volkstümliche. Dies läßt sich nur schwer mit modernen politischen Vorstellungen von einer demokratischen und klassenlosen Gesellschaft vereinbaren. Und ausgerechnet die Kunst soll ein derartiges Kastensystem wieder hervorbringen? Oder bringt sie nur natürlicherweise gegebene Tatsachen ans Licht? Oder gibt es zu dieser Aufspaltung Alternativen?

Der spanische Philosoph Ortega y Gasset hat sich mit diesem Phänomen näher befaßt. In einem Essay behandelt er die »Vertreibung des Menschen aus der Kunst«[3], welche geradezu die Voraussetzung bildet für unsere Überlegungen zu einer Wiederentdeckung menschennaher Kultur. Die Trennung der Geister durch die neue Kunst (die er in der Musik mit Debussy beginnen läßt) siedelt er in einer tieferen Schicht an als der des persönlichen Geschmacks. Es gehe um eine ästhetische Fühlfähigkeit, um die Ausbildung von Wahrnehmungsorganen, welche dem Rezipienten die neue Kunst verständlich machen. Da diese nur einer begabten Minderheit eigen sei, andere sich von diesen Genüssen ausgeschlossen und somit unterlegen fühlten, betrachte er die neue Kunst als volksfremd, ja volksfeindlich. Dem Volk bedeute Kunstgenuß eine geistige Haltung, die sich nicht wesentlich von der des alltäglichen Lebens unterscheide. Populäre Kunst müsse demnach realistisch sein.

Das klingt für mich etwa so: Der – nennen wir ihn einmal so – »normale Mensch« will in der Kunst den Realitäten begegnen, die er kennt. Er will nicht verunsichert werden durch das Außeralltägliche, sondern eher in seinem Realitätssinn gefestigt und bestärkt aus dem Kunstgenuß hervorgehen. Nach dieser Auffassung sind die meisten Menschen nicht lernbereit oder lernfähig, sie haben auch kein Interesse daran, neue Wahrnehmungs- und Erlebensfähigkeiten zu erwerben. Wenn dies so wäre, müßte es uns angesichts der gegenwärtigen Weltlage überaus pessimistisch stimmen. Deren Probleme sind nämlich nicht ungeeignet, zum Ruf nach elitären und totalitären Lösungsstrategien zu verführen. In wesentlichen Teilen bemüht sich dieses Buch dagegen um die Darstellung von Ansätzen, die auf einem motivationsfördernden einfachen Niveau einen breiten Zugang zu solchen Wahrnehmungs-, Erlebens- und Lernfähigkeiten ermöglichen sollen.

Wenden wir uns jedoch hier zunächst der aktuellen Situation der Musik zu. Diese ist ja inzwischen in noch mehr Subkulturen aufgespalten, wie jeder größere Plattenladen in seiner Struktur offenbart. Peter Sloterdijk, ein Philosoph unserer Tage (der als solcher auch eine wünschenswerte Distanz zum Gegenstand vermuten läßt), beschreibt vier Typen aktueller Musik[4]:

1. Die authentische Neue Musik
2. Die *performance*-Musik
3. Die sogenannte Unterhaltungsmusik
4. Die funktionelle Musik

Letztere ist von dem, was ich mir in einer menschennahen Kultur als Ausdruck des Wesentlichen vorstelle, am weitesten entfernt. Die Produkte dieser Sparte sind oft ein Höhepunkt an Intentionalität, an absichtsvollem und berechnendem Kalkül, welches die Unkultur totaler Leistungs- und Konsumsteigerung mit nahezu schwarzmagischer kompositorischer Technik vorantreiben will. Selbst wo sie das Gute will, beispielsweise Entspannung, läuft sie leicht Gefahr, das »Böse« zu schaffen, nämlich weitere Entfremdung und Verdrängung dessen, was gerade wirklich ist. Das Problem entschärft sich allerdings, wenn ich dies in bewußten Momenten tue, das heißt, wenn Musikhören nicht zum unbewußten Vorgang wird, dessen Auswirkungen mir verborgen bleiben, weil meine Wahrnehmung woanders ist.

Ähnliches gilt für die sogenannte Unterhaltungsmusik. Das »sogenannte« paßt gut zu meinen Gedanken zum Thema »Unterhaltung« und ihrer Qualität am Ende des vorigen Kapitels. Allerdings kann jede Musik als Klangtapete benutzt werden und der Zerstreuung und Sedierung ihrer Konsumenten dienen. Beispielsweise gibt es Lokale, in denen leise klassische Musik den Raum sanft durchflutet. Es geht dann einerseits um die Haltung des Hörers, andererseits spielen die Intentionen der Musikbranche eine Rolle. Diese möchte Musik als Produkt verkaufen und »kann sich«, wie Sloterdijk ausführt, »eines Massenpublikums sicher sein, weil sie die Aufgabe übernimmt, die Hörer vor dem

Risiko des Hörens von Neuem zu schützen. Wer Sedativmusik anstellt, tut dies eben, um sich in überraschungsfreie Tonwelten einzustimmen, gleich auf welchem Niveau.«[5]

Performance-Musik ordnet sich nicht den Hörerwartungen des Publikums unter, ist aber trotz allen Risikos daran interessiert, dieses zu erreichen. Die Botschaft richtet sich an die Menschen, egal ob sie eher unterhaltsam oder fordernd formuliert wird. Diese eingangs als »neue Musik« mit kleinem »n« bezeichnete Richtung kann ein kleines oder großes Publikum haben – auf jeden Fall hat sie eines.

Dadurch unterscheidet sie sich von der »Neuen Musik« mit großem »N«, wo scheinbar wenig Interesse besteht, über die Experten-Ebene hinaus wirksam zu werden – und dies finde ich bedauerlich. Nun sprach Adorno bereits von einem Altern der Neuen Musik und manchem mag die sogenannten Avantgarde heute eher als konservatives Element in der musikalischen Entwicklung erscheinen. Ein renommierter deutscher Musikkritiker bemerkt anläßlich der »Donaueschinger Musiktage 1993«: »...selbst die Creme der hier 48 Stunden lang versammelten zeitgenössischen Musik (Komponisten, Interpreten, Verleger, Radioleute, Funktionäre des musikalisch Zeitgenössischen) kann ja nur als Minderheit einer Minderheit auftreten... Aber dafür ist man... unter sich wie bei einer Fachtagung.«[6] Das »Neue« oder »Zeitgenössische« bezieht sich im allgemeinen auf eine Musik, die in irgendeiner Form der abendländischen Tradition der akademischen Musikentwicklung zuzuordnen ist beziehungsweise sich von dieser innnerhalb des im weitesten Sinne institutionellen Rahmens abgrenzen will. Aber zeitgenössische Musik, zeitgenössische Komponisten – sollten die nicht eigentlich von den Zeitgenossen, den derzeit lebenden Menschen gehört werden? So möchte man erst einmal naiv fragen. Und von da aus stößt man logischerweise auf grundsätzlichere Fragen: Welchen Sinn hat Komponieren in unserer Zeit, und welche Aufgabe hat ein Komponist heute?

Wie schon bei der Kunst generell bemerkt, kommt wohl auch hierfür nur eine persönliche Auffassung in Betracht. Ich fand dazu drei Aspekte:

1. Der kompositorische Ausdruck, die Gestaltung von Musik tragen zur Psychohygiene und Selbstentfaltung (wie Kunst überhaupt) bei.
2. Als Teil eines Netzwerkes von Individuen und Institutionen, die mit Musik zu tun haben (Musikhochschulen, Interpreten, Tonstudios, Musikverlage usw.) bietet der Komponist Musik zur Interpretation und Aufführung an.
3. Er sucht dabei die Kommunikation mit dem Hörer, möchte sich selbst vermitteln, mehr oder weniger beabsichtigte Wirkungen erzielen.

Mit einem Seitenblick auf unseren Ausgangspunkt: Natürlich steht auch der Komponist in der Tradition des Schamanen. Er übt seine Kunst aus, weil er sich »berufen« fühlt, dies für sich und andere zu tun. Wie immer im einzelnen seine Absichten sein mögen: er will in irgendeiner Weise einen veränderten Bewußtseinszustand in sich beziehungsweise dem Hörer hervorrufen. So kann Musik grausige politische Wirklichkeit dramatisch nahebringen (z. B. die politisch motivierten Werke von Nono und Henze), die Möglichkeit zu Trancezuständen bieten (z. B. die repetitive sogenannte Minimalmusik von Riley, Reich, Glass usw.), eine »philosophische« Einstellung zum Leben durch die Einstellung zur Musik vermitteln (Cage) oder das integrale Bewußtsein musikalisch anstreben (Hamel), um nur einige Möglichkeiten zu nennen. Diese musikalischen Angebote zur Bewußtseinsveränderung verändern Hör- und damit Erlebensgewohnheiten und bewirken damit unter Umständen eine Dekonditionierung des bewußten Seins in der Welt.

Rückblickend erscheinen mir die 60er Jahre als eine Zeit wesentlicher Impulse für die moderne Bewußtseinsentwicklung. Dieser Zeitgeist brachte eine breite Bewegung neuer Musik von der »sogenannten Unterhaltungsmusik« in Richtung »Performance-Musik« hervor, wobei Grenzüberschreitungen stattfanden, die wirklich neu waren. Sedierend wirkte sie keinesfalls, und wer die Beatles hörte (und sie wurden gehört!), war plötzlich in seinen Hörgewohnheiten gestört durch Klangcollagen, neue Elektronik und indische Elemente, zwar meist sanft eingefügt, aber immerhin. Diese musikalischen Veränderungen gingen einher mit Bewußtseinsveränderungen. Äußerlichkeiten wie Haare und Kleidung waren nur sichtbare Zeichen eines inneren Wandels. Beim Ausbruch aus erstarrten Normen standen die Theorien sozialer Utopien neben dem erfahrungsorientierten Experimentieren mit veränderten Bewußtseinszuständen und neuen Lebensformen. Was vorher nur einzelne dachten und schrieben, wurde von einem relativ großen Teil der Jugend aufgegriffen und ausprobiert. Fast kein Lebensbereich blieb davon verschont: Politik, Religion, Erziehung – und natürlich die Künste. Die Grenzüberschreitungen in der Musik fanden im Experiment statt: Außer den Beatles erforschten auch andere populäre Musikgruppen Möglichkeiten wie Klangcollagen, Elektronik und ethnische Elemente. Fusionen von Pop, Rock, Jazz usw. schufen neue »Sounds«, neue Stile. Frank Zappa integrierte zum Beispiel in seinen Kompositionen banale Schlagerelemente mit raffiniertem bis ekstatischem Rock und Jazz sowie Neuer Musik. Ein integrales Spiel mit musikalischen Elementen und musikalische Experimentierfreude überhaupt wurden auf diese Weise einer breiten Öffentlichkeit bekannt. In der Musik symbolisierte sich der Zeitgeist jener Jahre.

Im großen und ganzen erreicht Musik, gleich welchen Stils, ihren Hörer, weil sich in ihr akustisch etwas symbolisiert, was den Menschen anspricht: Glück, Schmerz, Verliebtsein, Aggression, Protest, innere Zerrissenheit oder Schönheit. Sowohl der spontane wie auch der bewußt gestaltete Ausdruck seelischen Erlebens wirft die Frage nach Form und Inhalt dieser Symbolisierungen auf. Das »Zeichen« in der Semiotik weist immer auf etwas Bekanntes hin. »Symbol« sei dagegen im Jungschen Sinne definiert: als Ausdruck für etwas intuitiv Erfaßtes, als »die bestmögliche Ausdrucksform eines psychisch komplexen Verhältnisses, das zunächst von dem Bewußtsein noch nicht klar erkannt worden ist« und das bei einer vollständigen Erklärung (Rationalisierung) seine psychische Energie verlieren würde.[7] Das Symbol lebt gerade von dieser nonverbalen Mittlerrolle zwischen Unbewußtem und Bewußtem. Im Symbol verdichten sich Mittel, grundlegendes Material und die daraus gestaltete Form zu einer Aussage – je vollkommener, desto verständlicher für den Hörer. Wenn ein zeitgenössischer Musiker und Komponist dem Zeitgenossen etwas vermitteln möchte, muß er sich mit dieser Ebene beschäftigen. Er kann nicht erwarten, daß ausschließlich der von Adorno so genannte »Bildungshörer« kraft seiner musikanalytischen Fähigkeiten zum Verständnis eines Werkes gelangen kann. Der »naive« Hörer braucht dagegen Erfahrungen, die ihm einen erlebnishaften Zugang zu dieser Musik ermöglichen.

Es steht außer Zweifel, daß dieser Zugang am sinnvollsten über das eigene forschende Experimentieren mit dem musikalischen Material erfolgt. Neben der hörenden Auseinandersetzung mit Musik ist die beste Schulung dieser Art von Intuition die freie Improvisation. Sie setzt am Grunde an, da sie natürlicherweise am Anfang des Musizierens steht. Der Mensch erfährt dabei selbst, wie sich innere Prozesse, Gefühle, Stimmungen, Atmosphärisches spontan musikalisch gestalten lassen. Die Improvisation ist die historisch und weltweit verbreitetste Form des Musizierens. Sie kann völlig frei oder in Anlehnung an ein Lied beziehungsweise eine andere kompositorische Vorgabe betrieben werden. Noch bis Ende des vorigen Jahrhunderts spielten Komponisten ihre eigenen Werke und improvisierten für das Publikum. Auch Interpreten nutzten ihr Recht auf improvisatorische Einlagen. Im Laufe des 20. Jahrhunderts verschwanden diese Möglichkeiten fast völlig aus den europäischen Konzertsälen und schlichen sich dann durch die Hintertüre der Jazzkeller wieder ein.

Einzelne Musikpädagogen entdeckten die Improvisation wieder. Dabei wurden ihre therapeutischen Qualitäten spürbar, so daß sie ins Zentrum der modernen Formen von Musiktherapie rückte. Lilli Friedemann beispielsweise wagte den Versuch einer Synthese von Spielmusikpraktiken und Elementen der neuen Musik, vor allem durch die Emanzipation von Dissonanz und Geräusch[8]. Während in der Musikpädagogik bisher im allgemeinen die Fähigkeit zur Einordnung und Disziplin als Zielvorstellung im Vordergrund gestanden hatte, wurden jetzt ungeformte, spontane Äußerungen aufgenommen. Dies wirkte außerordentlich inspirierend auf die Musiktherapie, da es den

Therapeuten ja nicht um musikalische Ergebnisse und Leistungen geht, sondern der Prozeß des subjektiven Erlebens im Zentrum des Interesses steht. Improvisation zielt nicht auf exakte Wiederholbarkeit ab, sondern findet ihre Erfüllung im intensiven *Sein* im Hier und Jetzt. Das kann sehr befreiend wirken. Jenseits des Expertentums eröffnen sich Perspektiven für kulturelle Wirklichkeiten, die sich wieder mehr am menschlichen Maß orientieren.

Ist Improvisation eine allen Menschen zugängliche Form spontanen musikalischen Ausdrucks, so arbeitet der professionelle Komponist aus der Spontaneität des Einfalls heraus bewußt weiter, feilt am Symbolisierungsprozeß, um die bestmögliche Ausdrucksform zu verwirklichen, und versucht, die künstlerische Aussage deutlich wahrnehmbar und damit vermittelbar zu machen. Was aber will er vermitteln? Soll eine Komposition »Kunst« im Sinne unserer bisherigen Überlegungen sein, müßte ihre »Kunde vom Wesentlichen« und ihre Vermittlung intersubjektiv von Bedeutung sein. Und wenn der Komponist die Krise darstellt, zeigt er dann auch Wege aus der Krise? Wozu die ästhetische Gestaltung des Aufschreis der Seele angesichts der Häßlichkeit und Zerstörung? Als Verarbeitungsmöglichkeit und Therapie für sich selbst, zur eigenen psychischen Verdauung? Oder als Weg zur Erlösung, zu einer konstruktiven Utopie?

Betrachten wir zu diesen Fragen einige zeitgenössische Komponisten und untersuchen ihre Ansichten, Einstellungen und Haltungen gegenüber ihrem kompositorischen Schaffen und dem Komponieren überhaupt.

John Cage wurde bereits ausführlich erwähnt und sei hier nur noch einmal kurz gestreift. Er betrachtete viele seiner Kompositionen als eine Erkundung des Absichtslosen, eine Befreiung von der Vorherrschaft des Gedächnisses und des Geschmacks. Sein Arbeitsstil war geprägt von Neugier, von einer Suche nach Strukturen, die mit vorhandenen Ordnungsmustern ein produktives Verhältnis eingehen, von einer sanften Auflösung bestehender Ordnungssysteme. Ihm ging es im Grunde mehr um eine *Haltung* als um die Produktion eines Kunstwerks. Er wollte uns wieder zum Hören bewegen, Hören verändern und über das Hören das Bewußtsein verändern.

Helmut Lachenmann betont den Selbsterfahrungscharakter von Musik. Sie ist ihm Mittel zur Entdeckung des Subjekts, des Ich und darüber hinaus unbekannter Zonen. Er will die Hörerfahrung erweitern anstatt Hörerwartungen zu befriedigen, mit dem Hörer ins Unbekannte vordringen und somit in die Selbsterfahrung. Er nennt Musik eine »sprachlose Botschaft von ganz weit her – nämlich aus unserem Innern…« Komponieren heißt für Lachenmann, »der eigenen Phantasie über ihre Grenzen hinweghelfen… heißt sich verändern, Krisen riskieren… Denn die Begegnung zwischen kreativem Willen und klingender Materie, was ist sie anderes als eine Begegnung, wie kompliziert auch immer, mit dem was man liebt: geprägt von Faszination, Leidenschaft, gegenseitigem Durchdringen, Glück, Verzweiflung, und, mit all dem verbunden, von existentieller Neuerfahrung des eigenen Selbst«[9].

Peter Michael Hamel will heraus aus dem Ghetto des großen »N«, ohne dabei seine Wurzeln zu verleugnen. Explizit bemüht er sich um die Entwicklung einer musikalischen Sprache, die nicht nur von der Minderheit der Experten verstanden wird. Er beschäftigte sich praktisch mit verschiedenen Musiktypen, den Musikkulturen anderer Kontinente und spielte jahrelang in einer Improvisationsgruppe mit dem bezeichnenden Namen »Between«, bevor er begann, sich ganz dem kompositorischen Schaffen zu widmen. Daher umfaßt sein musikalischer Erfahrungshintergrund vieles mehr als eine solide akademische Ausbildung. Soziale und therapeutische Aspekte interessieren ihn. Musik ist für Hamel Anlaß zur Kommunikation: mit anderen Musikern und mit dem Publikum, dem er etwas vermitteln, zu dem er in Beziehung treten will. »Es ist primär der Prozeß des Komponisten, der da erklingt, der jedoch von anderen Menschen auch als ihn betreffend mitvollzogen werden kann.«[10] Sloterdijks Satz von der Kunst als Heil-Kunst scheint auf Hamel besonders gut anwendbar, bezieht er doch die therapeutische Dimension des Komponierens *bewußt* mit ein: »Ich weiß, daß es Harmonie gibt und möchte das auch zeigen… Das Schreien höre ich auch, ohne daß ich es komponiere. Ich will nicht noch einmal draufschreien. Ich setze etwas dagegen. Ich muß eigentlich heilende Musik machen... Ich will dem Menschen die Urangst zeigen – aber auch, daß er hindurchkommt. Also bin ich schon eine Art Therapeut, auf einer sehr subtilen Ebene.« Hamels Idee einer »integralen Musik« meint ganz im Sinne Gebsers eine »gänzlichende« Musik, die Wege aus Zerfallenheit und Aufspaltung sucht und alle möglichen musikalischen Elemente einbezieht. Diese Musik »hat die Ebene einer immanenten Ästhetik hinter sich gelassen – zugunsten einer therapeutischen Funktion, die gleichermaßen eine politische ist: Musik zur Intensivierung des Bewußtseins von sich selbst...«[11]

Peter Sloterdijk nimmt sich als Philosoph thematisch jener Polarisierung in die Ästhetisierung der Dissonanz auf der einen und die, wie er es sarkastisch ausdrückt, der »harmonischen Endlösung« auf der anderen Seite an. Er warnt vor der »schwarzen Romantik der Psychose«, in der das Leiden seine Antwort nicht mehr in Heilungsversuchen findet und fragt, ob nicht »Kunst, indem sie die Entfremdung ganz in sich aufnimmt, das Schlimme mit dem Schlimmeren beantwortet? Gibt Kunst auf den Wegen zu dieser verzweifelten Mimesis nicht ihre Chance preis, das Andere der Wirklichkeit zu sein, und resigniert dazu, ›unerbittlich‹ das Gleiche zu werden«[12]. Aber auch von den klangkosmischen Ausführungen Behrendts[13] grenzt er sich vehement ab: »Nur als Potential berührt uns Musik, nicht als positive Einrichtung; nur als Klärung der Wildnis interessiert uns Tonalität, nicht als tausendjähriges Reich der Grundtöne. Nur als Versöhnung des Leidens berühren uns Akkorde, nicht als Konsonanzdiktatur... Wesentliche Musik ist Erholung, Erhebung aus Lärm, beschwörende Komposition von Lebensmöglichkeiten, freie Synthesis gegen chaotische Zwangsgewalten«[14]. Indem sich die ästhetische Moderne einer identifizierbaren Natur, die man nachahmen oder der man folgen könnte, verweigert, wagt sie sich in den leeren Raum eines neuen Vorstellens, eines Zum-ersten-Mal hinaus – mit dem Risiko der Dezentrierung, dem totalen Schwindel[15].

Musik und Komposition dienen, so verstanden, dem Erforschen der Wirklichkeit über die Grenze des sprachlich Faßbaren hinaus. Wo der Künstler diese Grenze überschreitet, wird er Schamane und Mystiker. Wenn er neue Möglichkeiten erfahrbar macht und Wege aus erstarrten Strukturen offenbart, wirkt er als Heiler und Therapeut. Angesichts des leeren Raums, der vielleicht zunächst schwindeln macht, erschließt sich eine Freiheit zum Handeln oder Nichthandeln, die existentiell ist. Die Sanftheit des Hinführens, wie Cage sie betont, scheint mir eine gute Einstellung für solche Komponisten zu sein, die den Kontakt über ihresgleichen hinaus suchen, die Menschen erreichen wollen, ohne sich mit beliebten Floskeln und geschöntem Harmonismus anzubiedern, aber durch eine musikalische Sprache, die breite Verständigungsmöglichkeiten bietet und damit den Weg aus dem Ghetto hinaus sucht.

Schließlich gestattet die Situation des zeitgenössischen Musikschaffenden, kurz umrissen, zwei Grundmöglichkeiten:

Polarisierend bietet sich ihm auf der einen Seite das authentische Abbilden der in der äußeren und inneren Welt erlebten Negativität an, und auf der anderen Seite lockt die »heile« Welt der klanglichen Harmonie, die Trost und Entrückung verheißt.

Integrierend nimmt er an, was sich einstellen will, schließt nicht vorsätzlich aus, sondern gestaltet, was sich im jeweiligen Moment aus ihm heraus musikalisch entfaltet. Mehr oder weniger unabhängig von Musiktraditionen, gelernten Kompositionsregeln und Stilfragen, von Vorstellungen und Empfindungen betreffs Harmonie oder Dissonanz, verdichtet er seine inneren und äußeren Erfahrungen zu akustisch-symbolischen Ausdruckformen.

Eine Revision des Begriffs der »Harmonie« ist für das tiefere Verständnis dieser Zusammenhänge wesentlich[16]. Er wird landläufig zu einseitig benutzt, insofern er sich musikalisch auf eine Auswahl von Intervallen bezieht, die einen möglichst hohen Konsonanzgrad besitzen und damit relativ frei von Spannungen sind. Im Grunde meint der Begriff die Ordnung der Teile in der Ganzheit, wie sie sich in der Obertonreihe als natürlichem holistischen Modell zeigt. Das Spiel mit diesen Grundmöglichkeiten und ihre Gestaltung braucht konsonante und dissonante Intervalle, entsprechend dem inneren Gesetz der sich im jeweiligen Moment des fließenden Zeitstromes offenbarenden Musik, ist also ein – diesem Moment jeweils gemäßes – Wechselspiel zwischen beiden Polen. Dieses energetische Prinzip stimmt zutiefst überein mit dem Lebensprozeß selbst und seinen natürlichen Gesetzmäßigkeiten. Ohne dieses Spiel mit Spannung und Entspannung ist kein Leben möglich, keine Sexualität, kein Zeugen und Gebären, kein schöpferischer Akt.

Das Polaritätsprinzip unterliegt einem ständigen Wechselspiel und ist daher von Natur aus integrativ. Authentizität bedeutet die Freiheit, situationsadäquat all das zu integrieren, was mitleben und mitschwingen will. Ein Musiker, der etwas abspaltet, was aus seinem Inneren auftaucht, weil bestimmte Gefühls- und Erlebnisqualitäten nicht sein dürfen (zu sentimental, zu schön, zu häßlich, zu agressiv) oder weil bestimmte Elemente der Musik nicht einem bestimmten Stilprinzip entsprechen, verläßt die Ebene der Authentizität. Er wendet sich eher dem Prinzip des Kunsthandwerks zu als dem der Kunst. Diese setzt Authentizität voraus, eine Haltung und keine Attitüde, und sie duldet im Rahmen des ethisch Vertretbaren keine Tabus. Es geht mithin um Freiräume im musikalischen Ausdruck, in denen sich Wesentliches unabhängig von Hörerwartungen vermitteln läßt, und zwar so, daß nicht intellektuelles Verstehen, sondern unmittelbare Betroffenheit beim Hörer ausgelöst wird.

Bei der Ästhetik geht es um Wahrnehmung. Diese ist zunächst eng verbunden mit der Enkulturation, dem Eingebundensein in jeweils herrschende Philosophien und Weltbilder. Individuation im weiteren Sinne umfaßt darüber hinaus eine Befreiung von der kollektiv vorgegebenen Ästhetik. Dann steht dem einzelnen auf seine je eigene Weise der Zugang zum Wesentlichen als Möglichkeit offen. Für die Musikästhetik ist folglich nur ein ganzheitlicher Ansatz überzeugend. Der ergibt sich einerseits natürlicherweise aus den harmonikalen Grundlagen der Musik, wie sie sich in der Obertonreihe offenbaren: je näher dem Zentrum, dem Zentral- beziehungsweise Grundton, desto konsonanter und entspannter sind die Intervalle; je weiter sie sich vom Zentrum entfernen, desto dissonanter und spannungsreicher sind sie[17]. Andererseits ruht das Leben aber nicht still im Zentrum, sondern umspielt dieses, ohne die Verbindung zu verlieren. Vielleicht ist dies der ganz entscheidende Punkt: Freiheit *und* Verbundenheit, Individualität *und* Zugehörigkeit, Leere *und* Fülle. Ästhetik wäre dann eine Kunst der Wahrnehmung und deren Umsetzung durch symbolische Verdichtung, nicht durch starre Vorgaben eingeschränktes, sondern am eigenen Empfinden und Erleben und dessen Gesetzmäßigkeit und Freiheit orientiertes Spielen und Gestalten.

4. Paradigmenwechsel in der Musik?

Viele Zeichen deuten darauf hin, daß wir in einer Zeit einschneidender Veränderungen leben. Esoteriker sprechen vom Wassermann-Zeitalter[1], andere vom Kybernetischen Zeitalter[2] oder schlicht von einer Wendezeit[3]. Nach dem Gebserschen Modell befinden wir uns im Übergang von der mentalen zur integralen Bewußtseinsstruktur. Bei aller terminologischer Unterschiedlichkeit ist das Gemeinsame all dieser Ansätze, daß es um eine Bewußtseinsveränderung geht, die Entwicklung einer neuen Haltung. Die revolutionäre Entwicklung des rationalen und technischen Denkvermögens – und die praktischen Konsequenzen, die sich daraus ergeben – hat die Spezies Mensch in eine Situation gebracht, wo sich notwendigerweise ihr Bewußtsein erweitern muß. Die Aufspaltung in eine Erste, Zweite und Dritte Welt wird immer unhaltbarer. Friedliche Koexistenz wird es auf diesem von ständig wachsenden Menschenmassen bewohnten Planeten nicht geben, solange die materiellen und psychosozialen Bedingungen für die Lebensqualität nicht einigermaßen gerecht verteilt sind. Auch die durch eine umweltfeindliche Technik verursachten gravierenden Schäden an der Natur lassen sich nur gemeinsam lösen. Die Technologie globaler Kommunikation und medialer Vernetzung bergen große Chancen, politisch und kulturell. Neue Visionen in Kultur und Politik sind dringend notwendig, um die erforderlichen Bewußtseinsveränderungen anzuregen.

Wie werden solche Entwicklungen, wenn sie denn stattfinden, Einfluß nehmen auf die Musik als Ausdruck des Zeitgeistes und der Seelenstimmung zeitgenössischer Komponisten und Musiker? Wie wird sie klingen? Und kann man bei den geistigen Strömungen unserer Zeit, die einen Paradigmenwechsel[4] wahrnehmen und beschreiben, Hinweise auf Tendenzen in der musikalischen Entwicklung finden?

Der Versuch des wohl populärsten Verfassers (natur-)wissenschaftlicher New-Age-Literatur, Fridjof Capra, und zweier Theologen[5], in einem Dialog die Kriterien des Paradigmenwechsels von der aktuellen Naturwissenschaft auf die zeitgenössischen Entwicklungen in der Theologie anzuwenden, brachte mich auf die Idee, dies auch mit der Musik zu probieren. Ich folge dabei weitgehend dem dort verwendeten Muster der Gegenüberstellung von alten und neuen Paradigmen. Inhaltlich gestatte ich mir manche Freiheit und Subjektivität in der Übertragung. Wo sich eine direkte Parallelität nicht anbot, habe ich Einfälle und Assoziationen dazu niedergeschrieben. Der Leser möge die folgenden Ausführungen einfach als ein gedankliches Experiment betrachten, ein Spiel mit Möglichkeiten und Visionen – und mit offenem Ausgang.

1.

Das *alte musikalische Paradigma* vermittelt musikalisches Erleben von Anfang an über die Notenschrift, eine abstrahierende Symbolsprache, die mittels rationaler Denkvorgänge entworfen wurde und so auch entschlüsselt werden kann. Anstatt das eigene kreative Potential durch Experimentieren und Improvisieren zu entdecken und zu fördern, um dann in weiteren Schritten mit Hilfe traditioneller oder neuer Notationen auch aus dem gefundenen musikalischen Material Werke gestalten zu können, wird vom Lernenden bereits an der Basis eine Anpassungsleistung an Vorgegebenes gefordert. Diese Reihenfolge erschwert es den meisten Menschen, ihr eigenes Wesen zum Ausdruck und zur Gestaltung zu bringen.

Das *neue musikalische Paradigma* ist weniger an der analytischen Erfassung musikalischer Vorgänge interessiert. Die Wahrnehmung der gesamten menschlichen Persönlichkeit wird gefördert, indem man sehr elementar bei Körper, Atem, persönlichen Gefühlen sowie beim spontanen und geformten Ausdruck des Individuums ansetzt. Die Übung der Wahrnehmung ist Voraussetzung für musikalischen Ausdruck und musikalische Rezeption. Diese sind eben eng verbunden mit dem Erspüren des lebendigen Atemflusses, der die körperliche und musikalische Bewegung trägt, mit dem körperlichem Ausdruck in Bewegung,

Tanz, Gestik, Mimik usw., sowie dem persönlichen Erleben beispielsweise von Gefühlen und inneren Bildern. Dies bezieht sich
sowohl auf Improvisation und Experiment als auch auf das
durchgestaltende Komponieren.

2.

Das *neue musikalische Paradigma* bietet, vor allem zu Beginn,
aber auch wann immer es persönlich wesentlich wird, einen Frei-
raum an. In diesem ist der Mensch befreit von der Sorge, ob es
ihm gelingt, sich den von außen vorgegebenen Strukturen anzu-
passen. In einer Atmosphäre des Vertrauens wird dem Prozeß im
Inneren des Menschen erlaubt, sich zu entfalten, sich immer wieder neu zu offenbaren und zu wahren. Der Experimentierende,
Improvisierende und Komponierende macht sich die Cagesche
Haltung zu eigen: I welcome whatever happens next – Ich heiße
willkommen, was immer als nächstes passieren mag.

3.

Bei einer Reihe moderner Theologen besteht Konsens darüber,
daß nichtbegriffliche Wege des Erkennens integrale Bestandteile
der Theologie sind[6]. Die Erkenntnis als Prozeß menschlicher Bewußtseinsentfaltung ist nicht auf ein Spezialgebiet zu reduzieren, sondern eingewoben in ein Netzwerk kultureller Ideen und
Aktivitäten, die der Förderung dieses Prozesses dienen. Zu diesen nichtbegrifflichen Wegen des Erkennens gehören auch die
»nonverbalen« Künste. Der Komponist vermittelt über das Medium Musik seine eigenen Bewußtseinsprozesse, die der Hörer –
je auf seine Weise – subjektiv miterlebt. Diese können ihn befreien von Gewohnheiten, Trancezustände auslösen oder ihn
sonstwie aus seinem Alltagsbewußtsein hinausgeleitet. In der
musiktherapeutischen Erfahrung wird die Aufmerksamkeit
ganz bewußt immer wieder auf diesen Prozeß der Bewußtseinsveränderung im musikalischen Hören und Tun gerichtet,

weil sich dort unbewußt und spontan Konflikthaftes inszenieren, aber auch heilsame Potentiale und Lösungswege offenbaren können.

4.

In vielen Kulturen (vor allem in der abendländischen Geschichte, aber auch in der modernen musikpsychologischen Forschung) wurde nach einer Objektivität in der Wahrnehmung und Wirkung von Musik gefahndet[7]. Wenn aber eine Gruppe von Menschen die gleiche Musik hört, wird jeder eine seiner persönlichen Situation entsprechende spezifische Facette dieser musikalischen Wirklichkeit wahrnehmen – und alle haben natürlich auf ihre Weise recht. Dies als Freiheit und nicht als Mangel zu empfinden, bedeutet, den Wunsch nach einem umfassenden und allgemeingültigen Weltentwurf und Lehrgebäude loszulassen und vertrauensvoll den Facettenreichtum pluralistischer Wirklichkeitserfahrung zu bejahen. Diese Befreiung sollte sich auch auf die zeitgenössischen Musikschaffenden positiv auswirken.

5.

In einem *neuen musikalischen Paradigma* wird auch die lebendige Pflege und Entfaltung musikalischer Traditionen ihren Platz finden. Die Tendenz zu mehr individueller Selbsterfahrung bewirkt jedoch darüber hinaus, daß ein freies Spielen und Experimentieren mit den Elementen der vielfältigen Musikkulturen und neu Gefundenem immer mehr Raum einnehmen darf. Intuition, Spontaneität und Prozeßhaftigkeit werden wichtiger als das Befolgen von Regeln und Gesetzen, die sich nicht natürlicherweise aus dem Spielfluß beziehungsweise Gestaltungsvorgang ergeben. Offenheit in der Erfahrung des Augenblicks wird bedeutsamer gegenüber der Erfüllung von Erwartungen, der Befriedigung durch das Gewohnte und Bekannte.

Soweit unser kleines Experiment. Manches an dieser freien Übertragung aus Naturwissenschaft und Theologie erinnert zweifellos an die bereits zitierten Komponisten, manches wird uns später bei der freien Improvisation in der Musiktherapie wiederbegegnen. Insgesamt läßt sich eine Befreiung der Musik vom Übergewicht rational-analytischer Prägungen als Perspektive vermuten und erhoffen. Dann können ursprüngliche, spontane und intuitive Qualitäten wieder mehr integriert werden. Vor allem aber wird der Erlebnischarakter der Musik sich dabei verstärken: weniger seichtes Nebenbei, mehr Bedürfnis nach intensivierter Erfahrung und Bewußtseinsveränderung. Diese Orientierung unterstützt auch die Idee des leistungsfreien Raumes, in dem Menschen unabhängig von Begabung und Bildung mit musikalischem Ausdruck und Eindruck experimentieren können.

Während der akademische Musiker eher einen enstatischen Zugang zur Musik hat, eine ruhige Innerlichkeit im Üben, dürfte auch die komplementäre Qualität eine Aufwertung erlangen. Der ekstatische Charakter der Musik geht im kontrollierten Musizieren leicht verloren, wenn nicht mit großem Zeitaufwand bis zur Überwindung technischer Schwierigkeiten geübt wird. Das ist allerdings wohl nur professionellen Musikern möglich. Die Sehnsucht nach Ekstase ist jedoch ein Grundbedürfnis aller Menschen, wenngleich in den zivilisierten Leistungsgesellschaften vielfach überdeckt vom Ideal einer ich-starken Nüchternheit. Das Dionysische läßt sich aber letztlich nicht unterdrücken, sondern sucht, wenn es nicht offen gelebt werden darf, nach anderen Wegen, um sich zum Ausdruck zu bringen. Wo diese Sehnsucht nach Ekstase also keine adäquate Befriedigung erlangt, wird sie leicht zur Sucht: nach Drogen und Ersatzdrogen[8], Fernsehen, Geldspielen, exzessivem Arbeiten usw. Nicht die Drogen und Ersatzdrogen aber sind die Schuldigen, die man verfolgen und ausrotten muß, sondern es müssen bestimmte Fragen geklärt werden: Wie entsteht die innere Leere, die mit solchem angefüllt werden muß? Warum kann kein vernünftiges Maß eingehalten werden, und warum wird der Kick der Überdosis gesucht? Die Todesnähe des Süchtigen ist eine Form der Suche nach Ekstase und Transzendenz[9]. Gesündere Wege sind allerdings traditionell Musik und Tanz, wo auch ohne Selbstschädigung Momente intensiven Lebendigseins und tiefer Selbsterfahrung entstehen können, aus denen der Mensch Kraft schöpfen kann. In einer sorgsam begleiteten Gruppe kommen dazu noch heilsame Effekte wie das Erleben von Gruppenidentität, Zugehörigkeit, Gemeinschaft, ein sich gegenseitiges Stützen und Haltgeben.

In einer menschennahen Kulturarbeit wird die Musik als intensive Erlebnismöglichkeit dem Menschen zurückgegeben. Bisherige Denk- und Erlebensmuster, innerhalb derer sich die Assoziationen zum Begriff »Musik« bewegen, reichen nicht aus, um diesen Wandlungsprozeß zu bewirken. Die Erfahrungen aus den Therapieverfahren mit künstlerischen Medien zeigen, daß auf der Ebene des »Laien« wesentlich mehr Möglichkeiten eigenen kreativen Ausdrucks und Gestaltens zu erschließen sind, als bisher angenommen wurde. Für die schöpferischen Musiker und Komponisten wird die Vorstellung einer »Weltmusik«, ein spielerisches Verarbeiten und Integrieren verschiedenster musikalischer Erfahrungen, immer selbstverständlicher werden. Weltoffenheit und Offenheit nach innen werden sich mit dem aktuellen Wissenstand in der Musik verbinden und Neues erzeugen. In der Welt der Musik ist dabei Raum für vieles und viele, und jedem sei der ihm gebührende Platz gegönnt.

III. MUSIKTHERAPIE ALS MODERNE PSYCHOTHERAPIE

1. Musik in der Heilkunst aller Zeiten

»Von jetzt an wird jede Heilkunst eine Kunst sein und jede Kunst eine Heilkunst.«

Peter Sloterdijk[1]

Die Ursprünge menschlicher Kultur sind, wie wir gesehen haben, durch ein eng verflochtenes Wirkgefüge gekennzeichnet, welches heute in die Bereiche Religion, Kunst und Heilung gegliedert wird. Damit die historischen Proportionen einigermaßen spürbar werden, muß man sich klarmachen, daß der schamanische Gebrauch von Musik zu Heilzwecken einen immensen Zeitraum einnimmt, der sich in die Jahrzehntausende zurückerstreckt und bis in die Jetztzeit noch tradierten Schamanentums reicht (ganz abgesehen von den sogenannten neuen Schamanen aus der alternativen Heilerszene). Demgegenüber scheint der Zeitraum sogenannter Hochkulturen in China, Indien, dem alten Orient und Europa relativ klein, d. h. schätzungsweise ein bis zwei Prozent der Menschheitsgeschichte.

Musische Elemente als wesentlicher Bestandteil schamanistischer Gesundheitspflege lassen sich somit für ca. 98 bis 99 Prozent unserer Historie nachweisen. Wie dies in der Heilpraxis nun genau vor sich ging, können wir aus dem Bewußtseinszustand eines modernen Menschen zunächst kaum verstehen, geschweige denn beurteilen. Nur einige Forscher, die in entsprechenden Kulturen aufgrund eigener Erfahrungen mit den sogenannten paranormalen Fähigkeiten bei Naturvölkern konfrontiert wurden, sahen sich gezwungen, diese ernst zu nehmen[2]. Da gleichzeitig aber theatralische Effekte und Taschenspielertricks aller Art bei schamanischen Heilungen gang und gäbe sind – man könnte von bewußt provozierten Placebo-Effekten sprechen – gilt es hier säuberlich zu differenzieren und nicht alles in einen Topf zu werfen, weder in den einen noch in den anderen. Hier gibt es für uns noch einiges zu lernen.

Musiktherapie wird heute ganz überwiegend als eine Form

der modernen Psychotherapie betrieben und unterscheidet sich in diesem Sinne mehr oder weniger vom bisherigen Musikgebrauch als Heilmittel. Wer sich für die historischen Hintergründe interessiert, sei im folgenden auf eine kleine Reise durch die jüngere Geschichte eingeladen, verbunden mit einem Rundumblick in andere sogenannte Hochkulturen.

Bei den Chinesen lassen sich zwar keine direkten Hinweise auf musiktherapeutische Aktivitäten finden, dennoch spricht aus den folgenden Worten des Konfuzius ein tiefes Verständnis für die psychosoziale Bedeutung der Musik: »Die Musik steigt aus dem Menschenherzen empor. Wenn die Gefühle erregt werden, drücken sie sich in Tönen aus, und wenn die Töne bestimmte Formen annehmen, ergibt das Musik. Darum ist die Musik eines friedlichen, blühenden Landes ruhig und freudig und sein Staatsleben geordnet. Die Musik eines im Aufruhr befindlichen Landes zeigt Unzufriedenheit und Zorn, sein Staatsleben ist chaotisch, und die Musik eines zerstörten Landes zeigt Trauer und Sehnsucht nach den alten Zeiten, und das Volk ist betrübt[3]«. Wenn wir hier an die Stelle von »Land« den einzelnen Menschen und seine Seele einsetzen, enthält dieses Zitat klare Aussagen über den Zusammenhang von seelischer Befindlichkeit und musikalischem Ausdruck – einer der zentralen Ansätze in der modernen Musiktherapie.

Aus dem indischen Kulturraum sind mir ebenfalls keine konkreten musiktherapeutischen Behandlungsansätze bekannt. In der Musik Indiens werden allerdings seit langem bestimmten Tonfolgen (Ragas) bestimmte seelische Stimmungen zugeordnet, wobei der Musiker improvisatorische Freiräume hat. Ein Mensch, der in dieser Kultur aufgewachsen ist, erfaßt diese Stimmungen intuitiv und wird in den der Musik entsprechenden seelischen Zustand eingestimmt. Der den Melodiebögen unterlegte permanente Grundklang vermag auch den aufgeschlossenen europäischen Hörer in einen beruhigten bis meditativen Zustand zu versetzen. Über Verwendungsmöglichkeiten elementarer Formen indischer Musik in der Musiktherapie wird auch bei uns nachgedacht[4].

In der orientalischen Welt läßt sich der Brauch, in den Spitälern am Krankenbett zu musizieren, bis in das 9. Jahrhundert n. Chr. zurückverfolgen. Musik wurde im Orient seit jeher als reguläre Medizin angesehen, so von dem großen Gelehrten El-Farabi: »Der Körper ist krank, weil die Seele geschwächt ist, und er ist beeinträchtigt, wenn sie beeinträchtigt ist. Daher geschieht die Heilung des Körpers durch die Heilung der Seele, indem ihre Kräfte wiederhergestellt und ihre Substanz in die rechte Ordnung gebracht wird, mit Hilfe von Klängen, die dies bewirken können und die dafür geeignet sind.«[5] Ein Dokument konkret klinischen musiktherapeutischen Behandelns stammt aus dem 14. Jahrhundert. Im Krankenhaus des Sultans Bayazid II in Adrianopel (dem heutigen Edirne) waren, einer Reisebeschreibung zufolge, zehn Musiker angestellt, um für die überwiegend psychisch Kranken zu spielen. Vor allem auch in den Ordensklöstern der Derwische wurde mit Musik behandelt[6]. Die frühen Hochkulturen des alten Orients, Ägyptens, Persiens und Israels, verstanden und erklärten die Heilwirkung der Musik aus einer magischen oder mythischen Bewußtseinsstruktur heraus, und zwar in einer bilder-, symbol- und beziehungsträchtigen Weise, wie sie uns oft schwer zugänglich ist.

Ähnliches gilt noch für die frühe griechische Antike bis etwa 1000 v. Chr. Die dann folgende Zeit kann man als die Wiege abendländischer Geistes- und Kulturentwicklung betrachten. In den Schriften der griechischen Philosophie ist ein Bewußtseinswandel vom Mythischen zum Mentalen dokumentiert[7], der unsere Denkweise – mit allen Vor- und Nachteilen – prägte und als Basis für die wissenschaftlichen und technischen Errungenschaften der Gegenwart anzusehen ist. Leider wurden die Inspirationen der musischen Kultur Griechenlands wenig aufgegriffen oder lediglich als erstarrtes Ideal mit musealem Charakter tradiert. So ist kaum bekannt, daß es damals bereits Tempelkrankenhäuser gab, beispielsweise in Epidauros und Pergamon, die mit Theater, Odeon und Stadion ausgerüstet waren, wo dramatische, musikalische und bewegungsorientierte Aktivitäten stattfanden. Sie wurden nicht nur als »Krankenhäuser« betrachtet, sondern galten zugleich immer als »Gesundheitszentren«, in denen Kultur und Gesundheit sinnvoll zusammenwirkten[8].

Unter dem Aspekt ganzheitlicher Heilung ist vor allem die pythagoräische Medizin interessant. Dabei steht Pythagoras an der Schwelle zu einem neuen Bewußtsein, welches teilen und messen möchte. Er wird als Urvater der harmonikalen Forscher betrachtet, maß die Saitenlängen des Monochords, verband also magisches Tönen mit mentalem Rechnen. Dabei fand er Maß und Harmonie in der gesamten Ordnung von Natur und Kosmos – und entsprechend im Menschen und seiner Psyche. Musik war für ihn das Symbol schlechthin für diese (heute würde man sagen: ökologische) Ordnung des fließenden Gleichgewichts. Vom Musiker erwartete er weniger Virtuosität als vielmehr den lebendigen Ausdruck der Erkenntnis dieser Weltgesetzlichkeit in der Musik, weil darin ihre heilende Potenz, ihre reinigende, kathartische Wirkung liegt. Wenn der ganze Kosmos den gleichen Gesetzen wie die Musik »ge-horcht«, dann sollte auch der Mikrokosmos Mensch dadurch *in Ordnung* kommen[9]. Viele dieser pythagoräischen Ideen werden durch die heutige harmonikale Forschung bestätigt[10]. Die Ausübung von Musik als Mittel psychischer Hygiene wurde im Zusammenhang mit anderen Übungen gepflegt. Vor allem die Verbindung von Musik mit Bewegung und Tanz, von Lied und Poesie, das ganzheitliche Musikerleben des griechischen *musike*, läßt den Beziehungskomplex Körper – Atem – Musik in Erscheinung treten, dem wir später noch ausführlich begegnen werden.

Plato betrachtete Heilen in ähnlicher Weise als eine Wiederherstellung von Harmonie, indem die Seelenteile miteinander in Einklang gebracht werden. In der identischen Struktur von Musik und Seele erkennt er den Grund für die psychotherapeutische Qualität der Musik. Musikalische Äußerungen ahmen seelische Stimmungen nach und können deswegen Einfluß auf die Befindlichkeit des Hörers zu nehmen. Ausgewählte Musik vermag daher die Seele zu pflegen[11]. Aristoteles hörte in der Musik die Nachahmungen von Charaktereigenschaften und Gemütsstimmungen[12]. Hier wurden also bereits Grundlagen für musikpsychologische Wirkungsforschungen gelegt und erste Theorien formuliert. Allerdings widersprechen sich die Autoren dabei teilweise heftig. Alle drei Genannten differenzieren für die Praxis

den Einsatz bestimmter Instrumente und musikalischer Grund-
gestalten, vor allem Tonskalen, aber jeder hat dabei seine eigenen Vorstellungen.[13]

Im mittelalterlichen Denken gab es Strömungen, die versuch-
ten, Überlieferungen der Antike mit dem Christentum in Einklang zu bringen. Dies wirkte sich auch auf die Theorien zur
Musik aus. Vor allem wurde an der Übereinstimmung von seelischer und musikalischer Bewegung festgehalten. Augustinus
ordnete allen Affekten der Seele eigene Weisen in Stimme und
Gesang zu. Ähnlich wie Pythagoras begründete er den reinigen-
den Charakter der Musik damit, daß sie die Seele des Hörers
anrege, die gehörte Harmonie auch in sich zu erwecken und damit Gottes Liebe und Weisheit, die sich im Kosmos offenbare[14].
Allerdings wirkten sich auch die aufkeimende Leibfeindlichkeit
einiger christlicher Kirchenväter und die in der Folge äußerst
ungesunden Aufspaltungtendenzen auf die Musikanschauung
aus. Der sinnliche Genuß beim Musikhören wurde verteufelt,
weltliche Musik als Sünde und Wollust verdammt, während
geistliche Musik im Rahmen des christlichen Kultes willkommen war, um eine andächtige Stimmung zu erzeugen. Die Gre-
gorianik galt diesbezüglich als ideal. Die in der Bibel beschrie-
bene Wirkung von Davids Harfenspiel auf den gemütskranken
Saul gilt inzwischen als Paradebeispiel der heilsamen Qualitäten
der Musik. In Anlehnung an die griechische Antike wurden wiederum bestimmten Skalen, in diesem Fall den Kirchentonarten,
spezifische Effekte zugeschrieben, die im Ergebnis genauso strit-
tig sind.

Die Renaissance erzeugte den Gegenimpuls mit einer intensiven Bejahung des Lebens inklusive seiner sinnlichen Aspekte —
und damit verbunden auch eine entsprechende Veränderung in
der Betrachtungsweise von Musik: Sie durfte jetzt wieder leidenschaftliche Affekte ausdrücken. Berühmte Ärzte dieser Zeit
wie Hieronymus Cardanus und Aggrippa von Nettesheim beschäftigten sich mit den therapeutischen Potenzen der Musik.[15]

In der Aufklärung kann man den Beginn einer mechanisti-
schen Auffassung von der Welt und den in ihr ablaufenden Vor-

gängen beobachten. In der mentalen Bewußtseinsstruktur nimmt die Tendenz zum rationalen Denken immer stärker zu. So wurden hier häufig komplizierte Erklärungsmodelle ersonnen, die uns heute wenig interessant erscheinen. Dies behinderte aber nicht die Entstehung einer neuen und wortwörtlich so genannten »Affektenlehre«, die wiederum den verschiedenen musikalischen Elementen wie Intervallen, Modi und Verzierungen spezifische seelische Qualitäten beziehungsweise Wirkungen zuordnete. Entsprechend wurde über den therapeutischen Einsatz von Musik in einer Weise nachgedacht, die leider immer noch hoffende Nachahmer findet: Man nehme dieses und bewirke damit jenes – die mechanistische Funktionalisierung der Musik par excellence.

In einem rückblickend verständlichen Gegenimpuls lehnten dies die Romantiker nun wiederum ab. Sie wollten nicht die Wirkung der Musik analysieren, sondern betonten das Wunderbare, Geheimnisvolle, Unaussprechliche, die Vernunft umgehende und direkt auf das Gemüt Wirkende der Musik. Daß sie hundertmal mehr Kraft habe als das Wort, begeisterte Rousseau, und Wakkenroder schwärmte für ihre Unkörperlichkeit, ihre Präsenz jenseits des Alltagsbewußtseins, mithin für ihre mystische Qualität. Konsequenterweise wurde der therapeutische Effekt der Musik auf die psychischen beziehungsweise psychogenen Leiden eingeengt [16].

Im 20. Jahrhundert setzte sich dann das wissenschaftliche Denken durch. Für eine Behauptung wird nun auch der meßbare Beweis gefordert. Dies war ein in vielerlei Hinsicht sinnvoller Schritt, wenn man die vielen widersprüchlichen Theorien aus den vergangenen Jahrhunderten Revue passieren läßt. Der Wunsch, etwas Greifbares in Händen zu halten, führte zunächst mal zu einer Konzentration auf den materiellen Aspekt der Phänomene. Der Körper, verstanden als eine Art Maschine mit bestimmten funktionalen Gesetzmäßigkeiten, rückte in das Zentrum des Interesses. Eine Seele war mit diesen Methoden nicht nachzuweisen, ebensowenig eigneten sie sich für eine diesbezügliche Forschung. Auf vielen Gebieten des Heilens kam es durch diese beschränkte Sichtweise zu enormen Fortschritten im Spezialwissen bis hin zur hochtechnischen Medizin und Pharmakologie der Gegenwart.

Für Musik als Therapeutikum war in dieser Welt wenig Platz und Neigung vorhanden. Systematische Forschungen über die Wirkung von Musik begannen vorwiegend in der Musikpsychologie als Teilgebiet der Psychologie. Auch bei einzelnen Medizinern nimmt das Interesse an solchen Forschungen derzeit gerade wieder zu[17]. Entsprechend dem wissenschaftlichen Paradigma, untersucht man den Einfluß musikalischer Phänomene auf Atemfrequenz, Blutdruck, Elektrokardiogramm usw., also meßbare Veränderungen in der körperlichen Befindlichkeit.

Aber auch hier ließ die Gegenreaktion nicht lange auf sich warten. Die Forschungsmethode der Tiefenpsychologie, die mit Freud beginnt, ist die freie Assoziation: Der Mensch soll einfach alles aussprechen, was ihm einfällt und was ihn bewegt. Aufgrund dieser Erfahrungen werden die modernen Modelle von der Psyche des Menschen entworfen, ein Prozeß, der bis heute nicht abgeschlossen ist. Und hier beginnt auch die Geschichte der modernen Musiktherapie. Was für Freud und seine Nachfolger die freie Assoziation, ist für die tiefenpsychologisch orientierten Musiktherapeuten die freie Improvisation. Sie erforschen heute überwiegend die tagtraum- bis tranceartigen Erlebnisse ihrer Patienten beim Anhören von Musik und ihren Elementen oder, in der aktiven Musiktherapie, deren musikalische Einfälle und Gestaltungsversuche. Dies wird uns in den kommenden Kapiteln noch näher beschäftigen. Daneben gibt es einige Randgruppen, die mit einer für sie gültigen Effektenlehre arbeiten oder das musikalische Ereignis an sich als heilsam betrachten, ohne weiter auf den Symbolgehalt einzugehen, und eine größere Zahl heilpädagogisch orientierter Musiktherapeuten.

In all diesen oben geschilderten Wechselbädern der Geschichte kann man nun doch einige Grundstrukturen herauskristallisieren und, wie folgt, zusammenfassen:

1. Eine eher »allopathische« Auffassung: Bestimmte Musik oder Elemente von Musik werden bei bestimmten Leidenszuständen vorgespielt, um eine Stimmungsänderung des Patienten zu erreichen.

2. Eine eher »homöopathische« Auffassung: Der Patient wird mit der Musik dort abgeholt, wo er ist. Gefühle sollen nicht verändert, sondern als solche angenommen und verarbeitet werden. Hierbei ist der eigene aktive musikalische Ausdruck hilfreich, um die angestaute Energie zu lösen.

Noch heute gibt es diese Divergenz: Auf der einen Seite die Hoffnung vieler Patienten, daß schöne Klänge lindern und heilen, die insofern berechtigt ist, als Musik und Bewegung auch gesunde und kreative Anteile der Persönlichkeit entdecken helfen und fördern können. Auf der anderen Seite beinhaltet Musiktherapie als Psychotherapie aber auch die mühevolle Arbeit an sich selbst, das Wiedererleben und Durcharbeiten leidvoller Erfahrungen der eigenen Biographie.

Die Geschichte der modernen Musiktherapie begann in den 40er Jahren in Schweden und den USA. In Amerika suchte man zu der Zeit noch nach geeigneten Musikstücken, um die Stimmung des Patienten beeinflussen zu können. Dieser Ansatz wird heute von den meisten Musiktherapeuten, die sich als den psychotherapeutischen Berufen zugehörig betrachten, etwas spöttisch als »musikpharmakologisch« bezeichnet. In Schweden versuchte Pontvik[18] die Jungsche Psychologie mit der Harmonik von Hans Kayser[19] zu verbinden. Seine Bücher blieben jedoch sehr im Theoretischen, und ich habe nie jemanden getroffen, der mir erklären konnte, wie er nun praktisch genau gearbeitet hat. Sein Ansatz jedoch inspirierte dazu, in Wien an der Musikhochschule das Fach »Musikheilkunde« einzurichten, woraus sich 1959 die erste europäische Ausbildung konstituierte[20]. In der Stadt Freuds und so vieler großer Musiker erscheint es fast wie eine schicksalshafte Bestimmung, daß die Tiefenpsychologie sich hier wieder mit der Musik verbinden konnte.

Alle zeitgenössischen Psychotherapieverfahren versuchen, den Zugang zum Unbewußten zu öffnen, mit diesem in Beziehung zu treten. Dies wurde angestrebt mittels Hypnose, Traumdeutung, freier verbaler Assoziation, des bildnerischen Gestaltens von Traum- und Tagtraumbildern in der analytischen

106

Psychotherapie Jungscher Prägung und der vielen Verfahren, welche die therapeutische Arbeit mit künstlerischen Medien kultivieren[21]. Von diesen soll die Musiktherapie im folgenden näher beschrieben werden.

2. Psychotherapie mit dem Medium Musik

Was wirkt?

Die Frage nach der Wirkung von Musik ist nun schon einige Male aufgetaucht. Für die Musiktherapie ist sie stets verquickt mit einer anderen Frage, nämlich der, was überhaupt in der Therapiesituation wirksam wird. Die bisherige Psychotherapieforschung konnte zwar einen generellen Wirkungsnachweis erbringen, allerdings nicht im erhofften Umfang. Im speziellen hängt eine erfolgreiche Entwicklung im Therapieverlauf von sehr vielen Faktoren ab: hauptsächlich natürlich immer von der Qualität des einzelnen Therapeuten beziehungsweise davon, wie er diese in die Beziehung zu einem bestimmtem Patienten einbringen kann; wesentlich aber auch von der Fähigkeit und Bereitschaft des Patienten, sich auf die angebotene therapeutische Beziehung und die damit unter Umständen verbundenen Konflikte einzulassen. Weniger bedeutsam scheint allgemein die Methode zu sein, also ob es sich beispielsweise um eine Psychoanalyse, Verhaltenstherapie oder Gesprächstherapie handelt[1]. In diesem allgemeinen Sinne gilt das dann wohl zunächst ebenso für die Therapien mit künstlerischen Medien. Im besonderen ist es allerdings entscheidend für die Wirkung, ob Medium und Methode nicht nur der Persönlichkeit des Therapeuten, sondern auch der des Patienten und seiner Problematik entsprechen, also einer speziellen Indikation gemäß gewählt werden.

Als wichtigster Wirkfaktor gilt heute die Beziehung zwischen Patient und Therapeut, darüber herrscht relative Einigkeit. Dabei spielen vor allem folgende Elemente eine Rolle: gegenseitige Achtung, Respekt, Sympathie, gegenseitige Verpflichtung, empathische Resonanz und Offenheit. Der zweite wichtige Aspekt ist die Art und Weise, wie der Therapeut auf das, was der Patient anbietet, reagiert – mit anderen Worten, ob es ihm möglichst oft gelingt, im »richtigen« Moment das »Richtige« zu tun. Das Richtige kann beispielsweise bedeuten, daß er in bestimmten Momenten schweigt oder redet, zulassend und stützend oder konfrontierend und provokativ ist. Das kann er aber wiederum nur, wenn die Beziehung stimmt, womit wir wieder bei Punkt 1 sind: Die Beziehung ist in jedem Fall die Basis allen Geschehens. Auch der dritte Aspekt hängt eng damit zusammen: Der Patient, der das Risiko des Sichöffnens und Sichveränderns trägt[2] – er kann es nur tragen, wenn die Beziehung stimmt.

Betrachten wir dazu die Entwicklungsgeschichte des einzelnen Menschen. Die frühen Beziehungen zu Mutter, Vater und anderen Bezugspersonen gestalten bereits in der vorsprachlichen Zeit entscheidend das psychische Erbe und prägen die Grundmuster eines Individuums: Persönlichkeit, Charakter, Fähigkeiten, Konflikte, Ängste usw. Nach diesen Grundmustern inszeniert sich im weiteren Schicksalsverlauf spontanes Beziehungsverhalten mit den entsprechenden Glücks- und Leidenszuständen. Auch grundlegende psychosomatische Reaktionsmuster werden – in Abstimmung mit den genetisch bedingten Anlagen – in dieser Phase gebildet. Therapeutische Arbeit im weitesten Sinne basiert auf dem Wunsch eines Menschen, sich von seinen Leidenszuständen zu befreien, um ein befriedigenderes, erfüllteres, sinnvolleres Leben zu führen.

Die Aufgabe des Therapeuten besteht darin, den hilfesuchenden Menschen aufmerksam werden zu lassen auf die kritischen Punkte in seiner Lebenseinstellung und seinem Verhalten. Er sollte ihm aber keine schematisierenden Deutungen überstülpen, sondern einen Rahmen bieten, indem der Leidende allmählich selbst die Bedeutung seiner Verhaltens- und Denkmuster erleben, spüren und erkennen kann. Die Praxis der Psychotherapie ist ursprünglich mehr eine Kunst als die funktionalisierte Anwendung bestimmter Techniken und Strategien[3]. Rezepte können allenfalls in der Ausbildung wichtig sein, um bestimmte Strukturen und Gesetzmäßigkeiten zu erkennen und zu erlernen. Später aber ist jeder Patient ein Individuum, der eine individuelle therapeutische Begleitung braucht, die sich jedoch auch erheblich in seinem sozialen Umfeld auswirkt. Es sei denn, man beschränkt die Arbeit der Psychotherapie auf die Reparatur psychischer Störungen zu dem Zweck, daß der Patient in seiner alten sozialen Rolle wieder funktionstüchtig ist. Das gesamte Beziehungsfeld, welches die Familie, die Menschen am Arbeitsplatz, den privaten Freundeskreis und andere Beziehungen umfaßt, verändert sich aber mit dem Bewußtsein des Behandelten. Insofern ist Psychotherapie mit einem Individuum immer auch Therapie mit seiner Umgebung, da sie auch deren schädigende Einflüsse aufdeckt. Das wirkt sich längerfristig auf die Gesellschaft aus. Es genügt für eine wirkliche Wandlung nicht, wenn der Betreffende nur anders denkt und die Welt anders sieht, also sein individuelles Problem besser verwalten kann (»Ach, ich weiß, jetzt wirkt wieder mein Mutterkomplex!«). Die veränderte Einstellung muß in der Lebenspraxis konsequent angewendet werden. Das ist sicher ein unbequemer Weg, weil er auch die Menschen der Umgebung mit veränderten Spielregeln konfrontiert. Der Mensch ist Individuum *und* soziales Wesen, eine einseitige Gesundung gibt es letztlich nicht. Ohne Auswirkungen auf das soziale Umfeld kommt es zu keinem echten Fortschritt. Aber für eine wirksame Wandlung muß der Mensch sich selbst in der Tiefe begegnen. Damit wird er in der einen oder anderen Form letztlich immer mit der überpersönlichen Sinnfrage konfrontiert, mit seiner Philosophie und Religio. Das Dilemma einer säkularen Psychotherapeutik[4] könnte nur in einer speziellen Untersuchung hinreichend erörtert werden. Aber man kann hier soviel sagen, daß eine weltanschaulich offene und freilassende Haltung des Therapeuten für die Begleitung solcher Prozesse angemessen ist.

Der besondere Charakter der leiborientierten und musischen Verfahren ergibt sich aus der Tatsache, daß die frühesten prägenden Erfahrungen des Menschen in der vorsprachlichen Zeit stattfinden und daß die frühen Dialoge durch Körperkontakt, Stimmklang und andere präverbale und präkognitive Beziehungsereignisse charakterisiert sind. Daher leuchtet es durchaus ein, daß im Rahmen dieser Erkenntnis solche Ebenen zunehmend in die therapeutische Intervention einbezogen werden. Um dies an einem Beispiel zu verdeutlichen und damit gleichzeitig atmosphärisch in die Musiktherapie einzuführen, möchte ich eine Kollegin, Gertrud Loos, mit einer Szene zitieren, in der die Qualität des musikalischen Dialogs in der Einzelmusiktherapie in sehr gelungener Weise beschrieben ist: »Spannung lag in der Luft. Dann tupfte ich mit dem Finger eine Antwort auf die große Pauke. Renate zupfte die nächste Saite, wartete, lauschte, und meine Antwort kam gerade noch früh genug, um im Nachhall des Saitentons einen Zusammenhang herzustellen. Wieder ein Ton von ihr auf der dritten Saite, mit der Bangigkeit ihres Wartens, mit der Angst, daß ihr Ton vergehen könnte, ohne daß meiner die Beziehung zu ihm aufgenommen habe...«[5].

Hier wird spürbar, wie die Musiktherapeutin der Patientin auf der musikalischen Ebene mit intuitivem Verständnis zu begegnen sucht, im Sinne einer Mutter, die den lautmalerischen Ausdruck ihres Kindes durch Einfühlung (eben nicht kognitiv) versteht. Wenn die frühen Bezugspersonen diese Fähigkeit nicht entwickeln, kann ein Kontakt nicht zustande kommen, das Kind erleidet einen Mangel an Beziehung und wird in seiner Entwicklung erheblich gestört. Dieses nonverbale Sich-Einfühlen in den Patienten auf der muskalischen Ebene ist das wohl wichtigste Charakteristikum musiktherapeutischer Arbeit. Dabei übt der Musiktherapeut, sich quasi aufzuspalten in einen miterlebenden und einen das Erleben reflektierenden Teil, mit dem Patienten auf die Ebene des Fühlens zu gehen und gleichzeitig genügend Distanz (therapeutische »Abstinenz«) zu wahren, um den Rahmen zu schützen, das heißt: den Überblick über das Geschehen zu behalten[6].

Die Rollen von Patient und Musiktherapeut lassen sich so beschreiben: Dem Patienten wird ein Raum angeboten, in dem er sich ohne bestimmte Vorgaben, Ziele oder Leistungserwartungen frei musikalisch ausdrücken kann. Der Musiktherapeut begleitet ihn dabei in einer Haltung offener, sich einfühlender Antwortbereitschaft, in einem der Situation gemäßen Mitspiel. Aufgrund der musikalischen Dialoge entfaltet sich ein komplexer Interaktions- und Beziehungsprozeß. Mit der Zeit sollte der Patient dabei ein Verständnis entwickeln für die unbewußten Bedeutungen dessen, was er von sich ausdrückt – und darauf reagieren: musikalisch oder im klärenden Gespräch. Die idealtypische Regel-Rollen-Beziehung findet überwiegend im musikalischen Dialog statt. Der Musiktherapeut ist bestrebt, das, was

111

im musikalischen Dialog nicht deutlich werden konnte, entweder verbal oder durch Verabredung neuer nonverbaler Aktivitäten aufzuarbeiten.

So entfaltet sich also ein höchst komplexer Prozeß von Wirkungszusammenhängen, dessen Faktoren auf der sprachlichen, vor allem aber auf der nichtsprachlichen Ebene anzusiedeln sind. Auch in den Formen von Psychotherapie, bei denen das gesprochene Wort methodisch im Zentrum steht, geschieht das meiste nonverbal (Körpersprache, Verhalten usw.) Daher wird das Nonverbale in Praxis und Forschung der Psychotherapie zunehmend berücksichtigt.

Verbales und Nonverbales

Mit der Bezeichnung der Musiktherapie als »nonverbales« Verfahren bin ich nicht so ganz glücklich, da sie mißverständlich ist. Man könnte meinen, da wird überhaupt nicht geredet. Bei sprachfähigen Erwachsenen spielt aber die Sprache eine wichtige Rolle, und auch bei Patienten, die nicht sprachfähig sind, wird der Therapeut natürlich in irgendeiner Form immer wieder Sprache einbeziehen, auch wenn die Musik ein stärkeres Gewicht hat.

Musik ist auch eine Sprache, eine Symbolsprache, die teilweise kulturbedingt ist. Sie kann aber auch interkulturell verstanden werden, da in der Musik Formen in Erscheinung treten, die Grundmuster des Lebens überhaupt sind, also beispielsweise: Ruhe und Bewegung, Spannung und Entspannung, Übereinstimmung und Unstimmigkeit, Vorbereitung, Erfüllung, innerer Wechsel[7]. Im Detail (z. B. Klangfarbe, Intervalle, Skalen, Rhythmen etc.) gibt es keinen *absoluten* Ausdrucksgehalt, aber in ganzheitlicher Form kann Musik durchaus wesentliche Zustände und Botschaften des Erzeugers vermitteln. Daher eignet sie sich besonders zur Offenbarung von Erfahrungen und Erkenntnissen, welche die Möglichkeiten der Sprache übersteigt[8]. »Weil die Formen des menschlichen Fühlens den musikalischen Formen viel kongruenter sind als denen der Sprache, kann die Musik die Natur der Gefühle in einer Weise detailliert und wahrhaftig offen-

112

baren, der die Sprache nicht nahekommt.«[9] Dies sollte von Bedeutung für die therapeutische Verwendung sein.

Grundsätzlich kann man Sprache als eine Symbolisierung geistiger Prozesse durch akustische Zeichen definieren, die erst später, durch die Erfindung der Schrift, auch eine visuelle Komponente erhalten. Ihr Ursprung ist ein Thema, das viele Forscher bewegt hat. Dabei scheint es, daß die Pragmatiker, die Nützlichkeitsgründe anführen, z. B. Verständigung vermuten, eher Rückschlüsse aus ihrer eigenen Bewußtseinsstruktur ziehen. Die tieferen Gründe werden eher im zweckfreien Spiel mit stimmlichen Lauten angesiedelt, und es wird sogar vermutet, daß das Sprechen seine Wurzeln im Singen hat[10]. Lautliche Symbolisierung wird dabei mitgeschwungen haben, beziehungsweise fungierten die Worte zunächst wohl auch lautmalerisch, oder der Mensch versuchte zumindest, ein lautliches Äquivalent für eine bestimmte Erfahrung zu bilden. Vermutlich steht am Anfang der kulturunabhängige, unmittelbare, unreflektierte Gefühlsausdruck: der Schmerzens- oder Freudenschrei, der Klagelaut, der Seufzer oder Juchzer usw. Im Verlauf der Sprachentwicklung findet dann eine zunehmende Vergeistigung und Kultivierung statt, wobei aus diesen Primärlauten mehr oder weniger abstrakte Symbole gestaltet werden. Klang- und Begriffsaspekte von Sprache[11] driften auseinander. Das Abstraktionsvermögen des Menschen und damit seine »Fähigkeit«, sich nicht mehr unbewußt-selbstverständlich als Teil von Natur und Kosmos zu erleben, sondern als Gegenüber, wächst parallel zu diesem Prozeß. Die mentale Bewußtseinsstruktur mit allen Vor- und Nachteilen bildet sich aus. Als Nachteile beschreibt Gebser[12] die einseitige Identifizierung des Ich mit dem Rationalen, Intellektuellen, Analytischen, Funktionalen, dem Meß- und Machbaren, dem Bewußtsein und dem Verbalen. Sie geht nicht nur auf Kosten des Sinnlichen, Intuitiven, Numinosen, Unermeßlichen (eine Einschränkung, die gerade Maßlosigkeit, Vermassung und Vermessenheit bewirkt), des Künstlerischen, Nonverbalen und Unbewußten. Sie führt darüber hinaus zur Abspaltung bis hin zur Dämonisierung und Pervertierung dieser Bereiche. Was nicht rational kontrolliert werden kann – und hierbei spielt

Sprache oft eine wichtige Rolle – wird tabuisiert und unbewußt ins Abseits verdrängt, verleugnet. Diese Teile des Selbst dürfen nicht mehr mitspielen und mitleben. Darüber werden sie verständlicherweise »böse« und spielen dem Menschen dann eben hinterrücks so manchen üblen Schicksalsstreich.

Eine Reihe zeitgenössischer Krankheitsbilder wurzeln in der Nichtbeachtung der oben genannten Aspekte menschlichen Lebens. Mit leichten Divergenzen (entsprechend familiärer und sonstiger subkultureller Beeinflussung) handelt es sich hierbei um ein kollektives Phänomen in den von Europa ausgehenden technischen Zivilisationen. Man braucht in unserem Bildungssystem nur den Anteil der Fächer zu betrachten, die erfahrungs- und erlebnisorientierte Persönlichkeitsbildung fördern könnten, wie Musik, Kunst und Leibeserziehung. Aber selbst diese sind in der Realität der Stoffpläne und Zensuren großenteils dem Leistungsprinzip, dem Bewerten von Anpassungsleistungen im Hinblick auf ein vorgegebenes Ideal unterworfen.

Psychotherapie gehört zu den wenigen Bereichen, in denen man sich heutzutage noch mit dem Irrationalen beschäftigt, mit dem Unbewußten und seinen Inhalten. Und auch hier wurde Sprache lange Zeit als das zentrale Kommunikationsmedium aufgefaßt. Erst C. G. Jung und einige seiner Schüler begannen schließlich, Patienten anzuregen, innere Bilder, über die verbale Beschreibung hinaus, konkret zu malen. Aktiver Ausdruck und Gestaltung innerpsychischer Vorgänge mittels künstlerischer Medien begannen dadurch im therapeutischen Setting wieder eine Rolle zu spielen – und diese Tendenz hat sich vor allem in den letzten zwanzig Jahren enorm ausgeweitet. Dem ursprünglichen Setting der Psychoanalyse, das die Bewegungsfreiheit durch das Liegen auf der Couch einschränken und damit das seelische Geschehen auf der inneren Bühne belassen und zur verbalen Äußerung bringen wollte, scheinen die neuen Verfahren teilweise fast entgegengesetzt zu sein. »Agieren« ist kein Negativbegriff mehr, sondern eine Möglichkeit, das innere Erleben mit körperlichem und kreativem Ausdruck auf eine äußere Bühne zu bringen. Da sich aber zunehmend auch Vertreter der Psychoanalyse neue Formen des Settings und die Kombination mit anderen Verfahren und künstlerischen Medien zu eigen machen, wird sich dieser scheinbare Widerspruch wohl in nicht allzuferner Zukunft aufklären und integrativen Ansätzen weichen[13]. Das Verhältnis von verbalen und nonverbalen Anteilen in der Psychotherapie – auch im Hinblick auf die Musiktherapie – gehört zu den aktuellsten und spannendsten Gebieten moderner Psychotherapieforschung[14]. Ein Negativbegriff wie »nonverbale Psychotherapieverfahren« ist nicht wirklich befriedigend, so als würde man bei den vorwiegend mit dem Medium »Sprache« arbeitenden von »nichterlebnisorientierten Psychotherapie-Verfahren« sprechen. Ein Ausdruck wie »Psychotherapie mit künstlerischen Medien« als Ergänzung zu den »leiborientierten Verfahren« trifft schon eher das Gemeinte. Es wäre jedoch absurd, diesen Verfahren generell ein Sprechverbot zu verordnen oder umgekehrt den Zwang, alles zu verbalisieren.

Der sprachliche Ausdruck wird, je nach Fähigkeit, in den musikalischen Prozeß einfließen, vor allem als Brücke zwischen individuellem, subjektivem Erleben von Patient, Therapeut und Gruppenmitgliedern. Sprache dient der Integration innerseelischer Erfahrungen in das menschliche Dasein mit seinen Bedingungen. Aufgabe des Gruppenleiters ist es, dem Betreffenden zu helfen, seine Erlebnisse im Zusammenhang mit seiner Lebenssituation und seiner Geschichte zu verstehen. Es geht nicht darum, intensive Erfahrungen zu konsumieren. Der an eine vielkanalige Medienwelt gewöhnte Mensch ist leicht verführbar, eine solche Einstellung zu entwickeln, da Mode, Kriegsgreuel, Sport, Musik usw. als gut gemischte Unterhaltung präsentiert werden. Echte Betroffenheit wird dadurch aber verhindert beziehungsweise relativiert. In der Therapie- und Selbsterfahrungssituation geht es dagegen gerade um diese Kraft der persönlichen Betroffenheit und deren Integration und Konkretisierung im menschlichen Leben. Beim sprachfähigen Menschen ist das Wort das natürliche Mittel, über Erlebnisse im Austausch mit anderen nachzudenken, zu Einsichten zu kommen und neue Unternehmungen zu planen. Als solches gehört es nach Möglichkeit auch in die Musiktherapie.

Die sprachliche Beschreibung und Verarbeitung nonverbalen

115

Ausdrucks mit künstlerischen Medien wirft ähnliche Fragen auf wie die verbale Beschreibung, Deutung und Kritik von Kunstwerken. Soll man sie nicht als solche stehen und wirken lassen? Sagt ein Bild, eine Musik an sich nicht mehr als tausend Worte, zerstören wir es vielleicht gar durch unsere Interpretationsversuche? Aldous Huxley läßt es einen Wissenschaftler in seinem Roman *Das Genie und die Göttin* noch schärfer formulieren: »Wir üben die Alchemie in umgekehrter Richtung aus – wir berühren Gold und es verwandelt sich in Blei; wir berühren die reinen Lyrismen des Erlebens und sie verwandeln sich in die verbalen Äquivalente von Quatsch und Gewäsch.«[15] Daß Sprache die Wirklichkeit reduziert, wurde schon angemerkt; dies kann hilfreich sein. Andererseits könnte man ja auch, wo dies effektiver ist, die Möglichkeit der Musik nutzen. Mit ihr können mehrere Menschen gleichzeitig etwas mitteilen, und ein Mensch kann gleichzeitig Gegensätzliches ausdrücken[16] und damit zu einem reichhaltigeren und ganzheitlicheren Ausdruck seiner selbst gelangen. Tatsächlich können in der Musiktherapie auch Situationen auftreten, wo Worte den Zauber und die tiefe Wirkung des Erlebens verderben. In dem Fall ist es angemessen, zumindest eine Weile still beieinander zu sein und es innerlich ausschwingen zu lassen oder, wenn der Zeitpunkt dafür günstig ist, eine Arbeitseinheit damit abzuschließen. Der Therapeut muß sich allerdings sicher sein oder vergewissern, daß er bei niemandem ein echtes und dringendes Bedürfnis nach Aussprache dadurch verhindert.

In den meisten Fällen wirft intensives musikalisches Erleben im therapeutischen oder Selbsterfahrungs-Setting Fragen auf und weckt das Bedürfnis nach Mitteilung und Aussprache. Die Gesprächsphasen im Anschluß an musikalische Erfahrungen haben einen hohen Stellenwert bei der Verarbeitung des Erlebten und dessen Integration. Ein äußerst achtsamer Umgang empfiehlt sich mit Deutungen. Bedeutungen ergeben sich im Laufe der Zeit meist von selbst, indem sich Erlebens- und Verhaltensweisen wiederholen und dem Betroffenen von selbst oder auch durch gelegentliche mehr oder weniger deutliche Hinweise von anderen bewußt werden. Es ist in vielen Fällen ein wirkungsvolleres und befriedigenderes »Aha-Erlebnis«, wenn man selbst daraufkommt. Jede Deutung von seiten des Therapeuten verringert diese Chance. Gleichzeitig ist es für viele Menschen ganz wichtig, vom anderen wahrgenommen zu werden und diese Wahrnehmung durch Sprache mitgeteilt zu bekommen. Die Frage »Wie habt ihr mich und mein Spiel erlebt?« kann wesentlich bis existentiell sein, in jedem Fall aber der Klärung und Differenzierung von Selbst- und Fremdwahrnehmung dienen.

Die Vorteile eines gemeinsamen schöpferischen Handelns gegenüber einer reinen Gesprächsgruppe fand ich selten so gut beschrieben wie bei Wiltschko: »Ich halte nichts von Gruppendynamik und Beziehungsklärung, wenn gar kein gemeinsames Tun, keine gemeinsame Erfahrung, keine gemeinsame Intention da ist. Es ist ein abstraktes und künstliches Vorgehen, Personen, die sich nicht gewählt haben und jetzt in einem Raum sitzen,... zu allererst dazu zu veranlassen, Wärme, Vertrauen und Offenheit zu entwickeln. Dies führt nur zur Aktivierung strukturgebundener Erlebens- und Verhaltensformen. Ein lebendiger Prozeß entsteht nicht durch das Im-Kreis-Sitzen und durch das Abgeben verbaler Beschreibungen des gegenwärtigen Erlebens. Dies produziert Artefakte, Scheinbeziehungen, die nur unter künstlichen Bedingungen einer gemachten Gruppensituation real erscheinen. Ich bin auch der Meinung, daß in der traditionellen gesprächstherapeutischen Situation das passive Beschreiben und Reflektieren innerer Zustände ein künstliches Übergewicht gegenüber der ›anderen Hälfte des Daseins‹ hat: dem Ausdrücken, der handelnden Intention, der aktiven Gestaltung, dem subjektiven Kreieren der Realität« [17].

Das Verhältnis von Erleben und dem Sprechen darüber ist abhängig von der Situation und dem Vermögen des Menschen, bereits dafür Worte zu finden. Eine Beziehung, in der nur mehr geredet wird, ohne daß man noch gemeinsame Erfahrungen machte, an denen sich neue Aspekte auftun, fährt sich fest. Wird dagegen zu wenig gesprochen, besteht die Gefahr, daß das Wahrgenommene wieder im Unbewußten verschwindet und zunehmende Mißverständnisse zur Entfremdung führen. Reden ist mal mehr, mal weniger stimmig. Dabei sind es nicht allein die Worte selbst: Der Ton macht die Musik, der Stimmklang, aber auch die damit verbundene Gestik, Mimik, Körpersprache. Man sollte deshalb in der Musiktherapie eigentlich nicht nur zwischen Musik und Sprache differenzieren, sondern zwischen verschiedenen Signalen der verbalen und nonverbalen Ebenen.

Im Überblick lassen sich diese Informationswege etwa so darstellen:

verbale: semantischer Gehalt der Worte und (eigentlich schon nicht mehr direkt verbal) Stimmklang, Stimmelodie und -rhythmus

nonverbale: Körperhaltung, -spannung, – bewegung, Mimik, Hautfarbe, Tränen; Ausdruck innerer Bewegung durch die Atmung; musischer Ausdruck innerer Bewegung durch stimmliches oder instrumentales Tönen und Tanzen sowie Ausdruck über andere künstlerische Medien

Der Klangaspekt von Sprache ist entwicklungspsychologisch früher als der Begriffsaspekt. Der noch ungeborene beziehungsweise neugeborene Mensch orientiert sich bis zum eigenen Spracherwerb an Signalen, die nicht rational erfaßt und gedeutet werden. Er spürt die Art und Weise einer Berührung und ihre eigentliche Bedeutung. Er lauscht auf den Stimmklang der Bezugspersonen, und er hört an der Sprachmelodie, wie die Worte gemeint sind. Entsprechend ist auch in der Therapiesituation eine hohe Sensibilität für diese Zwischentöne vonnöten, vor allem wenn solche frühen Phasen im Erleben des Patienten wieder präsent werden.

Regression und Gegenwärtigung

Baut Musik primär eine Brücke zur Welt des Unsagbaren, so hilft das Wort, die Kunde von jener Welt in den Bereich des Sagbaren zu befördern. Zum Unsagbaren gehören Erlebnisbereiche, in denen die Grenze des durch Worte Beschreibbaren überschritten (transzendiert) ist. Diese möchte ich »transverbal« nennen.

118

In der persönlichen Geschichte des Menschen gibt es außerdem noch Schichten, die vor dem Spracherwerb datieren. Diese bezeichnet man als »präverbal«. Die Erfahrung des Transverbalen ist eher verknüpft mit einer Intensivierung des Bewußtseins in Naturerleben, Liebe und Erotik, Kunst, Mystik usw. Das Wiedererleben früherer Entwicklungsphasen bis in präverbale Schichten wird als Regression bezeichnet. Dies bedeutet im allgemeinen nicht, daß der Mensch als Ganzes sich auf eine frühere Stufe zurückentwickelt, sondern daß sein Ich sich aufspaltet und teilweise in dieses Erleben geht, gleichzeitig aber sich seiner gegenwärtigen Existenz bewußt bleibt.[18] Im Unterschied zu Zuständen wie Schlaf oder Hypnose kann eine solche Regression durchaus die Qualität einer Bewußtseinserweiterung haben. Die innere Bereitschaft zu bewußten Regressionen kann so quasi zu Progressionen, zu Weiterentwicklung und persönlicher Entfaltung führen.

In der erste Phase des therapeutischen Prozesses kommt es häufig zu Regressionen in das »Reich der Mütter«. Das »innere Kind« mit seiner Sehnsucht nach Liebe, Zärtlichkeit und Beachtetwerden erwacht: das kleine, weinende, eingeschüchterte und verstoßene Kind, aber auch das spielende, lachende, tobende und kreative Kind. In späteren Entwicklungsphasen tauchen dann Themen auf wie Sexualität, Leistung, Rivalität usw., wird »väterliche« Provokation und Konfrontation notwendig. Für die erste, die »matriarchale« Phase geht es eher um eine heilsame Atmosphäre, ein Klima des Nährens und Gewährens, des Fütterns und Haltens, von Nähe und Geborgenheit. In diesen grundlegenden Phasen im Mutterleib und während der innigen Zeit nach der Geburt benötigt der werdende Mensch für seine Entwicklung als nichtmaterielle Nahrung jenen »primären Mutter-Kind-Dialog«[19], der sich über Stimmklang, Körperkontakt und »das Atmosphärische« der Beziehung abspielt. Ein übergroßer Mangel an dieser »Nahrung«, zumindest an ihrer positiven Qualität, führt zu Störungen, welche die Psychopathologie heute als »Früh- oder Grundstörungen« bezeichnet. Bei der Behandlung solcher Menschen ist es notwendigerweise organischer, mit entsprechenden Medien an die frühkindliche Situation anzuknüpfen, durch angemessene Mittel des Dialogs »nachzunähren«, als aus einer Situation basalen Mangels heraus etwa reife Verzichtleistungen zu fordern. Natürlich muß der Therapeut darauf achten, solche Bedürfnisse nicht unnötig zu befriedigen und damit längerfristig Abhängigkeit statt Autonomie zu schaffen.

Verbale Therapieformen scheitern, wenn es nicht gelingt, »das Atmosphärische« über diesen Kanal zu kommunizieren. Nicht durch den semantischen Gehalt der Worte wird der Patient erreicht, sondern über den »richtigen Ton«. Auch geeignete Formen schweigender Anwesenheit sind hier erfolgversprechend. Mehr und mehr Psychotherapeuten, die mit frühgestörten Menschen arbeiten, integrieren Elemente aus leiborientierten und musischen Verfahren – selber oder über die Kooperation mit entsprechend arbeitenden Kolleginnen und Kollegen.

In der Musiktherapie kann man dieses Atmosphärische früher Existenz in nahezu idealer Weise ermöglichen: durch ein Getragensein im Rhythmus, ein Genährtwerden durch Klänge, ein Stützen und Haltgeben, Trösten und Wiegen im frei improvisierten musikalischen Dialog oder auch schlicht eine gewähren lassende Anwesenheit[20]. Auf der Basis einer dabei allmählich sich entwickelnden tiefen Verbundenheit und Vertrautheit in der therapeutischen Beziehung wird dann nach und nach der körperlich-stimmlich-musikalische Ausdruck starker, bislang verdrängter und tabuisierter Gefühle möglich: Trauer, Schmerz, Angst und Wut. Gleichzeitig kann jedoch das Erleben von Geborgenheit, Lust und Freude im Spiel erlebt und dargestellt werden. Der Zeitaspekt im musikalischen Geschehen ermöglicht ein Mitgehen mit den Wandlungen, ja die Wandlung selbst: der Ausdruck der Wut wird zum Ausdruck der dahinterliegenden Trauer, das Annehmen und Gestalten der Trauer schafft auch wieder Raum für die sonnigen Seiten des Lebens. Vergangenheit wird Gegenwart, und Gegenwart wandelt sich so, daß wieder Perspektiven für die Zukunft erlebt und in das tägliche Leben transferiert werden können.

3. Wer braucht Musiktherapie?

Wie wir im letzten Kapitel gesehen haben, eignen sich musiktherapeutische Elemente speziell, wenn man tiefe und frühe Schichten der menschlichen Seele erreichen will. Hier soll nun ausführlicher der Frage nachgegangen werden, bei welchen Menschen und in welchen Situationen Musiktherapie hilfreich sein kann. Dazu schauen wir uns am besten die Institutionen an, in denen man Musiktherapie heutzutage findet, also die verschiedensten Kliniken und psychosozialen Institutionen. Idealerweise ist sie dort eingebettet in ein therapeutisches Gesamtkonzept, welches durch die Zusammenarbeit von Ärzten und anderen Therapeuten, Psychologen, Pflegepersonal und Sozialarbeitern realisiert wird. Darüber hinaus lassen sich in den letzten Jahren immer mehr Musiktherapeuten in freier Praxis nieder. Es wäre schließlich auch absurd, wenn man sich erst in eine Klinik einliefern lassen müßte, um in den Genuß von Musiktherapie zu kommen (einmal abgesehen von den Kosten, auf die wir später noch zu sprechen kommen).

Da im Zentrum der Musiktherapie ein nonverbales Geschehen stehen soll, eignet sie sich natürlich zunächst einmal bei Menschen, die, aufgrund ihres Alters oder der Art ihrer Krankheit, sprachlich nicht oder nur schwer erreichbar sind, aber therapeutischer Hilfe bedürfen: Kinder und Jugendliche, geistig behinderte, psychotische, autistische Menschen, solche mit Hirnverletzungen, zum Beispiel nach Unfällen oder Schlaganfällen. Andererseits werden aber auch im sprachfähigen Erwachsenen Schichten angesprochen, die wir als präpersonal oder transpersonal bezeichnen können, wo schwer Verbalisierbares, Atmosphärisches in Bewegung und Klang gestaltet und Beziehung auf dieser Ebene angeboten werden kann. In diesem Zusammenhang schreibt Bräutigam, einer der bedeutenden Ärzte und Forscher im Bereich der psychosomatischen Medizin: »Im Hinblick auf Verbalisierungsschwierigkeiten gerade von psychosomatischen Patienten wird häufig auf frühe und frühste Störungen verwiesen, etwa auf Grundstörungen in der präver-

121

balen Entwicklungsphase, in der die Sprache noch keine feste Bedeutung hat... Therapeutische Instrumente, die wir aus der Kindertherapie kennen, erweisen sich als nützlich bei der schwierigen Aufgabe, eigene Probleme und Konflikte herauszufinden. Die Sprache hat für viele unserer Patienten keinen großen Stellenwert, und es ist schwierig für sie, damit die eigene Gestimmtheit oder auch die Gefühlseinstellung zu anderen Menschen auszudrücken[1].« Außer bei psychosomatischen Krankheiten ist Musiktherapie auch bei Menschen mit narzißtischen Problemen hilfreich, wo Kinder, real oder im übertragenen Sinne, zu früh verlassen oder durch ein Ungleichgewicht zwischen Erfüllung und Versagung verletzt wurden.[2]

Die Frage nach der Indikation für *Musik*-Therapie läßt sich allgemein und grob also recht gut beantworten: da, wo man mit Worten nicht weiterkommt. Schwieriger wird es, wenn man spezifische Kriterien formulieren soll, womöglich auch noch eine Differenzierung innerhalb der künstlerischen Verfahren gefragt ist. Dies muß noch gründlicher erforscht werden. Die folgende Auflistung geht von Themenfeldern aus, deren musiktherapeutische Bearbeitung sich in der Praxis als erfolgreich erwiesen hat (ohne Anspruch auf Vollständigkeit in bezug auf die Nennung der einzelnen Diagnosen), von Konflikten und Krisen, bei denen Musiktherapie als Behandlungsmethode allein oder begleitend hilfreich sein kann oder sogar das Mittel der Wahl ist.

Im Überblick:

- Frühe Beziehungsstörungen aus der präverbalen Entwicklungsphase: neurotische und psychosomatische Symptomatiken, Persönlichkeitsstörungen, Borderline-Syndrom, Psychose, Autismus
- Störungen von Maß und Rhythmus: Eßstörungen, Krebs
- Kontaktprobleme: narzißtische Persönlichkeitsstörungen mit Nähe-Distanz-Problematik, Rückzug und sozialer Isolation, Partnerschaftskonflikten usw.
- Blockierung von Gefühl und Ausdruck: Alexithymie, Depressionen, Kopfschmerzen, Parkinson, allgemeine Lebensunlust
- Probleme mit Hingabe und Kontrolle: Stresskrankheiten, Migräne, Zwänge, Schlafstörungen, Störungen der Sexualität, Verdauungsprobleme

Tatsache ist, daß die Indikation für Musiktherapie vom Diagnostischen her fast so eine große Bandbreite aufweist wie die Forderung nach Medizin überhaupt. Natürlich muß jeweils die Bereitschaft, sich auf dieses Verfahren einzulassen, am individuellen Menschen geprüft werden. Und auch die Musiktherapeuten spezialisieren sich, ihren Neigungen oder den Gegebenheiten der Institution entsprechend, in der sie arbeiten. Wo immer sich ein Musiktherapeut auf einen klinischen Bereich einstellt, wird sich die Musiktherapie im Rahmen ihrer Mittel dieser Situation anpassen und entsprechend den jeweiligen Bedürfnissen der Patienten Kontakt aufnehmen, Beziehungen herstellen, Konflikte aufdecken und übend bearbeiten und Freude und Lust am Leben fördern helfen. Letztgenannte Aspekte, von manchen Vertretern der konventionelle Psychotherapie gern ins seichte Fahrwasser des therapeutischen Entertainments abgeschoben, sind für so manchen Patienten momentan das einzig Heilsame. Einer wundgeriebenen Seele ausschließlich ein konfliktzentriertes Vorgehen anzubieten, kann auch quälend sein. Die Begegnung mit dem Reservoir von innerer Schönheit und schöpferischer Kraft dagegen kann sich auf die Persönlichkeit stärkend und stabilisierend auswirken, und oftmals ist der Mensch auf dieser Basis dann auch irgendwann zu einer Begegnung mit den dunklen Seiten seines Wesens bereit.

Wenden wir unsere Aufmerksamkeit nochmals dem ambulanten Bereich zu. Dieser ist eindeutig noch unterversorgt, sowohl was die Behandlung psychischer Krankheiten als auch Maßnahmen zur Lebenshilfe in akuten Krisen betrifft. Für die Zukunft unseres Gesundheitssystems so wesentliche Perspektiven wie Prävention und Rehabilitation werden da noch kaum berücksichtigt. Prophylaxe, vorbeugende Maßnahmen, beispielsweise in der Zahnmedizin relativ selbstverständlich, sind im psychosozialen Bereich immer noch tabuisiert – nach dem Motto: »Psycho? Ich hab doch keinen Dachschaden!« Gerade die künstlerischen Verfahren, die schöpferisch-spielerische Anteile *und* konfliktzentrierte Aufarbeitung leidvollen Erlebens integrieren, könnten eine Vorreiterrolle spielen, da hier die Schwellenangst gegenüber dem Ansinnen, in Gesprächsgruppen eigene Probleme darzustellen, oft geringer ist. Auch für den schwierigen Prozeß, nach einem längeren Klinikaufenthalt infolge psychischer Erkrankung wieder im privaten und beruflichen Alltag zurechtzukommen, wäre eine solche Begleitung häufig ideal. Eine Verbesserung der ambulanten Versorgung, die übrigens bei allen künstlerischen Therapie-Verfahren noch sehr sporadisch ist, wird in den letzten Jahren vermehrt angestrebt. Dazu bedarf es aber dringend positiver Regelungen durch Gesetzgeber und Krankenkassen.

So breit gestreut insgesamt die Indikation für Musiktherapie erscheint, muß man doch, wie bereits angedeutet, im Einzelfall prüfen, inwieweit Eignung und Motivation für dieses Verfahren vorliegen. Als Fazit und Faustregeln kann man abschließend folgendes festhalten:

1. Musiktherapie ist die Bezeichnung für therapeutische Verfahren, bei denen Musik das *Medium* ist. Der Begriff sagt noch nichts über die *Methodik* aus, mit der ein Musiktherapeut arbeitet.
2. Das Medium »Musik« kann in verschiedensten medizinischen und psychosozialen Bereichen da eingesetzt werden, wo es den effektivsten Weg zur Gesundung eines Patienten darstellt. Dabei sind bestimmte Patienten von der Diagnose her für eine Indikation geeigneter als andere; grundsätzlich ausgeschlossen ist (zumindest im stationären Setting) niemand.
3. Eine Indikation kann sich im Einzelfall auch aus der Motivation des Patienten für das Verfahren ergeben, zumal Motivation in der Psychotherapie überhaupt eine große Rolle spielt.
4. Ein Vorgespräch und einige Probesitzungen sind die beste Methode, herauszufinden, inwieweit Verfahren und Therapeut für den jeweiligen Patienten in Betracht kommen.

4. Hören – Erleben – Phantasieren

In dem Kapitel über das moderne Musikhören habe ich bereits dargelegt, welche Rolle das Hören im Rahmen individueller und kollektiver Entwicklung spielt und daß es für den Menschen deshalb von besonderer Bedeutung ist, weil diese Sinneswahrnehmung bis in die dunklen Anfänge zurückreicht. Die ursprüngliche Klangwelt des Ungeborenen ist ein faszinierendes Forschungsgebiet und in der Literatur inzwischen mehrfach beschrieben.[1] Dabei hat man festgestellt, daß das ungeborene Kind differenziert Musik hört, d. h. auf verschiedene Arten von Musik unterschiedlich reagiert, Vorlieben und Abneigungen zeigt. So ist auch nicht verwunderlich, daß es die Stimme der Mutter aus vielen Frauenstimmen heraushört, was für die musiktherapeutische Begleitung von Frühgeboren genutzt wird[2]. Für den therapeutischen Zusammenhang ist die Frage der persönlichen Prägung wichtig. Der mütterliche Klangraum sowie das akustische Ambiente des Elternhauses und der weiteren Umgebung begleiten und bedingen die primäre Konstruktion der Wirklichkeit eines individuellen Bewußtseins, wirken mit an einer ersten Weltordnung oder lassen daran zweifeln, lassen Vertrauen entstehen oder werden als bedrohlich erlebt. Nach der Geburt setzt sich diese »akustische Enkulturation« fort, zu den Geräuschen und Klängen kommen Lieder und andere Musikerfahrungen. Musik als gestalteter Klang begleitet den Menschen durch seine Biographie, setzt Akzente, verstärkt Höhepunkte oder auch Tiefpunkte. Da die Technik das Musikhören jeglicher Art zu jeder Zeit und an jedem Ort ermöglicht, wird Musik zum Stimulans, zur Droge, in jedem Fall zu einem Wirkfaktor.

Über starke Wirkungen bei der Ausübung und Wahrnehmung von Musik berichten bereits Mythen und Märchen in eindrucksvoller Weise[3]. Auch außerhalb der Krankenheilung wird von Schamanen Gesang und Instrumentalspiel eingesetzt, beispielsweise um Einfluß auf das Wetter zu nehmen oder in Kontakt mit Geistern und Ahnen zu treten. In die Natur noch integrierte Menschen singen für die Pflanzen, weil sie überzeugt davon sind,

125

daß sich dieser Kontakt zum Wohle ihres Wachstums auswirkt[4]. Sie erleben die Welt als belebten und beseelten Organismus, von dem sie ein Teil sind, der eine Sprache für die Kommunikation mit den anderen Teilen sucht und seinen Platz im Ganzen immer wieder ortet. Instinktiv wird die Welt (vergleichbar neusten physikalischen Beschreibungen) als ein pulsierender energetischer Fluß erfahren, in den man sich durch Musik und Tanz einschwingen kann, in dem man immer wieder badet, sich reinigt (Katharsis), wo man in das Ganzheitsbewußtsein eintauchen und wie neugeboren wieder auftauchen kann. Das Bild der Taufe drängt sich auf. Von Pythagoras wird berichtet, daß er seinen Geist auf das Zusammenklingen der Welt richtete, um der Harmonie der Sphären zu lauschen, daß er sich von dieser Musik durchtränken ließ und dabei seinen Geist ordnete[5]. Das Bild des Wassers taucht immer wieder im Zusammenhang mit Musik auf: die Dinge werden in Fluß gebracht.

Was sagt denn nun die Wissenschaft zu der Wirkung von Musik? Lange hat man sich um eine empirische Wirkungsforschung bemüht[6], ist jedoch dabei auf eine derartige Menge von Variablen gestoßen, daß man inzwischen praktisch sagen kann: die Wirkung einer Musik ist kaum zu unterscheiden von der Wirkung der Umstände, unter denen sie gehört wird. Wie will man herausfinden, was durch die Musik selbst – und nicht durch persönliche Erlebnisse mit dieser Musik, Geschmacksfragen, momentane Stimmung, die Beziehung zum Versuchsleiter und den anderen Versuchspersonen, die Atmosphäre der Testsituation usw. – verursacht wird?

Eine zentrale Schwierigkeit bei der gängigen musikpsychologischen Forschung scheint mir die hohe Komplexität musikalischer Kompositionen zu sein, welche für diese Untersuchungen meist herangezogen werden, obwohl sie vielfältigste und ständig wechselnde psychische Themen im Hörer aktivieren können. Hier kann man reduzieren, indem man mit einfachen musikalischen Strukturen wie beispielsweise Klangfarben und elementaren Rhythmen experimentiert. Wegen der geringeren Vorgabe sind diese geeigneter, bestimmte Themenfelder gezielt anzuvisieren und zu erforschen. Auch muß die monokausale Betrachtung von Wirkung als Reiz und Reaktion abgelöst werden durch ein neues Paradigma, welches Wirkung als hochkomplexes Geschehen begreift, in dem sowohl die Qualität spezifischer Klang-Rhythmus-Strukturen (bzw. sonstiger musikalischer Parameter) als auch die Beziehung zwischen Rezipient und Spieler (Patient und Therapeut) eine Rolle spielen — um nur die wohl wichtigsten Faktoren zu nennen[7]. Wenn man die Jungsche Archetypenlehre auf die akustische Ebene ausdehnt — wie ich schon früher vorgeschlagen habe[8] — lassen sich auch dort bestimmte archetypische Themenfelder vermuten, die durch entsprechende musikalische Strukturen in der Psyche aktiviert werden können. Therapeutisch interessant ist daran, daß sie durch diese Aktivierung in ihren jeweils individuellen Erscheinungsformen dem Bewußtsein und damit einer persönlichen Bearbeitung und Klärung zugänglich werden.

Die einfachsten musikalischen Strukturen sind monotonale Klänge und Rhythmen. Hier gibt es bestimmte geeignete Instrumente, die zum Teil eine sehr alte Tradition im rituellen Kontext haben: ursprüngliche wie Schwirrholz und Musikbogen, das australische Didjeridu, Steine, Rasseln und natürlich diverse Trommeln, komplexere wie Monochord, Gongs und Klangschalen in allen Größen. (Eine ausführliche Beschreibung dieser Instrumente und Klänge folgt in Kap. IV.4.) Wie bereitstehende Fahrzeuge laden sie dazu ein, mit ihnen zu reisen: zu fliegen, zu schwimmen, zu reiten, zu gleiten. Die Einladung annehmen bedeutet, sich einzulassen, sich hineinzulassen und oftmals: einen gewohnten Zustand loszulassen, um einen anderen, veränderten zu gewinnen. Je weniger man dieses vermag, desto uninteressanter bis ärgerlicher sind diese elementaren musikalischen Ereignisse. Wenn man sich den Klängen jedoch hingibt, können sie Leid aus den Tiefen der Seele holen, unbewältigten Schmerz, welcher Hemmungen und Beklemmungen verursacht, Durchlässigkeit und Mitschwingen verhindert. Sie können aber auch ungeahnte Gefühle von Freude, Glück, Zufriedenheit, Gelassenheit, Allverbundenheit auslösen beziehungsweise an das Bewußtsein anschließen. Was die Wirkung betrifft, so werden, wohlgemerkt, solche Zustände nicht erzeugt im Sinne von *ge-*

macht, sondern sie werden ermöglicht. Nicht ein bestimmter Zustand soll erfahren werden. Jeder erfährt seine momentane Beziehung zu einer bestimmten klanglichen oder rhythmischen Gestalt, seine Durchlässigkeit für Botschaften und Informationen, welche diese gerade für ihn bereithält.

Während Klänge eher das fließende Kontinuum repräsentieren, ordnet der *Rhythmus* die Zeit. Dabei unterscheidet er sich von den abstrakten Ordnungsprinzipien Takt und Metrum dadurch, daß er die Zeit in sinnlich faßbare Teile ordnet. Er entspricht nicht der mechanisierten Zeit der Moderne, dem Aneinanderreihen winziger Einzelteile, sondern der Naturzeit als lebendig variiertes rhythmisches Gliedern[9]. Der Mensch schwingt in einem Rhythmengefüge, innerhalb seiner selbst und auch eingeordnet in größere rhythmische Zusammenhänge. Daher ist er niemals nur »Beobachter«, sondern immer auch »Teilnehmer«. Im Rhythmus wird Teilhabe an der Welt spürbar. Der Trommelschlag der Schamanen kommt – vermutlich eben deshalb – bei fast allen Naturvölkern in irgendeiner Weise vor, unter verschiedensten kulturspezifischen Rahmenbedingungen. Die Trommel gilt in vielen schamanischen Traditionen als der Weg in die »andere Welt«, in Zustände jenseits des Alltagsbewußtseins. Sie wird häufig als »Herz« des Kosmos oder der Erde bezeichnet. Dies kann man leicht nachvollziehen, gilt das Herz doch als Lebenssymbol schlechthin.

Die Wirkung von Klängen und Rhythmen im therapeutischen Setting kann sehr stark sein, was bedeutet, daß man sie sehr vorsichtig dosieren sollte – vor allem, wenn man die Rezepienten nicht oder kaum kennt. Permanenter Konsum stumpft ab, er bewirkt, daß die Pforten der Wahrnehmung sich verschließen, akustisch ausgedrückt: er macht taub, betäubt. Wie die verschiedenartigen Drogen kann auch Musik betäubend oder erweckend wirken[10]. Das Erwecken bedarf jenseits des Mittels einer persönlichen Haltung, einer Einstimmung auf das Erlebnis, man kann e s nicht einfach konsumieren. Und was die Dosis anbetrifft: mit einem apokalyptischen Gong-Szenario (oder anderen wirkungsvollen Klängen und Rhythmen zur Reise nach innen) starke Wirkungen bei den Hörern auszulösen, ist keine Kunst.

Wenn man Glück hat, das heißt, wenn die Hörer sich gut schützen können, gehört es in die Rubrik »Betäubung«.

Um die hohe Wirksamkeit musikalischer Elemente therapeutisch nutzen zu können, sollte man allerdings ein Setting schaffen, in dem sich die Hörer öffnen können für das Erleben der musikalischen Ereignisse und für das, was es innerlich in ihnen auslöst. Dazu gehört in der sozialen Wirklichkeit der Aufbau vertrauensvoller Beziehungen zu Therapeut/Gruppenleiter und/oder der Gruppe, eine ausreichende Vor- und Nachbereitung: verbal durch Gespräche über das Erlebte, nonverbal durch freie Improvisationen, bildnerische Gestaltung und andere kreative Medien. Wenn man Pech hat, kann eine intensive akustische Stimulation auch Geister wecken, die dem Rezipienten noch einige Zeit zu schaffen machen, wenn niemand in der Lage ist, das, was sie in ihm auslöst, auch aufzufangen.

Beim Hören von Musik und ihren Elementen spielt die Phantasie eine große Rolle. Phantasie ist nicht Willkür. Wie der Traum unterliegt sie Gesetzmäßigkeiten, auch wenn diese nicht immer bekannt sind oder bewußt werden. Auf der individuellen Ebene kann Phantasie wie im Tagtraum zunächst noch persönliche Wünsche und Bedürfnisse ausmalen, je tiefer man jedoch eindringt, um so eher wirkt ihre tiefere Bedeutung als »eingeborene Kraft des Wiederfindens urbildlicher Strukturen«[11]. Wenn sich also ein Mensch im Rahmen einer klang- oder oder musikinduzierten Phantasiereise auf sein inneres Erleben einlassen kann, tauchen verläßlich – wie beim Märchenhelden – ungelöste Konflikte und manchmal auch hilfreiche Kräfte aus dem Unbewußten auf. Bei all dem geht es letztlich nicht um »Wirkungen«, sondern um Erfahrungen. Erfahrungen mit musikalischen Ereignissen lösen (im geeigneten Setting) tiefe Erlebnisse aus. Wesentlich jedoch ist die Verarbeitung und Integration tiefer musikalischer Erfahrungen.

Musikalische Ereignisse wirken aber nie als isoliertes Einzelphänomen auf die Psyche, da diese vernetzt ist mit Vorgängen auf der Ebene von Körper und Atem. Dies betonte bereits Christoph Schwabe, wenn er als Ziel seiner in der DDR entwickelten »Regulativen Musiktherapie« die Regulation von psychischen und körperlichen Fehlspannungen durch eine Differenzierung der Empfindungs- und Wahrnehmungsfähigkeit beabsichtigt[12]. Der Komplex Körper-Atem-Musik wird uns noch ausführlich beschäftigen.

Klang- und Rhythmus-Forschung im weitesten Sinne könnte für den heutigen Menschen von großer Bedeutung sein. Probleme von Maß und Ordnung sind derzeit zentral und zeigen sich in allen Bereichen: Das ökologische Gleichgewicht auf unserem Planeten ist erheblich gestört, Vermassung und Maßlosigkeit äußern sich in der Wegwerfmentalität der Massenkonsumgesellschaft, der Zunahme von Gewalt und Kriminalität, in der zunehmenden Häufigkeit spezifischer Krankheitsbilder wie Eßstörungen, in allen möglichen anderen Formen der Sucht und dem grenzenlosen Wuchern entarteter Zellen beim Krebs. Die Prägungen beginnen früh; etwa im »Füttern und Schlafen nach der Uhr« – Zeichen einer Angst, daß das Kind sonst nicht zu Maß und Ordnung findet, wie ja überhaupt das Vertrauen in die selbstregulierenden Kräfte individueller und sozialer Organismen (trotz des Erkenntnisstandes der modernen Physik) in der verwalteten Welt weitgehend abhanden gekommen ist.

Könnte eine beim Elementaren und Ursprünglichen ansetzende musikalische Kultur ein Weg sein, hörend und spielend zurückzufinden zu einem natürlichen Gefühl von Maß und Ordnung, die Angst sukzessive ersetzt werden durch ein Vertrauenfassen in eine immanente Ordnung des Lebensprozesses? Bei freien Gruppen-Improvisationen erfahre ich sehr häufig ein großen Erstaunens seitens der Teilnehmer, wenn sie erleben, wie sich musikalische und sonstige Ordnungen unabgesprochen aus dem Prozeß ergeben, wenn sie die anfängliche mißtrauische Forderung nach Vorgaben und Strukturen vergessen und das Vertrauen in die Freiheit genießen, in der sich alles so fügt, wie es für diesen Moment stimmt.

5. Spontaner Ausdruck – eine unvorhersehbare Inszenierung

»I welcome whatever happens next.«

John Cage

Eine Gruppe von Menschen sitzt im Kreis. Die Mitte ist leer. In einer Ecke des Raumes stehen, liegen und hängen Instrumente, solche, die jeder leicht spielen kann. Trommeln, Becken, Gongs; eine Decke mit Saiteninstrumenten: Leier, Gitarre, Monochord; ein Korb mit Rhythmusinstrumenten: Klanghölzern, verschiedensten Rasseln, Ratschen, Kuhglocken, kleinen Glöckchen; ein anderer Korb mit Blasinstrumenten: Mundharmonikas, Flöten aller Art. Vielleicht gibt es in dem Raum auch noch ein Klavier, ein Akkordeon, einen Kontrabaß...

Der Leiter der Gruppe schlägt vor, einen Moment still zu sein und zu spüren, wo und wie jeder sich gerade fühlt, ob etwas auftaucht aus dem Inneren, Wünsche, Bedürfnisse, Impulse... Er lädt dazu ein, dem, was sich spontan einstellt, Ausdruck zu geben... In den Teilnehmern beginnt ein Prozeß des Spürens und Horchens nach innen, eine Haltung fragender Aufmerksamkeit entsteht: Soll ich mir ein Instrument wählen und damit ins Tönen kommen? Entspricht mir ein leises Summen? Lautes Singen? Möchte ich mich frei im Raum bewegen? Vielleicht regt mich das Spiel der anderen zum Tanzen an? Möglicherweise stehe ich gerade unter Spannung und suche etwas, womit ich Dampf ablassen kann! Mal auf die Pauke hauen! Aber ich kann mich auch auf einer Decke ausbreiten und erst einmal zuhören – alles weitere wird sich dann schon ergeben.

Schließlich steht eine Gruppenteilnehmerin auf und geht an den Gong. Leise forschend spielt sie ihn, die Klänge breiten sich im Raum aus. Irgend jemand summt einen langanhaltenden Ton dazu. Ein weiterer Teilnehmer steht auf, antwortet dem Gong mit einem Beckenschlag, kräftig, herausfordernd. Jetzt erheben sich mehrere und steuern auf Instrumente zu. Einer beginnt, einen einfachen Rhythmus zu trommeln, gleichzeitig ertastet eine Frau am Klavier eine Tonfolge. Alles klingt noch ziemlich zusammenhangslos...

Einige Minuten später: Ein zweiter Trommler hat den ersten ein wenig aus der Fassung gebracht, schließlich haben sie nach einiger Suche einen gemeinsamen Rhythmus gefunden. Das Bekken hat sich da mit eingeschwungen, der Gong ertönt eher sporadisch. Jemand geht durch den Raum und pendelt mit dem Oberkörper im Trommelrhythmus, die Stimme ist nicht mehr zu hören, die Tonfolge am Klavier bleibt für sich...

So könnte beispielsweise eine freie Improvisation beginnen. Es könnte auch ganz anders verlaufen. Zum Beispiel, wenn gerade eine aggressive Stimmung in der Gruppe herrscht. Oder Trauer über den Abschied von einem, der lange in der Gruppe war. Oder...

Der Sinn freier Improvisation ergibt sich aus dem lateinischen Wort ›improvisus‹ selbst: unerwartet, unvorhersehbar. Nichts ist geplant. Es gibt vielleicht ein inneres Thema. Aber wie ich damit umgehe, ist frei. Und was sich aus dem momentanen Ausdruck dann weiter ergibt, ist offen. Der Raum wird zur Bühne, die (fast) leer ist, bis auf einige Requisiten wie Instrumente und Decken. Spieler sind da, aber keine Schauspieler, die sich in eine vorgegebene Rolle einfühlen. Jeder fühlt sich möglichst in sich selbst ein. Das Stück inszeniert sich im Zusammentreffen von lauter Autoren, Regisseuren und Darstellern.

Das Bühnen-Modell ist nicht neu. Es wurde schon von Psychoanalytikern diskutiert[1]. Im klassischen Setting liegt der Analysand körperlich eingeschränkt auf einer Couch und assoziiert frei (also in eine Art verbaler freier Improvisation). Dadurch soll ein äußeres »Agieren« verhindert und die Ereignisse auf die innere Bühne verlegt werden. In der Musiktherapie dagegen wird der Begriff »Agieren«, wie bereits erwähnt, positiv gedeutet, solange ein Bemühen um Authentizität zu erkennen ist.

Die menschlichen Themen sind im Individuum höchst komplex vernetzt, aber sie sind nicht unerschöpflich. So wie sich in Literatur, Film und Theater diese Grundmotive der Seele in immer neuen Variationen kombinieren, inszenieren sich im

Schicksal des einzelnen Menschen (und der Mitspieler in seiner Umgebung) immer wieder die archetypischen Dramen und Komödien, geht es um Geburt und Tod, Liebe und Haß, Eifersucht und andere Beziehungskonflikte, um das Streben nach irdischem Glück und höherem Sinn. Jeder ist im alltäglichen Leben Teil einer solchen schicksalhaften Inszenierung, besetzt bestimmte Rollen in einem bestimmten Stück. Dieses Stück ist uns auf den Leib und in die Seele geschrieben. Wir möchten es immer wieder spielen, auch wenn die Mitspieler wechseln. Und so führen wir es unbewußt auch in der Improvisation mit dem Therapeuten oder der Gruppe auf: je weniger Vorgaben es gibt, desto ungehinderter können wir es spielen.

So ganz frei sind wir also nicht. Unser innerer Regisseur ist ausgebildet durch die biographischen Einflüsse und Prägungen vor allem der frühen Kindheit, wo sich die Grundmuster unseres Erlebens und Verhaltens herausbilden und Schicksalhaftes konstellieren. Um zum eigenen Wesen und dessen Ausdruck zu finden, müssen wir uns zunächst einmal dieser unbewußten Manipulatoren bewußt werden, damit wir sie erkennen und uns von ihnen befreien können. Dafür nun wiederum ist die »leere Bühne« im geschützten Setting ein idealer Platz. Zunächst werden im allgemeinen diejenigen Muster spürbar, die leidvolle Erfahrungen verursachen und positive Potentiale blockieren. Beispielsweise muß ein Gruppenmitglied alle anderen zwanghaft durch laute rhythmische Trommelvorgabe unter seine Kontrolle bringen, was ihm meist eine Menge Ärger einbringt und ihn letztlich isoliert und einsam macht. Oder jemand vermag sich mit seinem Instrument kein Gehör zu verschaffen: niemand beachtet mich, ich bin nichts wert. Ein anderer spürt im lauten Spiel der anderen seine eigene unterdrückte Wut oder Lebendigkeit. Kann er das erkennen oder projiziert er auf die anderen die brutalen Unterdrücker? Dabei können natürlich auch ausgesprochene Gruppenkonflikte auftreten. Die Gruppe spaltet sich beispielsweise in die Lauten und die Leisen. Wer geht zu welcher Gruppe? Wer unterdrückt hier wen? Die Lauten durch ihr Lautsein, oder die Leisen durch die Schuldgefühle und Hemmungen, die sie in den Lauten erzeugen?

Im Verlauf des Prozesses der Bewußtwerdung unbewußter Regisseure und einer schrittweisen »Demaskierung« gelange ich mehr und mehr zu einem authentischen Ausdruck meiner selbst. Die individuellen Anlagen und Eigenschaften kommen ins Spiel, das eigene Wesen entfaltet sich. John McLaughlin hat sinngemäß einmal gesagt: In der Musik gibt es keine Verstellung, in ihr offenbart sich das Wesen des Musikers. Das könnte man so interpretieren, daß der musikalische Ausdruck – weil er nicht den Filter des verbalisierenden Denkens und der Verbalisierung passiert hat – direkter am Wesen des Menschen ist. Im Tun symbolisiert sich alles spontaner: im Wählen des Instrumentes, *wie* ich es spiele, die sich ergebenden musikalischen Formen und Inhalte... Und irgendwann bedarf es auch keiner Deutung, keines verbalisierenden Transfers mehr. Die Dinge sind, was sie sind, die Musik ist, was sie ist, wir spielen und wissen: *Das ist es!*

Manche Menschen sind allerdings aufgrund einer schwachen Ich-Struktur mit einem ganz offenen Angebot überfordert. Sie verlieren sich darin. Ihr Bedürfnis ist es eher, Anhaltspunkte und klare Orientierungspunkte zu finden, sonst taumeln sie im Chaotischen, ufern aus und klagen in irgendeiner Weise Grenzsetzungen ein. Dies ist bei Kindern offensichtlich, die Ich-Struktur ist noch in der Entwicklung. Und wenn diese Entwicklung nicht günstig verläuft, kommt es zu keiner stabilen Ich-Struktur – oder zu Verformungen und Verhärtungen. In der Psychopathologie unterscheidet man ganz grundsätzlich die psychotischen und die neurotischen Erkrankungen. Sehr vereinfacht kann man sagen: Der psychotische Mensch hat zu wenig Ich-Struktur; er ist im Kern eher fragil und dem Einbruch veränderter Wirklichkeitserfahrungen wehrlos ausgesetzt. Der neurotische Mensch hat zuviel beziehungsweise eine deformierte und verhärtete Ich-Struktur. Dies bedeutet für die Musiktherapie ganz allgemein, daß man einem psychotischen Menschen zunächst eher strukturiertere Angebote macht oder den Rahmen ritualisiert, um eine Sammlung der Ich-Kräfte zu fördern. Dagegen wird ein Neurotiker eher mit seinen Problemen konfrontiert durch die keinen regulierten Halt bietende freie Improvisation. Diese Grundregel muß in der Praxis natürlich bei jedem einzelnen Menschen modifiziert werden.

Musiktherapeutische Vorgaben, Themen und Spielregeln für die Improvisationen sind therapeutisch begründet und stellen Übungsangebote auf der Beziehungsebene dar. Sie ermöglichen experimentelles Handeln in Bereichen, die mit Problemen behaftet sind, oder auch das Auffangen einer persönlichen Krise. Außerdem aktualisiert eine Regel immer den Umgang mit den Grenzen der persönlichen Freiheit – ein Wechselspiel, mit dem wir Menschen ja ständig konfrontiert sind. Und während es für manche einen Fortschritt bedeutet, durch das Einhalten einer Regel mit Formen umgehen zu lernen, ist es für andere ein lange anstehender Akt der Befreiung, gegen Regeln zu verstoßen. Entscheidend ist, daß für beides Zeit, Raum und Verständnis angeboten wird. Hier nun einige Beispiele für Themen und Regeln, wie sie im musiktherapeutischen Setting auftauchen und therapeutisch von Bedeutung sein können. Es wird dabei deutlich werden, daß solche Angebote nicht in der Art eines Trainingsprogrammes angeboten werden können. Vielmehr macht der Therapeut – das sei hier nochmals betont – aus situativ bedingten therapeutischen Gründen, aus dem spürenden Kontakt mit seinem Patienten heraus spontane konkrete Vorschläge und Angebote.

Ein weitverbreitetes Spielangebot ist der »wandernde Dialog«: Ein Spieler beginnt mit einem frei gewählten Instrument zu spielen. Per Blickkontakt wählt er sich nach einer gewissen Zeit einen Dialogpartner. Die beiden spielen eine Weile miteinander. Schließlich – der Zeitpunkt wird immer nach eigenem Ermessen gewählt – hört der erste Spieler auf, der zweite bleibt übrig, spielt eine Weile allein, sucht sich dann seinerseits einen anderen Partner aus der Gruppe. Das geht so fort, bis alle mal an der Reihe waren. Dieses Spiel erfordert große Aufmerksamkeit und Konzentration. Man muß sich merken, wer schon alles »dran« war. Es kann aber auch mit heftigen Gefühlswallungen verbunden sein: Wann komme ich dran? Wer wählt mich? Wen wähle ich? Wen getraue ich mich zu wählen und wen vielleicht nicht? Die besondere Art und Weise, wie ein Mensch Kontakt herstellt, eine

Beziehung eingeht und gestaltet, kann dabei deutlich werden. Das Angebot kann auch offener gehandhabt werden. Manchmal wünschen sich Mitspieler in weiteren Durchgängen Lockerungen bei den Regeln, so daß sich ein Entwicklungsprozeß abzeichnet.

Das Thema »Ich und die anderen« oder »Individuum und Kollektiv« ist in einer freien Gruppenimprovisation gar nicht zu vermeiden. Jeder stellt sich in Tönen und Bewegungen selbst dar, und mit dieser Selbstdarstellung begegnet er den Selbstdarstellungen der anderen, die er nicht kontrollieren kann oder die nicht durch genaue Regeln oder andere rituelle Formen kontrolliert werden. Dabei können Erfahrungen von höchster Sensibilität gemacht werden. Möglicherweise wird es aber auch äußerst bedrohlich. »Ich« laufe Gefahr, im lauten oder penetrant-rhythmischen Spiel der anderen unterzugehen. Andererseits *kann* dies wiederum sehr lustvoll sein: wenn ich es zulasse, mich einschwingen *will*, freiwillig vor Lust vergehe, um mit dem größeren Ganzen des Gruppenklanges zu verschmelzen.

Unter anderen Umständen wiederum bietet mir das laute Spiel der anderen einen guten Schutz, einen Vorhang aus Klang, der mich und mein Spiel verbirgt, wenn ich die Selbstdarstellung meiden, mich nicht zeigen möchte. Das andere Extrem wäre die Erfahrung, einmal im Mittelpunkt zu stehen, eine Gruppe zu leiten: von einem Instrument aus mit meinem Spiel oder mit den Armen Zeichen gebend wie ein Dirigent oder gar mit dem ganzen Körper, indem die anderen so spielen, wie ich mich vor ihnen bewege. Das kann eine sehr intensive Erfahrung sein: Wie fühle ich mich im Blickpunkt aller, wenn sie auf die feinsten Signale von mir reagieren, wenn ich Verantwortung trage für das, was geschieht...? Was werden die anderen hinterher zu mir sagen?!

Übrigens können verbale und nonverbale Rückmeldungen sinnvoll miteinander verbunden sein. Beispielsweise drückt einer seine momentane Situation, seine Stimmung, seine Gefühle aus – frei improvisiert auf einem oder mehreren Instrumenten seiner Wahl, mit Stimme (freie Artikulation, Gesang) und Bewegung (Gestikulation, Tanz). Anschließend reagiert die Gruppe darauf: ebenfalls mit Instrumenten, Stimme und Bewegung.

Nach diesem nonverbalen Teil kann man auch auftauchende Fragen besprechen: Was hat der Spieler in der Gruppe ausgelöst? Was löst die Reaktion der Gruppe beim Spieler aus?

»Das musikalische Portrait« wird vor allem spannend, wenn sich die Gruppenmitglieder schon eine Weile kennenlernen und beobachten konnten. Ein Teilnehmer wird dabei von einem anderen – oder noch facettenreicher – von mehreren musikalisch dargestellt. Welches Instrument oder welche Instrumente passen zu ihm? Welche klanglich-rythmische Gestalt entsteht angesichts seiner Person? Und wie erlebt er dann selbst seine Portraitierung? Welche Gefühle löst sie in ihm aus?

Die Gefühle eines einzelnen Gruppenmitgliedes, wenn sie diesen tief bewegen und erschüttern, rühren häufig dieselbe Thematik in den anderen Teilnehmern an. Wenn eine abgespaltene und unverarbeitete Trauer ins Bewußtsein eintritt, erwacht in der menschlichen Seele seit alters her der Wunsch zu klagen und diese Klage zu gestalten. Eine Stimm-Improvisation formt sich dann vielleicht zum Klagelied, welches von einigen anderen oder der ganzen Gruppe mit dem Trauernden zusammen entwickelt wird. Dies ist eine natürliche menschliche Verhaltensweise, die heute leider nur noch in wenigen, möglicherweise aussterbenden Kulturen gebräuchlich ist. Die Gemeinschaft trägt den einzelnen (musikalisch) mit, er findet Halt und Geborgenheit gerade in einer Krisensituation, indem er mit *dem* angenommen wird, was er einbringt.

Für die Erforschung des Nähe-Distanz-Verhaltens ist der spontan improvisierte musikalische Dialog zwischen zwei Partnern sehr gut geeignet. Er führt oft zu einer intensiven Begegnung mit dem eigenen Beziehungsverhalten, vielleicht am intensivsten, wenn er auf *einem* Instrument stattfindet, sei es Klavier, Trommel oder Xylophon. Wenn dies ein Zuviel an Nähe bedeutet, kann die Kommunikation aber auch quer durch den Raum passieren, jeder spielt auf einem Instrument seiner Wahl. Das Spektrum reicht also von »weit entfernt« und »jeder auf seinem Instrument spielend« bis hin zur Begegnung auf einem Instrument. Sehr plastisch erscheinen die verschiedenen Begegnungsmöglichkeiten beim sogenannten »Paukenpartnerspiel«[3]. Der Therapeut stellt eine Pauke (eine Tschembe oder andere große Trommel tut es auch) und zwei Hocker so auf, daß zwei Spieler sich gegenüber sitzen, zwischen ihnen ein rundes Areal aus gespannter tönender Tierhaut. Auf dieser Haut begegnen sie sich, tasten die Hände, jeder in seiner Ecke. Oder jeder in seiner Hälfte bis zu einer wie tabuisierten imaginären Grenze, die nicht überschritten werden darf – es sei denn, einer riskiert den Übergriff, die Begegnung, die Berührung. Oder die Hände tanzen umeinander herum, erobern spielerisch den Raum des anderen um ihn wieder zu verlassen...

In der Freiheit des Spiels kann das eigene Gebundensein an bestimmte Muster des Erlebens und Handelns erfahren werden – und seine *Wandlung* im Spiel. Ein wichtiger Aspekt der freien Improvisation ist ihr Prozeßcharakter. Ausdruck und Begegnung über Musik und Bewegung sind nie statisch, sondern immer prozessual und daher transformativ. Im authentischen und schöpferischen Handeln wandeln sich die Gefühle – oft absichtslos. Gerade das Nichtintentionale, das Nicht-Ausgerichtetsein auf Ziel und Zweck in einem Augenblick, wo der Mensch zu sich hinspürt, die eigene Wirklichkeit wahrnimmt, sich zu ihr bekennt, sein Erleben ausdrückt und gestaltet, ist das Heilsame und war für viele Künstler Triebfeder ihres schöpferischen Tuns.

Trauer wandelt sich in Wut, Wut bringt Lebendigkeit, erfüllte Lebendigkeit führt zu tiefem Frieden und innerer Ruhe, bis wieder etwas in Bewegung kommt... Das Lebendige steht nie still. Immer wieder gilt es, Veränderung zu riskieren, sonst drohen Erstarrung und Tod. Musik ist Ausdruck dieser universellen Lebensgesetzlichkeit, und in ihr kann diese in wunderbarer Weise erfahren werden. Musik bietet sich an als akustisches Symbol für elementare Erscheinungsformen des Seins. Das Wechselspiel konsonanter und dissonanter tonaler Konstellationen entspricht dem ewigen Balanceakt von Chaos und Ordnung, Entspannung und Spannung im Lebensprozeß. Der Mensch lernt im spielerischen Erleben, sich diesem Prozeß anzuvertrauen, Vertrauen zu entwickeln, daß aus dem schöpferischen Chaos Ordnung wird, so daß man auch getrost das Umgekehrte wieder zulassen kann. Dann wird diese Ordnung nicht zum Gefängnis, sondern darf sich immer wieder auflösen, um neuen Ordnungsbildungen Platz zu machen. In den Worten von Gertrud Loos: »Improvisieren heißt, auch Unvollkommenes anzunehmen, nicht gleich korrigieren wie in der Schule, nicht entschuldigen. Wer sagt eigentlich, daß immer alles schön sein soll? Einfach so lassen, es verweht. Das ist die Chance, die Gnade, der Spaß: jeder Sekunde folgt eine neue, frische, noch unbetretene Sekunde, die sich füllen wird mit deinem Ton.«[4]

Ein anderer bekannter Musiktherapeut, Fritz Hegi, nennt Improvisation »...das Experiment, sich auf eine Form des menschlichen Ausdrucks einzulassen, welche der vorhandenen Situation angemessen ist und diese erweitert.«[5] Auch ich verwende gern das Wort »Experiment« in der musiktherapeutischen Improvisation, weil man in jedem Fall hinterher klüger ist. Man nähert sich einem Phänomen, einem Gefühl an, es tritt in das Wahrnehmungsfeld und durch den Prozeßcharakter des improvisierten Musizierens kommt es zu spontanen Entwicklungen, die Möglichkeiten aufzeigen – oder es wird deutlich, daß und wo etwas festhakt.

Musizieren und Singen bieten dem Menschen Möglichkeiten an, sich mit sich und der Welt eins zu fühlen. Im Zusammenklang mit anderen kann der Mensch sich als sinnvoller Teil eines Ganzen und als das Ganze selbst erleben. Die Möglichkeit, Gefühle von Abgespaltenheit, Entfremdung und Einsamkeit im Kosmos zu überwinden, legt die Verbindung von Musik und Heilung, sowohl im therapeutischen als auch im spirituellen Sinne, nahe. Diese wird in der Wortwurzel »med« und deren semantischem Bedeutungsfeld klar: »medium = Mitte, medicus = heilsam, meditari = geistig ermessen«. Arzt und Medikament verbinden sich dabei mit Meditation und Mitte. Die tiefere Bedeutung mag in einem Sich-zur-Mitte-sammeln liegen, welches sowohl ein Zentrieren als auch ein Loslassen beinhaltet.

Wenn man den Ausdruck spontaner Impulse und ihre Gestaltung in Bewegung, Klang, Rhythmus, Melodie zuläßt, dann manifestieren sich darin auch unbekannte oder vergessene seelische Wirklichkeiten und Befindlichkeiten. Unbewußte Aspekte präpersonaler, personaler und transpersonaler Existenz werden

aktualisiert, vergegenwärtigt, können lebendig und bewußt-
seinsfähig werden, wenn ich sie anzunehmen und anzuerkennen
bereit bin und lerne, liebevoll mit ihnen umzugehen. Die Integration oder Reintegration dieser Aspekte ist der Weg zur Entfaltung und Verwirklichung des Selbst als Ganzes, ist der Weg zur
Kraft der Mitte und Quelle der Heilung.

6. Methodik und Improvisation in der Praxis

In der Praxis orientieren wir uns immer am Einzelschicksal. In den vorherigen Kapiteln hatte ich verschiedene methodische Ansätze in der Musiktherapie beschrieben, rezeptive und aktive. Selbst wenn sich daraus der Eindruck einer relativ festgelegten Methode ergeben sollte, müßte diese sich immer noch an den Bedürfnissen der Situation orientieren. Zugespitzt formuliert, müßte man eigentlich für jeden Patienten eine diesem gemäße Methode entwickeln. Je mehr Erfahrung man mit dieser Arbeit hat, desto eher kann es in der Tat darauf hinauslaufen. Ich meine, zumindest sollte man versuchen, jede Situation – ob in der Gruppe oder beim einzelnen – als solche erst einmal anzunehmen und in einer ihr gemäßen Weise darauf zu antworten.

In der Klinik, beispielsweise, kam eine Frau jeden Morgen in die Gruppe und war »zu müde, um mitzumachen«. Die ersten Male versuchte ich, sie freundlich zu überreden, es doch zu probieren – mit dem Erfolg, daß sie weiterhin müde blieb und mit nur einem Hauch von Anwesenheit jede wirkliche Selbstbegegnung vermied. Zu Beginn der fünften Sitzung schließlich nahm ich zwei Decken, baute ihr ein Bett und lud sie ein, dort zu schlafen, bis sie Lust bekäme, mitzumachen. Nach fünf Minuten war sie »ausgeschlafen«, und zwar für den Rest unserer therapeutischen Zusammenarbeit. Sie stieg danach intensiv in den therapeutischen Prozeß ein. Damals begriff ich, daß es nur des Annehmens ihrer Müdigkeit bedurfte, damit sie diese loslassen konnte.

In einer situationsadäquaten Musiktherapie läuft es auf ein Spiel mit dem methodischen Repertoire dieses Verfahrens hinaus, das dem Prozeß entsprechend ausgewählt und modifiziert wird, und damit letztlich auch auf: Improvisation, da im therapeutischen Prozeß immer wieder Unerwartetes und Unvorhersehbares in den Wahrnehmungsbereich tritt. Spontaneität ist eine natürliche Komponente zwischenmenschlicher Begegnung, die aber oftmals erst wieder freigelegt werden muß, wenn sie unter einem System von Kontrolle und Absicherung verschüttet ist.

Hier sind wir an den Grenzen abstrakter Beschreibung ange-
langt. Weiterführen können uns jetzt vielleicht Beispiele aus
konkreten Situationen mit einzelnen Menschen. Der Weg zu
Selbstfindung und -verwirklichung verläuft bei jedem anders.
Auf der Basis bestimmter Grundmuster entfaltet sich eine große
Vielzahl von individuellen Spielarten des Reifungsprozesses und
ebenso zahlreiche Möglichkeiten der Krise, ihrer Bewältigung
oder Verleugnung. Durch schicksalhafte Geburt in eine bestimmte Grundsituation entwickeln sich die Anlagen unter den
gegebenen Bedingungen. Diese persönliche Situation offenbart
sich vor allem in der ersten Phase des Therapieprozesses, der
stark explorativ-diagnostische Anteile hat. Sowohl durch die Erlebnisse, durch innere Bilder und Phantasien beim Hören musikalischer Ereignisse als auch durch den spontanen Ausdruck unter den verschiedensten Bedingungen freier Improvisation teilt
sich der Patient in symbolischer Form mit.

Diese Symbolsprache kann ein Verhaltensmuster im gemeinsamen Improvisieren sein, wie es am Beispiel von *Johannes*, einem
dreißigjährigen Mann[1], deutlich wird. Sein hervorstechendstes
Symptom war, daß er sich fesselte, zum Teil in lebensbedrohlicher
Weise mit Stromkabeln, um in sexuelle Erregungszustände zu
gelangen. Diese Fesselthematik wiederholte sich in der musiktherapeutischen Intervention dergestalt, daß er mir beim Musizieren kaum Spielraum ließ. Sobald ich etwas lauter, schneller
oder irgendwie dynamischer spielte als er, brach er den Dialog
ab. Dieses Verhalten bewirkte, daß allmählich *ich* das Gefühl
bekam, »gefesselt« zu sein. Wann immer, nach langem Warten,
aus seinem Tasten und Abbrechen ein musikalisches Ereignis
wurde, auf das ich reagieren konnte, mußte ich sehr aufpassen,
daß mein Spiel immer etwas langsamer, leiser oder sonstwie
»weniger« war als das seine. Andernfalls fühlte er sich über-
rannt, war ärgerlich, traurig, verzweifelt – und brach das Spiel
ab. Bald fühlte *ich* mich hilflos, ohnmächtig-wütend mit dem
Kernsatz: Was immer ich auch tue, es ist falsch. Damit hatte sich
seine Kindheits-Situation in mir konstelliert. So hatte er sich
gegenüber seinen ersten Bezugspersonen gefühlt. Das Beispiel
zeigt die aufdeckenden Aspekte der freien musikalischen Impro-

visation in einer Einzel-Musiktherapie. Indem der Musiktherapeut beim Spielen auf seine Gefühle achtet und gleichzeitig die gemeinsame Inszenierung wach beobachtet, reflektiert und mit dem Patienten bespricht, können die grundlegenden Beziehungsmuster des Patienten deutlich werden. Daraus ergeben sich dann die weiteren therapeutischen Aktivitäten.

Wertvolle Hinweise kann man als Musiktherapeut auch durch rezeptive Elemente erhalten. Dies kann sich auf die Lieblingsmusik des Patienten beziehen[2] oder seine Reaktion auf bestimmte Musik. Vor allem aber eröffnen einfache Klang-Rhythmus-Strukturen, die monotonal oder repetitiv über längere Zeit hinweg gespielt werden, den Zugang zum Unbewußten; sie aktivieren Themen, die dort schon oft an der Pforte lauern. So erlebte eine Patientin im Klang des Monochordes, daß sie immer zu wenig Schutz bekommen hatte und sich dadurch immer ungeschützt fühlte, was zu multiplen Ängsten führte. Sie konnte sich daraufhin ein großes Bedürfnis nach Schutz und Geborgensein zugestehen. Eine andere Frau spürte sofort, daß sie sich dem Klang gar nicht hingeben konnte, aus Angst, manipuliert und überwältigt zu werden. Sie brauchte zunächst eine Phase aktiven musikalischen Ausdrucks, in dem sie mitbestimmen und kontrollieren konnte, bevor in ihr genügend Vertrauen gewachsen war, um es wieder einmal mit der Hingabe zu versuchen.

Die aktiven musiktherapeutischen Elemente ermöglichen auf der Handlungsebene Beziehungsgestaltung und den Ausdruck der Gefühle. Die Verhältnisse der ganz frühen Kindheit und die vorsprachlichen Schichten im Menschen werden dabei ebenso berührt wie die im Verlauf der kindlichen Biographie sehr wesentliche Beziehung zum Spiel, zum kreativen Ausdruck des Inneren und überhaupt zum Kindsein – und das heißt eben auch zum inneren Kind im Erwachsenen. Diese Thematik war von großer Bedeutung im Rahmen einer Einzel-Musiktherapie mit *Judith*, die mit 29 Jahren wegen einer Bulimie (Eßbrechsucht) zu mir in die Musiktherapie kam. Die bulimische Symptomatik hat viel zu tun mit dem Hunger nach Lebendigkeit, Ausdruck und Resonanz[3]. Instrumentaler Ausdruck und Kontakt werden als »gute Nahrung« für diese Bedürfnisse empfunden. Musiktherapeuten können hier Zuwendung geben, indem sie versuchen, musikalisch zu halten, zu wiegen, zu trösten, durch eine achtsame Präsenz frühkindliche Verlassenheit und Trennungsangst zu kompensieren. Erst dies ermöglicht allmählich die Trauerarbeit, die Wahrnehmung und den Ausdruck von Schmerz, Angst und Wut. Im weiteren Verlauf des Therapieprozesses wird die Individuation noch einmal in einem entwicklungspsychologisch organischen Wachstumsprozeß dadurch gestützt, daß diese Gefühle zunehmend gestaltet und sorgfältig besprochen werden.

Judith erlebte direkt nach der Geburt (wegen Verdachts auf eine Infektion) die Trennung von der Mutter und ihre Isolierung auf einer Quarantäne-Station. Verlassenheits- und Trennungsängste waren die Folge, und so entwickelte sich eine Angst vor Nähe, die sie aber gleichzeitig ersehnte und – wenn sie die empfundene Lücke nicht mit Essen stopfte – immer wieder herzustellen versuchte. Durch einen sehr hohen intellektuellen Standard beider Elternteile bildete sich ein übergroßer Leistungsanspruch, mit dem sie sich ständig überfordert, wenn sie etwas durchhalten und erreichen will, was nicht erreichbar ist. Bereits in den ersten Stunden kristallisierte sich ihre extreme Leistungsorientiertheit als ein Kernproblem heraus. Ohne Leistung wird sie nicht gemocht. Sie möchte lernen zu spielen und damit nährende Lebendigkeit integrieren. Auch beim Erwachsenen kann eine solche Leistungsfixiertheit am ehesten durch spielerische Elemente im therapeutischen Setting ausgeglichen werden. Wenn Regel und Maß in »kindgemäßer« Form nachträglich integriert werden können, wenn so ein Gefühl für *eigene* angemessene Regeln und eigenes adäquates Maß nachreift, können die Gründe für die Eßstörungen allmählich wegfallen.

Bereits nach der ersten gemeinsamen Improvisation (sie sprach hinterher von einem »Dialog«) spürte sie in sich »ganz viel Lebendigkeit« und äußerte den Wunsch, diese ausdrücken. Wir gingen also an den Korb, in dem diverse Rhythmusinstrumente liegen, und alsbald hob ein Rasseln, Scheppern und Klappern an, daß es klang wie tiefster Dschungel und Zikadenfeld gleichzeitig. Judith strahlte. Sie fühlte sich rundherum zufrieden.

»Das nährt«, sagte sie und legte ihre Hand auf den Bauch. »Es tut gut, einfach mal so loszumachen.« Sie sei als Kind schon wie eine Erwachsene behandelt worden, hätte nie ausgelassen sein oder einfach mal »blöde« Sachen machen dürfen. Im weiteren Verlauf der Therapie wurde Judith immer deutlicher bewußt, daß sie sich »den Mund stopft«, wo es sie eigentlich nach Nähe und Beziehung verlangt. Im musikalischen Dialog fiel es ihr jedoch lange Zeit schwer, diese Beziehung herzustellen. Immer wieder verkrampfte sie sich, suchte Kompliziertheiten, in denen sie sich verfing, und entwertete dann ihr eigenes Spiel. Wenn sie es dagegen schaffte, einfach zu bleiben und mit mir in eine gemeinsame Schwingung einzumünden, dann gab es eine Stimme in ihr, die sagte: »Das ist zu einfach!« Die intellektuelle Erziehung meldete sich zu Wort und versuchte, die emotional spielende Judith abzuwerten. Mit der Zeit wurde jedoch deutlich, daß sie im arhythmischen und chaotischen Spiel ein Gegengewicht zu ihren kontrollierenden Anteilen suchte. Eßstörungen drücken auch immer Mangel an Vertrauen in die nicht kontrollierbare Weisheit des Körpers aus. Wenn sie sich (meist am Klavier) »ausgetobt« hatte, konnte sie auf der Trommel einen einfachen klaren Rhythmus spielen. So wuchs das Vertrauen in die selbstregulierenden Kräfte in ihr.

Bei manchen Menschen werden die Instrumente zu einer Art »Orakel«. *Barbara* war 56 Jahre alt und litt unter schweren Depressionen. Sie kam oft mit einer Frage. Ich lud sie dann ein, Instrumente zu wählen, die zu dieser Frage irgendwie paßten, und sich ins Spiel zu vertiefen. Dabei geriet sie immer wieder in Szenen aus ihrer Lebensgeschichte, aus denen heraus die Frage sinnvoll wurde. Einmal erzählte sie einen Traum: In der ersten Szene kommt ein zwei Meter großer vorgesetzter Mitarbeiter und stellt sie vor allen bloß wegen eines Fehlers, den sie angeblich gemacht hat. In der zweiten Szene kommt er mit einer Kaffeetasse in der Hand in ihr Arbeitszimmer, tut familiär und will mit ihr unter vier Augen reden, was sie komisch findet. Der Traum berührte sie sehr, aber sie konnte sich nichts darunter vorstellen. Ich schlug ihr vor, die emotionale Atmosphäre in diesem Traum musikalisch zu gestalten. Sie nahm einen kleinen

Gong und eine große Trommel, spielte zunächst abwechselnd, dann lange und mit geschlossenen Augen auf dem Gong. Weinend hörte sie auf. Die letzte Begegnung mit ihrem Vater vor dessen Tod, längst vergessen, war bildlich vor ihrem inneren Auge aufgetaucht. Damals hatte er noch einmal seine hohen moralische Erwartungen an sie definiert. Ansonsten war er aber selten da. Sie spürte eine große Überforderung, sackte körperlich zusammen mit Enge und Schmerzen im Herzbereich. Wir arbeiteten heraus, daß der »große Vater« sie mit seinen Über-Forderungen immer wieder ins Scheitern rennen läßt. Sie kann nie gut genug sein und darf keine Fehler machen. Und er ist immer »da oben« und nicht hilfreich präsent.

Während dieses Gesprächs begann sie plötzlich unwillkürlich auf die große Trommel, die vor ihr stand, einzuschlagen – so, wie wenn man beim Reden auf den Tisch haut, um etwas zu betonen. Schnell rutschte ich zu ihr an die Trommel und stieg darauf ein. Ohne Absprache wurden Ärger und Wut zum Thema. Es entspann sich ein heftiger Dialog, an dessen Höhepunkt ich provokativ die Trommel zu mir herüberzog. Sie stutzte, machte eine Geste zwischen Stolz und Resignation (so wie: »Über so etwas bin ich erhaben«), konnte sich in dieser Anfangsphase der Therapie aber nicht wehren und überließ mir meine Trophäe. Aggressive Impulse waren bereits im Ansatz blockiert durch die hohe moralische Erwartung an ihre Person als Tochter. Daraus resultierte eine Tendenz, sich am Arbeitsplatz, aber auch privat von anderen überfordern und vereinnahmen zu lassen, sich ihre Zeit dadurch wegnehmen zu lassen, daß sie sich überschüssige Arbeit aufhalsen oder mit Krankengeschichten anderer, die sie gar nicht hören wollte, überschwemmen ließ – bis zum nächsten Zusammenbruch mit schweren Depressionen und Klinikaufenthalten. Für die hohen ideellen Ansprüche aber fehlte die Basis. Als fünftes, nicht gewünschtes, sondern mehr belastendes Kind in Kriegszeiten erfuhr sie »eine korrekte, aber wenig liebevolle Behandlung seitens der Mutter«. Ihre an sich lebhafte Art wurde dadurch weitgehend unterdrückt. In dem Maße, wie sie ihre blockierten Gefühle, Wut, Trauer, aber auch Lebensfreude, musikalisch auszudrük-

146

ken lernte, fand sie mehr und mehr Anschluß an ihre Lebendigkeit. Die depressive Grundstimmung löste sich durch den musikalischen Ausdruck und die damit verknüpften Erkenntnisse zunehmend auf. Barbara wurde heiter und hatte Spaß daran, mit mir wild und neckisch zu improvisieren.

Eine Art »vornehmer Harmonie«, die weitgehende Tabuisierung von Reibung und Dissonanz mit der Umgebung, ist ein häufiges Thema, welches natürlich gerade im musikalischen Verhalten sehr leicht spürbar und erkennbar werden kann. Ein gutes Beispiel dafür, wie das Unbewußte erfolgreich die Absichten des Bewußtseins durchkreuzen kann, ist die folgende Szene aus einer musiktherapeutischen Selbsterfahrungsgruppe. Das Erscheinungsbild von *Angelika*, einer etwa 60jährigen Dame, war zart und ebenso auch ihre Art, sich zu äußern. Sie litt ständig unter den in ihrer Wahrnehmung zu lauten und chaotischen Phasen in den Gruppenimprovisationen. Das Lachen eines Gruppenmitglieds über die Wutäußerung einer Frau hatte einige sehr gereizt und provoziert; »Wut ausdrücken« wurde zum Gruppenthema und zum Thema der nächsten freien Improvisation. Alle machten mit – außer Angelika. Sie saß in der äußersten Ecke des Raumes und hielt sich die Ohren zu. Die Improvisation war zu Ende und wurde besprochen An der Besprechung beteiligte sie sich auch nicht. Dieses Zeichen der Isolierung und Abspaltung aus dem Ganzen der Gruppe veranlaßte mich, von der Beobachtung zum Handeln überzugehen. Ich lud sie ein, nun ihrerseits einmal zu inszenieren, wie es ihr ums Herz sei. Sie könne dabei über alle Gruppenmitglieder verfügen, die dazu bereit seien. Sie wählte daraufhin einige aus und verteilte Instrumente. Anna erhielt ein pentatonisches Röhrenglockenspiel, Bernd eine Leier (in der C-Dur-Tonleiter gestimmt), Christian und Dietlind jeweils die Halbton-Pentatonik eines Xylophons und Metallophons, Eberhard eine Querflöte und Frederike eine Minitrommel. Ich fragte Angelika noch einmal ausdrücklich, ob sie Halbton- und Ganzton-Pentatonik mischen wolle, was sie von ihrer musikalischen Bildung her hätte verstehen müssen. Sie aber überlegte nicht lange und meinte, es sei so alles in Ordnung. Die Improvisation begann, und Angelika wurde sichtlich irritierter. Anna und Bernd auf der einen Seite sowie Christian und Dietlind auf der anderen Seite paßten jeweils wunderbar zusammen, alle miteinander hatten sie jedoch nicht einen gemeinsamen Ton. So entstand, aufgrund der Reibung der Halbtonintervalle, grellste Dissonanz. Eberhard saß mit der Flöte zwischen allen Stühlen und spielte mal bei den »Ganztönern«, mal bei den »Halbtönern« mit. Frederike trommelte leise vor sich hin. Ratlos klang das Spiel aus.

Das klärende Gespräch begann mit der Äußerung Angelikas, sie sei mit dem Ergebnis überhaupt nicht zufrieden. Es habe irgendwie alles nicht zusammengepaßt. Als sich die Sache aufklärte, war sie emotional sehr betroffen darüber, was sie da inszeniert hatte. Die musikalische Gestalt machte ihr den eigenen ungelebten Drang nach Reibung und Dissonanz bewußt, Eigenschaften, die bisher von ihrem Bewußtsein nicht zugelassen worden waren und sich nun über das Unbewußte ihren Weg gebahnt hatten. Die Szene war ihr insofern bekannt, als in ihrem Leben häufig dann, wenn sie alles richtig schön und harmonisch arrangieren wollte, auf unerklärliche Weise Ereignisse eintrafen, die diese Harmonie beeinträchtigten oder zerstörten. Nach dieser Erfahrung spürte sie den Wunsch, ihr »disharmonisches« Klangarrangement noch einmal kräftig ertönen zu lassen.

Wie wir bisher gesehen haben, fließen aktive und rezeptive Elemente in der methodisch improvisierten Praxis der Musiktherapie zusammen, indem sie je nach Situation gewünscht oder angeboten werden. Der Therapeut stellt durch Einfühlung und Erfahrung fest, ob der Wunsch eines Patienten, daß beispielsweise andere etwas für ihn spielen, angemessen, ein echtes Bedürfnis ist, oder ob er damit dem eigenen Ausdruck ausweicht. Braucht der Mensch jetzt gerade Stützung oder Herausforderung?

Für *Ingrid*, eine 35jährige Frau, die mit Ängsten und Schlafstörungen zu mir kam, war es einfach zu bedrohlich, daß ich ihr gegenüber an der großen Trommel saß. Sie wußte bereits aus einer Gesprächstherapie, daß sie die Wut auf ihre sie vernachlässigende und ständig abwertende Mutter nicht spüren konnte. Nur nützte ihr dieses Wissen nicht viel. Es war in ihrem Verstand

148

präsent, nicht aber in Körper und Seele. Sie hing an diesem Punkt fest und konnte weiterhin nicht schlafen. Ihre Angst davor, diese Wut zu zeigen, war immens, weil sie für heftige Gefühlsausbrüche immer schwer bestraft worden war. Sie wurde in einen dunklen Raum eingesperrt, wo sie sich sehr fürchtete. Diese Furcht blockierte den Ausdruck von Wut, starken Gefühlen und Vitalität überhaupt. Dabei erlebte ich mich auf einer Gratwanderung zwischen stützendem und herausforderndem Verhalten. Als ich merkte, daß sie sich von mir als Gegenüber immer mehr zurückzog, nahm ich meinen Hocker und setzte mich neben sie. So trommelten wir in eine Richtung, verbündet gegen eine gemeinsame Gefahr: die Angst vor dem dunklen Raum. Weil ich meine Kraft dazugab, konnte sie sich aus ihrer Ecke wagen und selbst stark werden, laut und deutlich *sich* spielen und spüren. Sie ließ in dieser Szene erstmals ein Stück von der festsitzenden Wut los, was sie als sehr befreiend erlebte. Meine solidarische Haltung und die Enttabuisierung des lautstarken Gefühlsausdrucks gaben ihr die Möglichkeit, sich auf ihre eigenen Kräfte zu besinnen und diese für ihren Gesundungsprozeß einzusetzen.

Neben einfühlsamem, unterstützendem Begleiten scheint mir manchmal auch ein provokatives Vorgehen der Situation angemessen zu sein. Dabei mache ich mich in gewisser Weise zum Anwalt der verleugneten Teile eines anderen Menschen, indem *ich* diese in mir spüre und ausdrücke, ohne dabei die erforderliche therapeutische Abstinenz und den Überblick aufzugeben. So spielte ich einmal in das harmonisierende Geklimper eines die Selbsterfahrung strikt vermeidenden Patienten schräge Töne so sekkant hinein, daß dieser daraufhin erstmals eine gefühlsmäßige Reaktion zeigte. Er wurde spürbar ärgerlich auf mich. Ich machte diesen Ärger sofort zum gemeinsamen musikalischen Thema. Im Spiel steigerte sich dieser Ärger zu einer handfesten Wut, und sehr bald merkte er, daß diese Wut im Grunde nicht mir galt, sondern seinem Vater. Dies wurde dann zum ersten Thema unserer therapeutischen Arbeit.

Es geht hierbei nicht um Manipulation. Ich versuche dem Patienten zu vermitteln, daß sein Emotionen vermeidendes Spiel bei mir (als exemplarischem Gegenüber) durchaus eine gefühlsmäßige Reaktion hervorruft, daß er also die emotionale Ebene auf diese Weise nicht loswird. Dann können wir miteinander klären, ob er solche Reaktionen vom Alltag her kennt, ob es sein kann, daß andere des öfteren seinen eigenen Ärger ihm gegenüber zum Ausdruck bringen. Es geht also um ein gefühlsmäßiges Beteiligtsein im Spiel, damit der eigentliche emotionale Zustand aufgedeckt und bearbeitet werden kann.

Derartige Provokationen erlaubt am ehesten die Spielebene, wo »als ob« und »echt« eng beieinanderliegen, wo sich solche Grenzgänge aber eben spielerisch gestalten können. Auf der Gesprächsebene gibt es dann die Möglichkeit, die Choreographie des nonverbalen Dialoges zu beschreiben und mit dem alltäglichen Beziehungsgeschehen zu vergleichen. Außerdem kann man weitere musikalische Aktionen vereinbaren. Die Bearbeitung von Konflikten kann auch in der Musik selbst stattfinden. Die entsprechenden Gefühle auszudrücken, muß oft mühsam wiedererlernt – und das heißt eben auch »geübt« – werden.

Alle diese kurzen Beispiele aus der musiktherapeutischen Praxis sollen zeigen, daß es nicht um eine festgelegte Methode geht, sondern für jeden Menschen ein individueller Zugang zum Beziehungsereignis über das Medium Musik gefunden werden muß. Die Trennung in rezeptive und aktive Musiktherapie und das Erlernen spezifischer Methoden ist in der Ausbildung und für eine Theoriebildung zwar sinnvoll, in der Praxis der Heil-Kunst gilt es jedoch, zu improvisieren und in der konkreten Situation des gemeinsam erlebten Geschehens den einzelnen Menschen zur Mitteilung wesentlicher Erfahrungen zu ermutigen.

7. Der Prozeß:
Erleben – Erkennen – Üben – Wandeln

Bei aller Verschiedenheit der Verläufe im musiktherapeutischen Prozeß läßt sich dennoch eine innere Ordnung finden, wenn man die Entwicklungsphasen näher betrachtet. Ein Muster, dem ich sowohl im Ganzen des Prozesses als auch in seinen Teilen immer wieder begegnet bin. umfaßt die vier in der Überschrift genannten Aspekte[1], die ich nun näher erläutern möchte.

Erleben

Wie schon des öfteren betont, geht es in der Musiktherapie nicht um den funktionellen Einsatz von Musik, sondern vielmehr um die Begleitung in einem *Erlebnisraum*, in dem sich die Persönlichkeit als Ganzes spürend erforschen und ausdrücken kann. Wenn dieser Erlebnisraum im Rahmen eines therapeutischen oder Selbsterfahrungs-Settings auch als geschützter Raum angenommen wird, können eigene Schutz- und Kontrollmechanismen reduziert und die dadurch gebundenen Kräfte befreit werden. Der Mensch kann sich für die Wahrnehmung bisher nicht zugänglicher Bereiche der Wirklichkeit öffnen. Worte werden bedeutsamer, Körper und Atem, Farben und Klänge, die ganze Qualität von Wahrnehmung und Erleben wird intensiviert. Dies kann verschüttete Lustgefühle wecken, aber auch traumatische Gefühle von Scham, Schuld und Angst mobilisieren. Aufgabe des Therapeuten ist die einfühlsame Begleitung solchen Erlebens.

Erleben bedeutet wortwörtlich das Er-leben oder Wiedererleben neuer oder unbekannter Aspekte meiner selbst, die lebendige Begegnung mit unbewußten, verdrängten, abgespaltenen Teilen meiner Persönlichkeit. Es kann einen Menschen tief berühren bis erschüttern, wenn er dem begegnet, was sonst nicht mitleben durfte, was auf der Schattenseite seines Lebens hun-

151

gerte und sich sehnte, was vielleicht darüber in Trauer oder Wut geriet, oder was Wut und Trauer war und es nie sein durfte. Im Erleben tritt es ins Licht des Bewußtseins, wird lebendig, und seine Existenz kann nicht länger verleugnet werden. Hier beginnt bereits der Erkenntnisprozeß.

Erkennen

Erleben und Erkennen können eins sein oder sich zeitlich nacheinander ereignen. Die Erkenntnisebene beim Menschen ist nicht allein der Verbalisierungsmöglichkeit oder dem Bewußtsein vorbehalten. Im Unbewußten findet dauernd Wahrnehmung und deren Verarbeitung statt. Es kann gar nicht alles dem Bewußtsein zugänglich werden. Unvorstellbar, sich mit dem Auto durch eine Großstadt zu bewegen und alles mit dem Bewußtsein zu kontrollieren. Man muß darauf vertrauen, daß hier Bewußtes und Unbewußtes sinnvoll kooperieren. In Grenzsituationen des Straßenverkehrs zum Beispiel wird es uns Heutigen vielleicht am klarsten: Erkennen und Reagieren findet in Bruchteilen von Sekunden statt, und oft wird uns erst hinterher bewußt, wie intelligent wir – zumindest im günstigen Fall – gehandelt haben.

Bei der Musiktherapie mit nicht sprachfähigen, beispielsweise hirnverletzten oder schwer geistig behinderten Menschen, kann man manchmal nur darauf setzen, daß die Beziehung über die musikalische Kommunikation wirkt – in Verbindung mit Körperkontakt und der ganzen Art und Weise der eigenen Anwesenheit. Wieviel an Veränderung dabei vom Patienten durch bewußtes Erkennen gesteuert wird und wieviel Lernprozeß unbewußt stattfindet, läßt sich nur vermuten.

Erkennen findet nicht nur im Gehirn statt, sondern in jedem Körperteil, im Atmen, im Hören oder Spielen. Der Wechsel auf die verbale Ebene kann ein Ausstieg aus dem Erleben bedeuten, wenn dieses zu bedrohlich wird. Wenn dieser Wechsel jedoch organisch geschieht, wenn ein Moment der Besinnung und des Austausches angemessen genutzt wird, dann kann das im Erleben Erkannte den Transformationsprozeß der sprachlichen Formulierung durchlaufen. Dabei geht wohl unterwegs einiges verloren, aber dafür bringt es häufig auch Tiefenschärfe und Konkretisierung mit sich und erleichtert damit die Übersetzung in die Alltagswirklichkeit. Nicht selten ist es sogar erst der sprachliche Erfahrungsaustausch, der die wesentlichen Ereignisse der Erlebensphase zutage fördert. Indem man sich gegenseitig schildert, wie man sich und den anderen erlebt hat, sammeln sich in der therapeutischen Beziehung, besonders in der Gruppe, eine Fülle von Wahrnehmungen, die manchen Aspekt in Erscheinung treten lassen, den der Betreffende selbst, ins Tun vertieft, gar nicht bemerkt hat. Gefühle werden benannt, die eines genaueren Hinspürens bedürfen, Mißverständnisse, die auf der ungewohnten nonverbalen Aktionsebene auftauchen, können geklärt werden. Und aus dem Gespräch ergibt sich oft, wie es weiter geht, welche Themen oder welche Aspekte eines Themas im Augenblick gerade akut sind.

Die Erlebnisse auf der musikalischen Symbolebene führen also direkt oder im anschließenden Gespräch zu Einsichten in persönliche Lebensmuster, in beglückende oder leidverursachende grundlegende Erfahrungen, zu Erkenntnissen über den Grad der Fähigkeit, mit sich selbst und anderen in befriedigender Weise in Kontakt zu sein, sowie zu Einblicken in bislang unbekannte innere Regionen und schöpferische Potentiale.

Üben

Das Wort »Üben« kennen viele Menschen ausschließlich in Verbindung mit von außen geforderten Leistungen, mit Vorgaben, die nicht unbedingt etwas mit ihnen selbst zu tun haben müssen oder gar den eigenen Entwicklungsprozeß meinen. Deshalb haben manche, besonders tiefenpsychologisch orientierte, Therapeuten Schwierigkeiten mit dem Begriff und ordnen ihn eher verhaltenstherapeutischen Ansätzen zu. Letztlich aber »übt« natürlich auch der klassische Psychoanalytiker mit seinem Patienten: aussprechen, was einem einfällt, Träume erinnern usw. Und der Patient in der Musiktherapie »übt« in der Anfangsphase, sich überhaupt auf den Gefühlsausdruck im musikalischen Handeln und Erleben einzulassen.

Wenn man jedoch den eigentlich Sinn von »Üben« wieder heranzieht, bedeutet dieses alte deutsche Wort ursprünglich soviel wie »bebauen, hegen, pflegen, ins Werk setzen und beständig gebrauchen«[2]. Dies erinnert an das lateinische »cultura«, dessen Sinn im ersten Kapitel bereits in Zusammenhang mit Musik und Gesundheit gebracht wurde. Man sagt im Deutschen auch beispielsweise »ich übe mich in Geduld« und meint damit die aktive Pflege und Kultivierung einer seelischen Qualität, also quasi einen hygienischen Umgang damit, um eine psychische Verwilderung zu verhindern.

Für den musiktherapeutischen Prozeß wird »Üben« in der Phase bedeutsam, in der Neuland betreten wird, in der in achtsamer Weise neue Möglichkeiten des Handelns im geschützten Rahmen des Mediums Musik erprobt werden. Einen solchen Schritt wagt der Mensch erst, wenn er erlebt und erkannt hat, das bestimmte alte Denk- und Verhaltensmuster Leid und Beschränkung bei der Entfaltung der Persönlichkeit verursachen. Hier ist wieder die empathische und verläßliche Begleitung des Therapeuten wesentlich, denn auf diesem Gebiet kennt man sich nicht gut aus, man ist unsicher und ungeübt. Manche Teile des Selbst werden als zu wenig oder gar nicht wirklich lebendig erkannt. Nur durch beständige, pflegliche Behandlung wachsen dann solche eher zarten Pflänzchen im therapeutischen Gewächshaus heran, bis sie genügend Kraft und Reife haben, sich auch draußen in der freien Natur, dem alltäglichen Leben, gegenüber der Unbill der Witterung zu behaupten.

Andere Worte für diese Art des Übens sind: Probehandeln, experimentelles Handeln, Experiment u. ä. Ich verwende sie meist synonym, um den gemeinten Sinn des *Übens* deutlich werden zu lassen und Ängsten vor Leistungserwartungen entgegenzuwirken. Es geht ja letztlich darum, sich im geschützten Rahmen so auszuprobieren, wie man es sich im Alltag sonst nicht getraut. Auf diese Weise wird der therapeutische Raum zum Spiel-Raum, zum Experimentierfeld, auf dem Kommunikation, Katharsis usw. erprobt und in schöpferischer Weise neue Möglichkeiten erforscht werden können.

Wandeln

Das Sicheinlassen auf die Erlebnisebene führt also unter Umständen zu Erkenntnissen, die im weiteren experimentellen Handeln umgesetzt werden und wiederum Erlebnisse und Erkenntnisse auslösen. Ist diese Spirale in Bewegung gesetzt, beginnt die Persönlichkeit, sich allmählich umzustrukturieren. Dies ist eine höchst sensible Phase. Alte Erlebens- und Verhaltensmuster, an die der Mensch gewöhnt war, stimmen plötzlich nicht mehr. Auch wenn sie Leid verursachten, machten sie doch einen bedeutenden Teil der Identität aus, und ihre Erschütterung führt nicht unbedingt gleich in Befreiungsjubel, sondern erst einmal in eine Krise. Solange die neuen Strukturen noch nicht ausgebildet, die neuen Gleise noch nicht eingefahren sind, ist der Mensch verunsichert und geschwächt.

Hier bedarf er in besonderer Weise eines geschützten Raumes. Der Transfer aus dem therapeutischen Schutzraum in die Alltagssituation erfordert große Achtsamkeit. Auch wenn die Therapien mit künstlerischen Medien immer wieder eng mit dem Erleben von Freude und der Entdeckung schöpferischer Potentiale einhergehen, sollte man sich nicht der Illusion hingeben, daß sie nicht auch leidvolle Erfahrungen und harte Arbeit an sich selbst beinhalten – auch und gerade über die Therapiestunde hinaus. Das Mißverständnis, daß die Wandlung überwiegend in der therapeutischen Situation selbst erfolgt, wird ersetzt durch die Einsicht, daß man selbst am meisten dazu tun muß. Was in der Therapie-Situation erfahren wurde, muß durch alltägliche Übung praktiziert und konkretisiert werden. So kann allmählich Wandlung und Entwicklung stattfinden.

8. Zur Haltung des Therapeuten und zu seiner Ausbildung

Die Voraussetzung für den Beruf eines Therapeuten, der mit künstlerischen Medien arbeitet, sind eigene Ambitionen in mindestens einem Bereich der Künste. Über therapeutische Selbsterfahrung im Rahmen einer Ausbildung wird dann gelernt, mit diesen im Prozeß der eigenen Persönlichkeitsentfaltung und bei der Krankenbehandlung umzugehen. Von einem Musiktherapeuten ist zu erwarten, daß er selbst auf dem Weg ist, sich über Musik immer besser ausdrücken zu können, damit er die klanglichen Äußerungen anderer Menschen verstehen und darauf reagieren kann. Musiktherapeuten sollten in der Welt der Musik selbstverständlich zuhause sein und beharrlich üben, ihr eigenes Sein in Musik auszudrücken.

Ein befreundeter Maler antwortete einmal auf meine Frage, wie er Kunst definiere: »Kunst ist: seinen Weg finden«. In künstlerischen Prozessen finden zumindest phasenweise tiefe Begegnungen mit sich selbst statt, die in diesen Momenten das ausmachen, was auch den Unterschied zwischen Kunst und Kunsthandwerk charakerisiert: ein über die technischen Fertigkeiten hinausgehendes und, ich gehe soweit zu sagen, auch unabhängig davon mögliches Ergriffensein. Der tiefere Sinn künstlerischen Handelns liegt in der Begegnung mit dem *Wesentlichen*. Übung ist der Weg, das, was einen ergreift, immer besser zum Ausdruck bringen zu können. Auch im therapeutischen Prozeß gibt es diese Momente des Ergriffenseins, wo der Patient (und mit ihm der Therapeut) intensiv im Kontakt mit sich ist. Dort kann er sich durch seine leidschaffenden Inszenierungen und Maskierungen durcharbeiten zum Eigentlichen, von da aus sein Leid als solches erleben und neu einschätzen, sich für einen Moment außerhalb seiner gewohnten Wirklichkeit erfahren, diese relativieren und zu wandeln suchen. Der Musiktherapeut ist insofern Künstler, als er gemeinsam mit seinen Patienten nach dem Wesentlichen und dessen Ausdruck forscht.

Das genaue methodische Vorgehen in der Begleitung eines solchen Prozesses ist eng mit der Persönlichkeit des Therapeuten verknüpft. Offene Aufnahmebereitschaft scheint mir eine gute Grundhaltung zu sein: nicht etwas mit dem Patienten *machen*, sondern ihm »Sein« ermöglichen; auf das horchen, was er fühlt, und ihn ermutigen, das auch auszudrücken; mit ihm im Dialog sein und die Erfahrungen austauschen. Als Musiktherapeut kann man ein relativ offenes Setting anbieten, mit einer Fülle von Ein- und Ausdrucksmöglichkeiten, ohne daß man die Methode wechseln muß. Musiktherapie ist ein integrationsfreudiges Verfahren, das vieles einschließt: Körperwahrnehmung, Atem, Bewegung und Tanz, innere Bilder, Rollenspiele, experimentelles Handeln, Übungen, das Sprechen darüber. Vieles hat Platz, wenn der Therapeut darauf vorbereitet und nicht monomethodisch eingeengt ist. Dann kann er dem Menschen einen sehr freien Rahmen zum Aufspüren des eigenen Weges, für Wandlung und Entwicklung zur Verfügung zu stellen.

Die Therapeutenrolle in der Musiktherapie ist geprägt durch die Spezifität des Mediums und der damit verknüpften Methode. In der Natur des Mediums liegt, daß Musiktherapeuten in eine große Nähe zum Patienten geraten können. Wenn beide beispielsweise mit der Stimme improvisieren, dabei lange um einen gemeinsamen Ton kreisen, kann diese einem Verschmelzen sehr nahe kommen. Um so wichtiger ist es, daß sich der Therapeut seiner Aufgabe als sichernder Begleiter bewußt bleibt; in der Therapeutensprache heißt das »Abstinenz«. Er kann sich aber nicht hinter einer abstinenten Fassade verschanzen. Diese Situation stellt besondere Forderungen an die Persönlichkeit eines Therapeuten. Wie Victor Frankl betont, haben Inhalte etwas mit »Haltung« zu tun. Wenn man sich nicht hinter Methode und Rolle versteckt, rückt die offene menschliche Begegnung ins Zentrum. Ein in der Scheu vor dem Persönlichen wurzelndes Übermaß an Abstinenz in Praxis und Forschung birgt die Gefahr, daß dieses Element verlorengeht durch Funktionalisierung und Operationalisierung: Psycho-Technik anstatt einfühlsamer Psychotherapie wäre die Folge. Die Überschätzung des Machbaren gegenüber dem einfühlsamen Mitschwingen offenbart sich ja bereits in einer materiellen Technik, welche die Lebensgrundlagen auf unserem Planeten zu zerstören droht. Technisches Wissen kann zwar im Rahmen der Ausbildung von großem Wert sein. Aber letztlich wäre es wünschenswert, daß sich in jedem Musiktherapeuten ein Lernprozeß vollziehen kann, der ihn von der Therapie-Methode zur Heil-Kunst führt.

Auf diesen Weg vorbereiten kann nur eine umfassende Persönlichkeitsbildung mit musiktherapeutischen Mitteln. Der angehende Therapeut muß lernen, seine eigene Sicht der Welt immer wieder relativieren zu können, beziehungsweise sie im Kontext der Beziehung zu einem anderen Menschen zu betrachten; Geschmacksfragen in der Musik sind hier nur ein oberflächliches Beispiel. Er lernt aufzupassen, wann er sein sozialisations- und individuationsbedingtes subjektives Werte- und Normensystem innerhalb der Beziehung ins Spiel bringt. Die eigenen Erfahrungen müssen nicht immer mit dem übereinstimmen, was der Patient in seiner momentanen Situation gerade braucht. Und was man selber will und auch für den anderen wünscht in dem Sinne, daß dieser in der Lage sein möge, dasselbe auch zu wollen, muß nicht mit dem Weg des jeweiligen anderen zusammenpassen.

Der entscheidende Lernprozeß für einen Therapeuten ist also die Entwicklung einer *Haltung*. Er ist nicht »Macher« der Heilung, sondern »Mittler«, wie Peter Petersen es beschreibt: »Heilung stellt sich von selbst ein – sie ist das Dritte in der Begegnung von Ich und Du. Das Dritte: es ist das rechte Wort, die richtige Bewegung, die passende Farbe zur rechten Zeit. Es ist nie vorhersehbar. Es ist immer ein Geschenk des Augenblicks.«[1] Kluge Worte im Hinblick auf die Therapeutenhaltung findet auch Peter Sloterdijk in seinem Roman *Der Zauberbaum*, wo er den Marquis de Puysegur sagen läßt: »Der Magnetiseur kann nichts für seinen Patienten wollen. Er hat keinen Rat für den anderen. Jedoch stellt er eine Situation her, in der deutlicher wird, was der andere im Grunde für sich selbst will. Jede Krankheit spricht von einem tiefen Unwillen. Meine Arbeit besteht darin, das positive Wollen unter diesem Unwillen in Kraft zu setzen...«.[2]

Voraussetzung für die therapeutische Arbeit ist, daß der Therapeut sich selbst darin übt, geerdet, in sich zentriert zu sein. Dann kann der Patient sich ihm anvertrauen. Dann fühlt er sich gehalten und aufgefangen. Und dann kann er auch zurückgeführt werden, wenn er in die Regression oder in einen anderen veränderten Bewußtseinszustand geht. Unbewußt spürt er meist, wenn dies nicht der Fall ist, und schützt sich durch Widerstand. Gleichzeitig tut der Therapeut gut daran, eigene Bedenken, Nichtweiterwissen und Ängste zu äußern, damit die Beziehung vom Bemühen um Authentizität geprägt bleibt. Es braucht Kraft und Mut, Pausen zuzulassen, warten zu können, Hilf- und Ratlosigkeit als Sosein zunächst einmal anzunehmen und zu bejahen und dann geduldig und neugierig zu sein, was sich daraus weiterhin ergibt, also: dem Prozeß zu vertrauen. In der musikalischen Beziehung, dem frei improvisierten Dialog, geht es zuallererst darum, stützend und haltend die Töne, die der Patient anbietet, bereitwillig zu empfangen und darauf zu antworten. Es geht nicht darum, jemanden in die Regression zu treiben, gegen Widerstände anzukämpfen, zu interpretieren, zu deuten, sondern um ein Geschehenlassen des sich entfaltenden Prozesses, in der Musik und in den Pausen, mit Körper und Sprache. Es geht darum, achtsam zu sein, daß der Patient nicht – unbewußter Neigung folgend – in das alte Rollenspiel verfällt, sondern im Experiment das Neue erprobt. Nicht Besserwissen, sondern intensive Anwesenheit und Zuwendung, Offenheit für das Sein des anderen sind hier gefragt. »...wir werden ihn begleiten bis zum Tor, an dem die Hilflosigkeit wartet. Dort werden wir stehen und mit ihm da sein angesichts der Hilflosigkeit, bereit, aber nicht drängend, bereit, das Neue zu begrüßen. Und das Neue ist nichts anderes als das, was immer schon da war, das Alte, das aber in der strukturgebundenen Welt von heute nicht eingelassen werden durfte[3].«

Um selbst für dieses Neue-Alte bereit zu sein, für das Eigentliche, Wesentliche, Stimmige, kann der Therapeut nicht mit einem starren Gefüge aus Regeln, Techniken und Erwartungen arbeiten, sondern er muß selbst mit dem Prozeß im Fluß sein, gerade das Unerwartete, Unvorhersehbare (lat. improvisus!) miteinbeziehen. Das mag auf manche Orthodoxe anarchistisch, risikoreich und unstrategisch wirken. Aber es geht nicht darum, sich mit einem künstlich errichteten System zusammenzuhalten, sondern Bewußtheit, Aufmerksamkeit und Zentrierung, Intuition und Kontakt mit sich selbst, seinen Gefühlen und Intuitionen zu wahren, um ein Bemühen um Authentizität und die Bereitschaft, nach Kräften mitzutragen, was geschieht. Eine gewisse Paradoxie läßt sich nicht vermeiden: Man darf den grundlegenden Kontrakt mit dem Patienten, in dem auch die wesentlichen Nah- und Fernziele (»Absichten«) enthalten sind, nicht aus den Augen verlieren und muß gleichzeitig immer wieder innerlich leer und offen (»absichtslos«) werden, um frei zu sein von Vorstellungen, Krankheitsbildern, Diagnose-Fixierungen, stereotypen tiefenpsychologischen Deutungen und genormten therapeutischen Strategien. Es gilt, flexibel in jeder Situation mitzuschwingen, auszudrücken, was man fühlt, im Gespräch die Themen zu fokussieren, sich damit weiterzubeschäftigen – und das mit allen musiktherapeutischen Mitteln.

Immer wieder betonen möchte ich die Notwendigkeit eines tiefen Vertrauens in den Sinn dessen, was sich ereignet, Vertrauen auch auf die selbstregulierenden Kräfte der Seele. Nur auf der Basis dieses Vertrauens kann es der Musiktherapeut wagen, durch gemeinsame musikalische Gestaltung und tiefes Lauschen die Kräfte des Unbewußten zu beschwören, zu entfesseln, zu befreien und mit den Ereignissen zu kommunizieren. Das Unbewußte wird dabei nicht nur über Symbolformen innerer Bilder und zu übertragender musikalischer Formen erfahren, sondern auch direkt, als Spiel von Kräften, von Energien, die aus Blockaden und Fesselungen gelöst und transformiert werden. Das eigentliche Wirkpotential liegt dabei zwar vordergründig auf der Ebene der Handlung. Im Hintergrund jedoch wirkt nicht Aktionismus, sondern eine Haltung. Wenn der Therapeut über Vertrauen und innere Ruhe verfügt, wird der Patient sich dem vollen Wirkpotential überlassen können. Er muß spüren, daß die Stimulation und der Umgang mit diesen Energien in einer Atmosphäre von Geborgenheit und Liebe, von Achtung vor dem individuellen Weg erfolgen. Dann kann er lernen, im Klang den tieferen Lebensströmen zu vertrauen. Eine solche Haltung des Therapeuten ist kein idealistischer Status. Er ist ein Mensch, der

Schwankungen und Krisen unterworfen ist. Aber zu seinem Berufsethos gehört, daß er sich darin übt, auf diesem Weg zu gehen. Er kann anderen Menschen nicht weiterhelfen, als er selbst gegangen ist.

Der Musiktherapeut ist mit enormen Einengungen im akustischen Ausdruck konfrontiert. All die Energien, die in übertrieben strenger und autoritärer Familienatmosphäre oder auch in den hellhörigen Wohnblocks der Städte unterdrückt werden müssen! Soll er sie zulassen? Oder den Menschen sagen: Haltet still und agiert hier nicht herum? Brauchen diese Kräfte nicht erst einmal einen Raum, wo sie als Wut herausgetobt, als Trauer laut geklagt werden können, damit dann auch wieder die blockierte Lebensfreude, die schöpferische Potenz gespürt und gelebt werden kann und der Mensch von sich aus wieder Stille und Frieden sucht? Ein abgewürgtes Ich ist genausowenig im Kontakt mit dem Selbst – hier gemeint im Jungschen Sinne als Zentrum und Ganzheit der Psyche – wie ein überaktives. Es geht darum, im Tun *sich* zu spüren, seinen individuell stimmigen Ausdruck in Ton, Klang, Lautstärke, Dynamik, Rhythmus, Bewegung und ähnlichem zu finden.

»Die« Therapeutenhaltung kann nicht allgemeingültig beschrieben werden. Sie muß einerseits im Einklang sein mit der Persönlichkeit des individuellen Therapeuten und wird andererseits modifiziert durch den jeweiligen Patienten und die sich daraus ergebende therapeutische Beziehung. Nicht immer ist diese fruchtbar, denn – wie im sonstigen Leben auch – paßt dies nicht immer zusammen. Nicht jeder Therapeut ist daher für jeden Patienten und dessen spezifische Bedürfnisse geeignet.

Grundsätzlich kann man zwei Grundhaltungen unterscheiden. Die eher aktiv eingreifende und strategische Handlungsweise ist zweifellos der eine wichtige Aspekt therapeutischen Vorgehens. Gleichzeitig würde ich jedoch immer wieder die Entwicklung von einer guten Leerheit, einem Abwarten bis hin zur Absichtslosigkeit üben, verbunden mit Bewußtheit und Achtsamkeit, ein Da-sein, welches möglichst wenig eingreift, Zeit zur Verfügung stellt, die Dinge sich natürlich entwickeln läßt. Medienwirksam präsentierte Exzesse haben die Meinung verbreitet, in der Therapie gehe es um spektakulären Durchbrüche – und gerade die Musiktherapie mit akustisch lauten und dramatischen Szenen könnte zu einem solchen Denken verführen. Erdbeben, Sturmfluten und Gewitter (jeder Patientengruppe mit Leichtigkeit zu entlocken) gehören selbstverständlich auch zur Natur und zur Natur des Menschen, der weitaus größere Teil wird jedoch eher im stillen Lauschen und Handeln allmählich wachsen und reifen können.

Last not least bedarf der Therapeut, um Menschen in die Tiefen des Inneren begleiten zu können, einer persönlichen Mythologie, einer inneren Weltordnung, einer Kartographie der Psyche. Dies kann eine wissenschaftliche Theorie oder ein anderer Mythos sein. Er braucht dies aber primär für sich selbst, für seine eigene Zentriertheit und Bewußtheit. Keinesfalls darf er das aber dem Patienten überstülpen als kollektive Wahrheit. Der Patient muß seine eigene Wahrheit finden, und der Therapeut braucht viel Toleranz und Offenheit, um ihn auf diesem Weg zu begleiten. Medizinisch ausgebildete Psychotherapeuten setzen im allgemeinen bei dem an, was heute über Psychodiagnostik, Krankheitslehre und effektive therapeutische Strategien durch entsprechende wissenschaftliche Forschung bekannt ist. Es sei jedem, der therapeutisch arbeitet, dringend empfohlen, sich mit diesem Wissen im Sinne eines Handwerkszeuges vertraut zu machen. Heil-Kunst jedoch geht darüber hinaus und ist nur durch Ausübung und Erfahrung zu lernen.

Im ersten Kapitel habe ich darzulegen versucht, daß Heilung und Religion eng zusammengehören. Eigentlich kann ein Therapeut einen Patienten nicht verstehen, wenn er nicht dessen individuelle Philosophie und Einstellung zur Welt, mithin seine Ideologie und Mythologie kennt. Für die grundlegenden Fragen und Antworten eines Menschen angesichts seiner Existenz muß er tief hinabtauchen in den Brunnen seiner persönlichen Geschichte und der ontogenetischen Bewußtseins- und Kulturgeschichte. In der Religio, dem horchenden und antwortenden Sichwiederverbinden stößt er auf seine brisanten Themen. Und dort findet er vielleicht auch den verschütteten Zugang zu seinem überpersönlichen Grund, zur Quelle seines Daseins. Die wahre Medizin ist das Trinken aus jener Quelle. Insofern kann Therapie in dieser Dimension an das numinose Erlebnis rühren – ohne daß man dies planen könnte. Therapeuten oder Leitern von Selbsterfahrungsgruppen, die derartige spirituelle Erfahrungen versprechen, sollte man mißtrauen. Aber man kann den Boden bereiten für eine sich allmählich vertiefende Selbsterfahrung. Das kann durch die zunehmende Beachtung von Träumen geschehen oder durch andere Botschaften aus dem Unbewußten: im Körpererleben und Atemgeschehen, in spontan gemalten Bildern, freien musikalischen Improvisationen, Orakeln, Koinzidenzen, Synchronizitäten usw.

Die *Ausbildung* zum Therapeuten ist ein sehr persönlicher Vorgang. Eine solide theoretische Fundierung der Methode, ein Faktenwissen, was die medizinisch-psychologischen Gegebenheiten betrifft, und ein solides Handwerkzeug bezüglich des Mediums bilden die Grundlagen. Wesentlich ist die persönliche Beziehung zu ausgewählten Ausbildern. Der angehende Therapeut erfährt zunächst an sich selbst, was er später mit anderen tun möchte. Dieses Tun wird auch nach Abschluß der Ausbildung noch lange durch Supervision beziehungsweise Konsultation seitens eines erfahrenen Kollegen oder einer Kollegin reflektiert. Die Selbsterkenntnis, die im begleiteten Durchschreiten eigener kritischer Themen und Situationen entsteht, ist Basis der Einfühlung in den Patienten, der sich dann abgeholt, verstanden, aufgehoben, angenommen und begleitet fühlen kann. Ferner übt sich der Therapeut in Bewußtheit, Aufmerksamkeit und innerer Achtsamkeit. Er spürt und reflektiert gleichzeitig, was er spürt. Um sich für eine therapeutische Ausbildung entscheiden zu können, sollte man in jedem Falle zunächst ein Praktikum in einer klinischen oder sonstigen psychosozialen Institution machen, um für sich selbst spüren zu können, ob einem die Arbeit mit solchen Menschen liegt. Darüber hinaus bedarf es einer gründlichen Gewissenserforschung, ob der Weg des Therapeuten, der schon von der Profession her mit einer lebenslangen Arbeit an sich selbst verbunden ist, der ist, den man für sich wählen möchte.

IV. ELEMENTE DES MUSISCHEN IN INTEGRALER ERFAHRUNG

1. Körper: Wahrnehmung und Bewegung

»Den Leib und seine Funktionen so zu bilden, daß er *gestimmtes Instrument* zu allem Tun wird, bereit mitzuklingen...«

Dore Jacobs[1]

»Wie aber können wir das Ganze erfassen oder sagen wir bescheidener, etwas von dem Ganzen eines Menschen? Ich meine, daß dieses mit Hilfe einer veränderten Wahrnehmung möglich ist. Dahin führt uns das Einbeziehen des Leiblichen in der Therapie, denn es ermöglicht ein genaueres Erspüren der Welt und ihrer Probleme, ein Erspüren mit allen Sinnen... Der so Wahrnehmende und Handelnde wandelt sich im Ganzen.«

Helmut Stolze[2]

Körperwahrnehmung

Ich möchte Sie einladen, einen Moment lang bewußt in Beziehung zu Ihrem Körper zu treten, egal ob sie jetzt beim Lesen sitzen, liegen oder stehen... Beobachten Sie einfach, was ist, was Ihnen auffällt, z. B. welche Körperteile Sie als erstes wahrnehmen und was Sie da wahrnehmen... Fühlt es sich eher angenehm an oder eher unangenehm?... Möchten Sie etwas an Ihrer Haltung verändern und was?... Wenn Sie die Haltung ändern, verändert sich dann auch ihr Seinsgefühl, ihr Atem oder sonst etwas?

Das war ein möglicher Einstieg in eine »Körperwahrnehmung«. Dabei habe ich versucht, Sie genau dort abzuholen, wo Sie gerade sind. Ich wollte nichts korrigieren, im Sinne von: »Diese Haltung ist falsch, machen Sie es so, jetzt ist es richtig«. Ich wollte Ihnen lediglich durch einige Anregungen helfen, sich bewußter zu werden, wie Sie Ihre Haltung und Verfassung auf der Körperebene gerade erleben und wie sich das vielleicht auch über diese Ebene hinaus anfühlt.

Jetzt stellen Sie sich vor, Sie sind Teilnehmer einer Selbsterfahrungsgruppe. Alle stehen im Raum verteilt. Jeder richtet seine Aufmerksamkeit auf die Wahrnehmung seines Körpers im Stehen... Ich lade dazu ein, den Kontakt zwischen Boden und Füßen zu spüren... besondere Aufmerksamkeit den Fußsohlen zukommen zu lassen, da sie in dieser Situation die einzige Kontaktfläche zwischen Mensch und Erde sind... Und weiter zu spüren, wie sich über den Füßen die Statik des Körpers aufbaut, die Befindlichkeit der Unterschenkel... Knie... usw. ... Schließlich die Aufmerksamkeit auf das Gewahrwerden einer inneren Schwingung oder Pulsation zu richten, zu erfühlen, ob diese bereits in einer Körperbewegung aus dem Unbewußten heraus zum Ausdruck drängt, oder zu versuchen, dies bewußt, aber im Einklang mit dem Unbewußten, geschehen zu lassen... Und auf diese Weise allmählich in einen kaum nach außen sichtbar werdenden oder auch raumgreifenden körperlich bewegten Ausdruck dieser erspürten Vibration zu gelangen.

Hier geht es um die gleiche Haltung wie bei der freien musikalischen Improvisation, um ein Sichöffnen für das Geschehen, welches sich natürlicherweise einstellt, wenn wir den Dingen ihren Lauf lassen und sie nicht durch Vorstellungen, wie sie sein *sollten*, blockieren. Diese Einstellung geht von der Annahme aus, daß sich aus der Absichtslosigkeit heraus das momentane Sein am klarsten entfalten kann, während jede Konditionierung oder Prägung es letztlich stört. Das augenblicklich Stimmige durch bewußte, geplante, strategische Absichten zu manipulieren, erzeugt leicht Komplikationen und in der Folge Verwirrung. Problematisch sind daher Versuche einer Richtig-Falsch-Umerziehung, wenn sie die Wurzeln des Übels, die den Fehlhaltungen zugrundeliegenden seelisch-geistigen Konflikte unberücksichtigt lassen. So versuche ich auch hier (wie in den Musik-Improvisationen) einen Raum anzubieten, wo sich in heilsamer Atmosphäre das für jeden persönlich Stimmige entfalten kann. Dieser Prozeß erweitert die Begriffe »Üben« und »Forschen«. Er steht teilweise in krassem Gegensatz zu dem, was uns die Zivilisation ansonsten abverlangt. Daher stellt diese Arbeit auch ein Korrektiv dar, eine Therapie innerhalb einer Kultur der Entfremdung.

Körper und Symbolik

Im sprachlichen Austausch über die auf der Körperebene gemachten Erfahrungen geht es meist darum, inwieweit es den Menschen gelungen ist, sich auf dieses individuell Gespürte einzulassen, oder wo und wie dies verhindert wurde. Bei diesen Schilderungen kommen die Symbolisierungen ins Spiel: der Betreffende selbst spürte im Körpererleben die seelisch-geistigen Hintergründe; oder er selbst nahm zwar seine Befindlichkeit nur auf der Körperebene wahr, aber die im Körperausdruck symbolisierte innere Stimmung wurde von außen für den Betrachter deutlich und mitteilbar. Ich verkörpere, was ich bin.

Diese Symbolisierung ist bereits in der (deutschen) Sprache evident. »Verstehen« und »Begreifen« bezieht Füße und Hände in den Erkenntnisprozeß ein, wobei man manches erst einmal »verdauen« muß[3]. Die Haltung eines Menschen wird charakterisiert durch Begriffe wie »Rückgrat haben« oder »vom Schicksal gebrochen sein«. Man kann sich »etwas zu Herzen nehmen« oder jemanden »in sein Herz schließen«, eine Angelegenheit kann mir »im Magen liegen«, und dabei bin ich vielleicht auf jemanden »sauer«. Hier gibt es noch eine Fülle von Beispielen, die sich auf alle möglichen Organe und ihre Funktionen beziehen.[4] So kommt also bereits durch die instinktive Weisheit des Volksmundes zum Ausdruck: Körper, Seele und Geist sind im Grunde eine Einheit, die man aus verschiedenen Perspektiven betrachten kann. Der Körper ist die materielle Grundlage menschlichen Lebens. Er unterliegt den Gesetzen der Physik und ist gleichzeitig untrennbar verbunden (bewußt oder unbewußt) mit psychischen Prozessen, dem seelischen und geistigen Leben. Er wird damit zum Symbol für die universelle Durchdringung physischen und metaphysischen Seins. Auch die geistigsten Übungen meditativer oder kontemplativer Art können auf den Umgang mit der Körpersituation nicht verzichten.

Im Hinblick auf Leib und Seele kann man von einer »verleiblichten Seele« und einem »beseelten Leib« sprechen[5]. Im Leib wird jedenfalls die Seele *sichtbar:* »Wenn ich in das bewegte Antlitz eines Menschen blicke, sehe ich darin das Verständnis, oder die Güte, oder den Zorn. Ich nehme nicht nur Hautver-schiebungen und Muskelbewegungen wahr, um dann mit mei-nem Denken hinter ihnen entsprechende seelische Vorgänge an-zunehmen, sondern fasse geschehenen Ausdruck auf. Ausdruck aber bedeutet, daß das an sich Unanschauliche in die Anschau-barkeit vorgetragen, das Eigentliche nicht nur signalisiert, son-dern ins unmittelbar Gegebene übersetzt wird und nun eben ge-sehen werden kann. Das Gleiche gilt für die Gebärde, für die Gestalt, für die Handlung.«[6] Die Vernetzung in der Ganzheit ist Grundlage für alle Betrachtung einzelner Phänomene.

Körper und Psychotherapie

Zu den wichtigsten Wegbereiterinnen eines neuen Denkens in der Arbeit mit dem Körper gehört Dore Jacobs. Bereits in den dreißiger Jahren brachte sie die Störungen des menschlichen Gleichgewichts unter dem Einfluß der technischen Zivilisation auf eine Formel: »Überentwicklung von außengerichteter Akti-vität, Verstand, willensmäßiger Konzentration und Verküm-mern von Empfänglichkeit, Sammlungsvermögen, echter Erleb-nisfähigkeit.«[7] Auf der einen Seite begegnen wir heute der Per-fektionsmanie der Leistungsgesellschaft in Form eines moder-nen Körper-Kultes, wo der gestylte Body gefragt ist, »Fitness« statt »Soundness«, einer auftrainierten Muskulatur, möglichst professionellem Leistungssport oder Kosmetik bis zum chirur-gischen Eingriff, Körperidealen, die Eßstörungen bewirken, und einer Vermarktung des Körpers. Auf der anderen Seite gibt es wieder die unbeteiligten »Zuschauer«, die oft nachlässig und gleichgültig mit ihrem Körper umgehen.

Mehrere Gegenbewegungen als Antwort auf die Entfrem-dungserscheinungen der Industriegesellschaft gab es bereits in diesem Jahrhundert: die Jugendbewegung als Wiederentdek-kung des Natürlichen und Einfachen; die Lebensreformbewe-gung mit Zentrum am Monte Verità in Ascona, einer Hochburg für Körperreform und natürlichen Ausdruckstanz, sowie ver-schiedenen Schulen der Gymnastik und Rhythmik; der Impuls

170

der 60er Jahre und in der Folge die Entwicklung neuer Selbst-
erfahrungs- und Therapiemethoden, in denen die Arbeit mit
dem Körper eine wichtige Stellung einnimmt.

Gerade aus dieser letzten Bewegung floß die Entdeckung asia-
tischer Philosophie und Lebenspraxis in die Entwicklung ein,
besonders die verschiedenen Formen des Yoga, das chinesische
Tai Chi und andere meditative Verfahren, die beim Körper ansetzen. Diese verbanden sich zum Teil mit körperpsychothera-
peutischen Ansätzen, die vor allem in Amerika entwickelt wurden[8]. Psychotherapeutische Verfahren wie Bioenergetik oder
einige Methoden der Gestalttherapie basieren auf der Tiefenpsychologie, ohne die strikte Meidung der Körperebene zu überneh-
men, jener zentralen Regel in der Psychoanalyse, die erst in letzter Zeit mehr und mehr durchbrochen wird.[9]

Der Körper weiß schon vieles aufgrund seiner genetischen
Veranlagung: instinktive Verhaltensmuster der Selbstbehaup-
tung, des Schutzes, der Verteidigung und Angstreaktion. Tau-
sende von Urerfahrungen unserer tierischen und menschlichen
Vorfahren sind ihm eincodiert und können im Bedarfsfall auch
abgerufen werden, wenn sie nicht blockiert sind. Auch ein großer Teil von Gestik und Mimik ist auf diese Weise gespeichert
und ermöglicht eine interkulturelle Verständigung.[10] Daneben
gibt es kulturspezifische Einflüsse auf die Einstellung zum Körper und den Umgang mit ihm und schließlich die individuelle
Ebene: Der Körper drückt durch sein Aussehen und seine Bewegungen die Lebensgeschichte eines Menschen aus.

Diese Ebene ist für die Arbeit mit Menschen äußerst interessant, denn das Körpererleben kann hier entscheidende Hinweise
auf die Persönlichkeit geben. Wenn der Körper die Lebensgeschichte eines Menschen gespeichert hat, kann ein unbewußt ge-
wordenes Wissen auch über den Körper wieder dem Bewußtsein
zugänglich gemacht werden. Ohne hier auf die diversen Methoden der Körperpsychotherapie eingehen zu wollen, möchte ich
nur an die Wahrnehmungsübung am Beginn dieses Kapitels
erinnern. Körperwahrnehmung bedeutet, den Signalen des Körpers bewußt Aufmerksamkeit zu schenken; mit der Zeit verbinden sich die Signale vielleicht zu einer sinnvollen Sprache jenseits

171

der Worte. Ausgangspunkt ist Wahrnehmung und Bewußtheit, Bewußtheit für das, was man wie von außen an sich beobachtet, und Bewußtheit für das, was man als das Eigene von innen her spürt. Dabei gilt es anzunehmen, was *ist*, sowohl die natürlichen Bedürfnisse des Körpers als auch Behinderungen, Blockaden, Fehlhaltungen, Verspannungen und alle anderen möglichen somatischen Auswirkungen oder Aspekte von Krisen.

In der explorativen Phase kann man so durch seinen Körper eine Fülle von Wissen über sich und seine Haltung gegenüber dem Leben erlangen. Dieses Wissen hat für sich genommen schon eine gewisse heilsame Wirkung, der eigentliche Heilungsprozeß entfaltet sich jedoch nur, wenn man sich in seiner Wahrnehmung übt und daraus eine Haltung entwickelt, bei der das persönliche Potential an Lebenskraft zum Blühen gebracht wird. Dies kann aber nicht durch Training geleistet werden, das Üben ist vielmehr ein Sichöffnen für das Eigentliche. Man lernt sich immer besser kennen, verstehen und vertrauen und kann dann zunehmend spüren, welche Haltung (im körperlichen und seelisch-geistigen) der Situation jeweils angemessen ist. So balanciert man sich allmählich aus und kommt in ein flexibles, elastisches Gleichgewicht. Dieses stellt sich immer wieder her, wenn man lernt, in Kontakt mit seinem inneren Zentrum zu bleiben. Das geht über eine therapeutische Intervention hinaus und eröffnet einen Übungsweg zu Selbstentfaltung und Selbstverwirklichung.

Auch das, was im religiösen Bereich oder auf der geistigen Ebene als *Mitte* bezeichnet wird, findet auf der Körperebene seine Entsprechung, knapp unterhalb des Bauchnabels. Besonders die Japaner haben sich mit dieser Mitte beschäftigt, die sie »Hara« nennen. Viele von ihnen wählen einen der tradierten Wege (Sitzmeditation, Teezeremonie, Blumenstecken, Tuschzeichnung, Selbstverteidigung usw.) und üben ein Sein und Handeln aus der Mitte heraus. »Die Verankerung in der Mitte... gewährt dem Menschen den Genuß einer Kraft, die ihn in anderer Weise zur Meisterung seines Daseins befähigt, als er es vom Ich her vermag. Sie ist eine geheimnisvoll tragende, eine *ordnende* und *formgebende* sowie eine *lösende* und *ganzmachende* Kraft.«[11]

Um noch einen Moment bei den Japanern zu bleiben, dieses Sein aus der Mitte ist Ausgangshaltung für jede Bewegung. »Und so, wie die Menschen sitzen und stehen, so gehen sie, so tanzen sie, so ringen sie – im ›Grunde‹ *unbewegt*, denn jede Bewegung ist wie verankert in einer unbewegbaren Mitte, aus der doch alle Bewegung kommt und von der her sie Kraft, Richtung und Maß erhält.«[12] Das klingt sehr ideal, und wir können an diesem Punkt natürlich nicht ansetzen. Aber Beschreibungen dieser Haltung geben Orientierungshilfen beim Üben. Korrigierendes Üben ist *ein* möglicher Weg, ein anderer ist das Annehmen, Zulassen und Ausdrücken dessen, was ist. Diesem Ansatz möchte ich auch weiterhin treu bleiben. Daher vergesse ich das Ziel, ermutige mich vielleicht mit Spruchweisheiten, daß der Weg das Ziel ist und eine Reise von tausend Meilen mit dem ersten Schritt beginnt – und mache den ersten Schritt: Dies ist meine momentane Weise zu schreiten. Dies *tue* ich und nehme gleichzeitig wahr, was ich tue, wie ich mich dabei fühle, was ich verändern möchte. Mit anderen Worten: ich begebe mich in die Bewegung, um mich darin zu erleben und zu finden. Kein Ideal kann mir dies abnehmen, eher erschwert es mir, selbst zu spüren, was ich selbst bin und werde. Dies ist mein Ausgangspunkt für Bewegungsarbeit in Selbsterfahrung und Therapie. Viele neue Verfahren bieten Wahrnehmung und Bewegung des Körpers als Mittel und Weg zur Selbstbegegnung an. Gleichzeitig beachten ihn die Therapeuten dabei sorgfältig als Äquivalent zur inneren Bewegung und sprechen dies nach Möglichkeit hinterher auch mit dem Betreffenden durch.[13]

Musikmachen und Körperbewegung gehören zusammen. Wenn ein Mensch seine inneren Schwingungen wahrnimmt und diese lebendigen Impulse zum Ausdruck bringt, ereignet sich das als Bewegung: über das Medium eines Instrumentes Töne erzeugend oder auch im Stillen. Innere Bewegungen sind Gefühle, Triebe, Impulse, die auf die gesamte körperlich-seelisch-geistige Befindlichkeit wirken. Sie werden *hörbar* in Stimmklang, Seufzen, Stöhnen, Singen, *visuell* wahrnehmbar in Körpersprache,

Gestik, Mimik, Hautverfärbungen, der Art des Blickes oder durch Bewegung im Raum. Bewegungsimpulse können unbewußt sein, beispielsweise das unwillkürliche Mitwippen eines Fußes bei rhythmischer Musik, oder es können bewußt geplante Bewegungen ausgeführt werden. Dazwischen gibt es eine Menge Schattierungen, wo Bewußtes und Unbewußtes sich mischen. Jedenfalls wurzelt die menschliche Bewegung in der körperlich-seelisch-geistigen Ganzheit, welche auch die Bewegung trägt. Sie entsteht nicht aufgrund fertiger Bewegungsbilder im Inneren[14], sondern aus jedem Moment und diesem gemäß neu. Bewegung ist insofern Improvisation. Daher kann man eine natürliche Bewegung weder machen noch antrainieren, sondern man kann nur an der Haltung arbeiten, an dem Sichöffnen für die Bewegung, die sich natürlicherweise einstellt.

Dieser Gedankengang führt uns wieder zur Haltung des Nichtintentionalen und Experimentellen. Aus der gesammelten Aufmerksamkeit heraus folgt man vertrauensvoll den Impulsen von innen und macht so Erfahrungen mit den Gesetzmäßigkeiten des Unwillkürlichen. Dabei können natürlich auch mehr oder weniger willentliche Bewegungsäußerungen entstehen, wenn beispielsweise spontan ein Gefühl freigesetzt wird, welches sehr mächtig ist und im Körperausdruck in angemessenen Formen gestaltet sein will. So mischen sich die oben erwähnten interkulturellen (archetypischen) Ausdrucksmuster mit der individuellen Körpergeschichte des Menschen zu einer Aussage über etwas für ihn Wesentliches.

Körper und künstlerischer Ausdruck

Damit sind wir nun wiederum dem Bereich der Kunst nahe. Improvisierter Ausdruckstanz war im Rahmen der Lebensreformbewegung als Wiederentdeckung des Natürlichen eine Anwort auf die Technisierung von Bewegung und Tanz durch eine Überbewertung der Zweckmäßigkeit und ästhetischen Beurteilung, durch »den grundsätzlichen Irrtum, man könne verkümmerten Formsinn durch erlernte Technik ersetzen... Zweckmäßig wird die Bewegung von selber, wenn sie im Kontakt mit einem ungestörten leiblichen Innenleben und im lebendigen Reagieren auf die wechselnden Umweltbedingungen in jedem Augenblick neu gefunden wird... schön ist, was innerlich notwendig aus dem Spiel wirkender Kräfte hervorgeht.«[15]

Dies gilt nicht nur für Bewegung und Tanz. Jede Form künstlerischer Betätigung oder Wahrnehmung bedarf des Körpers und seiner Organe, zum Beispiel der Hände, des Kehlkopfes, der Muskulatur, der Lungen. Das heißt: die Einstellung zum Körper entscheidet über die Qualität auch dieser Bewegungen. Beim Instrumentalspiel ist die gesamte innere-äußere Haltung des Spielers ausschlaggebend. Wenn das »Instrument« Körper nicht gestimmt, nicht schwingungsfähig ist, wie soll dann die Musik klingen? Körperarbeit im obigen Sinne ist also nicht ein weiterer Korrigierfaktor, sie ist die Basis für jede musikalische Ausbildung. Wird die freigesetzte natürliche körperliche Ausdrucksbewegung vom Körper auf das Instrument übertragen, so hilft das, eine sinnliche Beziehung zum Instrument herzustellen (die Stimme wird im nächsten Kapitel noch gesondert behandelt).

Daraus ergeben sich wesentliche neue Ansätze sowohl für Therapie und Selbsterfahrung als auch für eine erfahrungsorientierte Musikpädagogik, die nicht als weitere Möglichkeit zur Leistungsforderung, sondern als Menschenbildung aufgefaßt wird.

2. Atem und Stimme

Atem-Wahrnehmung

Gehen Sie wieder von ihrer jetzigen Situation aus, in der Sie gerade lesen, und denken Sie einfach mal einen Moment an ihren augenblicklichen Atemfluß... Spüren Sie vielleicht bereits bei dieser kleinen Achtsamkeit eine Reaktion im Atem?... Lassen Sie sich nicht dazu verleiten, etwas machen zu wollen, nehmen Sie einfach wahr, was ist, messen Sie es nicht an einem fiktiven Ideal, sondern nehmen Sie diesen Ihren momentanen Atem an, gehen Sie mit in diesem Rhythmus von Einströmen und Ausströmen, schwingen Sie sich in diesen Rhythmus ein und beobachten Sie, was sich daraus entwickelt...

Nach einer gewissen Zeit lassen Sie den Atem durch den Mund ausströmen und lauschen Sie, ob sie dort bereits den leisen Ton des Luftstromes wahrnehmen können... Experimentieren Sie: mit geöffnetem Mund, mit fast geschlossenem Mund, mit zum Pfeifen gespitzen Lippen... Spielen Sie weiter: Meeresrauschen, Wind ums Haus und was Ihnen noch so einfällt...

Stellen Sie sich vor, Sie sind ein kleines Kind und entdecken im spielerischen Experimentieren, wie Ihr Stimmklang entsteht, wie im Ausatmen die Stimmbänder anfangen mitzuschwingen, wie durch Widerstand mit Hilfe der Stimmwerkzeuge allmählich ein Ton entsteht... Es ist jetzt völlig egal, wie dieser Ton klingt, es kann ein Krächzen sein, ein Jammern oder Stöhnen, lassen Sie das zu, was kommt und spielen Sie damit weiter...

Der Zusammenhang zwischen Atem und Stimme wird in diesem kleinen Versuch sofort deutlich, ohne große Erklärungen. Stimme ist tönender Atem, und Stimme setzt den Atem und seine Bewegung voraus. Die Atem-Bewegung oder der Atem-Rhythmus, oft nur zweiphasig beschrieben, ist im Grunde dreiphasig: Einatmen – Ausatmen – Atempause. Das Ziel des Atemübens in der Atemarbeit ist das bewußte Erleben aller drei Phasen (vor allem der Pause), ohne »wegzusacken« oder zu überspannen. Wahrnehmung, Achtsamkeit oder Bewußtheit sind Grundlage der Arbeit am Atem, und so steht auch am Anfang dieses Weges immer die Wahrnehmungsschulung.

Leben kann nicht statisch auf einen Pol oder einen bestimmten Zustand reduziert werden, ohne daß sein Wesen und Sinn verlorengehen. Die Natur des Lebens ist ein rhythmischer Wechsel, ein atmendes Schwingen um einen Ursprung und eine Mitte. Ein Annehmen dessen, was *ist*, im Bewußtsein der Teilhabe und Zugehörigkeit, stellt den religiösen Kern dar. Auch Religiosität und Gesundheit sind keine statischen Befindlichkeiten, sondern dem rhythmischen Schwingen und dem damit verbundenen ständigen Wandel unterworfen. Gesundheit leidet unter dem Verlust dieses Lebens aus dem eigenen Rhythmus, wenn der Mensch nicht übt, sich immer wieder daran anzuschließen. Gerade da, wo das statische und mechanische Zeitmaß der Uhr weite Teile des Tages dominiert, muß es als Äquivalent andersartige Qualitäten von Zeit- und Rhythmuserfahrungen geben.

Körper – Atem – Bewegung

Die Wahrnehmung des Atems ist eine Erweiterung der Körperwahrnehmung mit Schwerpunkt auf die im Körper pulsierende Lebenskraft. Wenn wir vom »beseelten Leib« sprechen, beschreibt das vielleicht am besten die Beziehung zwischen Körper und Atem. Im Atem offenbart sich die Verbundenheit der körperlichen und seelisch-geistigen Ebenen. In der biblischen Symbolik wird Adams Körper durch Gottes Atem beseelt und belebt. Er wird ein selbständiges Wesen, das dieses lebendige göttliche Wesen in sich birgt.

Entwicklungspsychologisch stellt sich das so dar: Im Mutterleib wird das Kind geatmet im Sinne eines »Es atmet mich«. Das Kind, im Schutzraum des Uterus, schwingt im Atemrhythmus der mütterlichen Körperwelt. Individuelles Atmen und Tönen beginnt erst mit der Geburt, genauer: mit der Abnabelung. Und es endet mit dem Tod. Mit der Durchtrennung der Nabelschnur werden wir aus dem symbiotischen Mitschwingen entlassen in die individuelle Atemschwingung, die uns bis zum letzten Atemzug begleiten wird: als ein vertrauensvoller, mächtiger Strom, nahe dem Ursprung und der Mitte, als ein ängstliches, gieriges, freudig-erregtes, stockendes, seufzendes, schillernd fluktuierendes Wechselbad. Im Atem drückt sich jede mögliche Situation des Menschen aus, durch die er sich hindurchatmet.

Alle Gefühle und Befindlichkeiten spiegeln sich im Atem: entspanntes Fließen, erschrecktes Stocken, verspannte ängstliche Enge, vertrauensvoll gelöste Weite, Festhalten, Krampfen und Anklammern, Stöhnen, Seufzen, Weinen, Lachen, Staunen, Genießen... Seine therapeutische Dimension ist evident. Die Hinwendung der Aufmerksamkeit zum Atem führt sehr bald zu einer äußerst feinen und intensiven Wahrnehmung des seelischen Zustandes. Das Wort »Atem« ist verwandt mit dem indischen »Atman«, welches unter anderem Seele und Selbst bedeutet. Das lateinische »spirare« für atmen ist verwandt mit »spiritus«, also Geist. Bei vielen Meditationsarten spielen der Atem beziehungsweise Übungen mit dem Atem erklärtermaßen eine wesentliche Rolle.

Die von Körperbewußtsein und Achtsamkeit für den Atem getragene Bewegung versucht Bewußtes und Unbewußtes miteinander zu verbinden. Beachtung und Zuwendung verändern etwas. Auch wenn man absichtsvoll bestimmte Übungen ausführt, gibt es in der Atemschwingung darauf nicht bewußt gesteuerte, nichtintentionale Resonanz, eine Veränderung im leibseelischen Schwingungszustand. Die sich in Übereinstimmung mit der gesamten Befindlichkeit ereignende Veränderung ist letztlich immer eher ein Geschenk als etwas Erarbeitetes.

Immer wieder möchte ich betonen, daß auf dem hier vorgeschlagenen Weg Begriffe wie »richtig« und »falsch« nicht interessieren. Der Atem entspricht dem momentanen Zustand. Nur wenn ich mich im Atmen dort annehme, wo ich bin, kann sich von dort aus etwas wirksam wandeln. Eine rein willensmäßige Dressur führt nicht zur Authentizität, sondern eher zu einer künstlichen »Haltung ohne Halt«, die dem Ansturm unbewußter Energien nicht standhalten kann. Es empfiehlt sich jedoch, mit dem Unbewußten zusammenzuarbeiten. Gerade im Atem wird die Verbindung zwischen Unbewußtem und Bewußtem spürbar. Wenn ich mich auch in schwierigen Situationen dem Atem anvertraue, führt er mich in den für mich gerade stimmigen Zustand. Das bedeutet nicht, daß etwas, was stimmt, immer auch angenehm ist. Es können auch ebenso unerwünschte Gefühle sein. Aber wenn ich wütend bin, stimmt für mich Wut, und wenn ich traurig oder gar verzweifelt bin, stimmen für mich Traurigkeit und Verzweiflung. Wenn ich lerne, diese Gefühle anzunehmen, zuzulassen und auszudrücken, kann konstruktive Lebendigkeit entstehen, die Energien kommen in Fluß. Wenn ich mich dem, was gerade wirklich ist, verweigere, spalten sich diese lebendigen Teile meiner selbst ab. Sie sind deshalb nicht weg, sondern wirken weiter in mir, aber da sie nicht in angemessener Form mitleben dürfen, werden sie »böse«, und ihre Energie wirkt aus dem Unbewußten in destruktiver Weise. Es hat also wenig Sinn, künstlich am Atem etwas zu verändern. Für die Selbsterfahrung ist es am besten, sich gar keine Ziele vorzustellen, sondern sich einfach in der gegenwärtigen Atem-Bewegung mitzubewegen, sich dieser Bewegung anzuvertrauen, sich von ihr führen zu lassen. Dann wird der Atemstrom wie die Musik zu einem Strom der Wandlungen.

Indem ich *bewußt* das mitvollziehe, was sich ohnehin unbewußt ereignet, stelle ich die Verbindung her zwischen Unbewußtem und Bewußtsein, ich *nehme* diese Verbindung *bewußt wahr*. Das Bewußtsein verändert und erweitert sich. Das Selbst kann sich entfalten. Die Sensibilität wächst. Man nimmt mehr von sich und anderen wahr. Konflikte und Potentiale werden bewußter, ungelebte Gefühle fluten ins Bewußtsein. Was sich dabei konkret alles ereignen kann, hängt davon ab, wo der einzelne Mensch gerade steht. Indem so neue Aspekte und Dimensionen des Selbst bewußt werden, wandeln sich Einstellungen und Handlungsweisen. Dadurch werden alte Schicksalsinszenierungen überflüssig und neue Wege können beschritten werden.

Der Körper ist das primäre Instrument. Die Stimme ist tönender Atem. Jegliches instrumentale Spiel wird vom bewegten Körper ausgeführt und versetzt gleichzeitig den Klang-Körper in Schwingung, in Bewegung. Diese Bewegung bedeutet aber mehr als lediglich Vorbereitung oder Funktion des Eigentlichen im musikalischen Handeln oder Rezipieren: sie ist deren integraler Bestandteil. Die Körper- und Atem-Bewegung sind Teil der entstehenden Musik, die Art und Weise dieser Bewegung entspricht der Art und Weise dessen, was ertönt.

Gleichzeitig ist Musik für den Menschen einer der stärksten Impulse, impulsiv in Bewegung zu geraten. Der Musiker bewegt sich und setzt Tonschwingungen frei, die wiederum auf Menschen treffen, die davon in Schwingung, in Bewegung versetzt werden. Man kann der Musik aber auch Widerstand entgegensetzen: aus Geschmacksgründen oder weil man gerade etwas anderes möchte als Musikhören. Aber der Versuch, sich auf eine Musik einzulassen, kann auch deshalb schiefgehen, weil sie einen Menschen zu tief treffen kann, weil ihre Schwingungen in ihm Zustände mobilisieren, die mit großer Angst besetzt sind. Dann schützt er sich, »macht zu«, hört weg oder hört nichts, baut große körperliche Spannungen auf usw. Mit anderen Worten: er ist nicht durchlässig für diese Musik. Ich habe erlebt, daß ein Mensch den großen chinesischen Gong, vorbereitet durch Körper- und Atemarbeit in der Gruppe, nicht hörte – obwohl er wahrhaftig nicht zu überhören ist. Er begab sich vermutlich mit seinem Bewußtsein an einen anderen Ort, um sich vor der mächtigen Erfahrung dieses Klanges zu schützen.

Durchlässigkeit ist ein wesentliches Ziel der Arbeit mit Körper und Atem. Um mit Dore Jacobs zu sprechen, geht es darum, den Leib als Instrument zu stimmen. Nur als gestimmtes Instrument ist er resonanzfähig, kann er mitschwingen. »In Stimmung sein« weist in der heutigen Umgangssprache eher auf eine »gehobene Stimmung« hin, eine bis ins Rauschhafte gesteigerte gute Laune. Der Vergleich mit dem Spannen einer Saite bietet sich an; das höher gestimmte Instrument klingt für eine Weile brillanter, das ist durchaus legitim, doch auf die Dauer schadet es dem Instrument, und wenn man es übertreibt, reißt die Saite. Langfristig ist es daher günstiger, die Saite in einen Spannungszustand zu versetzen, der dem Material angemessen ist, das heißt, für die gesamte Situation »stimmig« ist. Dieses läßt sich leicht auch auf den Menschen übertragen. Dann kann man vom Tonus sprechen, der momentan stimmt. Die authentische momentane Stimmung gibt Resonanz auf das Eigentliche, Wesentliche. Dieses tönt hervor im Klang der Stimme.

Bereits an der Art des Sprechens kann man erkennen, wie die Stimmung eines Menschen ist, und wenn man sorgfältig wahrnimmt, auch, ob und wie jemand versucht, sich zu tarnen und zu verstellen. Im Stimmklang offenbart sich das Persönliche. Persona war im griechischen Theater die Maske (von personare = durchtönen); durch die archetypische Figur tönte der Schauspieler als Person hindurch. »Per sonum« heißt: durch Klang. Dies hängt unmittelbar mit dem Atem zusammen, da sich in ihm – wie oben schon beschrieben – unbewußt die Befindlichkeit und die jeweiligen Gefühle des Menschen spiegeln. So wirkt der Atem über die Stimmwerkzeuge auf den Stimmklang. Die Stimme eines Menschen, der innere Weite, Offenheit und Freiheit hat, wird anders klingen als die eines Gehemmten, so wie eine frei schwingende Saite anders klingt als eine gebremste.

Es wundert daher kaum, daß den meisten Menschen der improvisierte Ausdruck mit der Stimme am schwersten fällt. Kein Instrument ist der Seele so nahe, kann so sensibel die Seelen-»Stimmung« akustisch symbolisieren. Hat der Mensch eine Vorgabe, ein Lied oder eine bestimmte Gesangstechnik, ist er eingebunden in eine musikalische Begleitung, geht es schon wesentlich leichter. Aber allein mit seiner Stimme das auszudrükken, was ihn innerlich bewegt, sich so ganz unverhüllt über den Stimmklang zu offenbaren, gehört zu den heikelsten Angeboten, die man in dieser Arbeit machen kann.

Neben dem natürlichen Singen kommen in den verschiedensten Kulturen bestimmte Gesangstechniken vor. In vielen ursprünglichen Kulturen singt man sich damit förmlich in veränderte Bewußtseinszustände. Beispiele dafür sind die tibetischen

Mönche mit ihren abgrundtiefen Gesängen oder auch der Obertongesang, der tranceauslösende Wirkung hat. Das Mantrasingen im asiatischen Raum, auch der gregoreanische Gesang und die Litaneien des Christentums wurzeln in dieser Tradition. Der europäische Kunstgesang basiert vor allem auf dem Singen mit »Stütze«, was sehr künstlich wirken kann und sowohl seitens des Lehrers als auch des Schülers hoher Kunst bedarf, um wieder natürlich und authentisch zu erscheinen. Der »Belcanto« als »schöner« Gesang steht in krassem Gegensatz zum Blues- und Jazzgesang der amerikanischen Schwarzen, die, ihrer afrikanischen Heimat und Kultur entrissen und unter unmenschlichen Bedingungen schuftend, ihrem Leid einen stimmlichen Ausdruck gaben, der viele »dirty notes« enthielt – und natürlicherweise enthalten mußte. In einigen noch existierenden naturnahen Kulturen hat sich der Gesang als Ausdruck der inneren Bewegung, der Emotion, noch erhalten. Ein eindrucksvolles Beispiel war in einer Radiosendung über ozeanische Musik zu hören, wo eine Frau an der Bahre eines nahen Verwandten eine Totenklage anstimmte. »Dabei handelt es sich um einen von Text und Melodie her frei improvisierten Klagegesang. Ihre Stimme wird immer wieder von Schluchzern geschüttelt, aber sie singt immer weiter. Der Schmerz überwältigt sie nicht, da sie ihm eine Form geben kann, zum Beispiel über den Rhythmus. Der Atem ist die Phrasierung und die Trauer ihrer Seele der Inhalt des Liedes. Andere Frauen stimmen ein, auch sie sehr ergriffen, dann endet das Schluchzen allmählich, der Gesang wird ruhiger und klingt aus.«[1]

Dieses Beispiel belegt noch einmal, daß moderne Therapieverfahren mit musischen Mitteln an ursprüngliche Formen von Seelsorge anknüpfen, an Formen, die nicht nur Patienten zur Verfügung stehen, sondern jedem einzelnen in der alltäglichen Lebenspraxis. Karl Kerenyis »Religio«-Definition als Lauschen und Hinhorchen und Dore Jacobs Begriff vom »horchenden Tun«[2] vermitteln eine sinnvolle Haltung für diesen Prozeß, in dem Äußerungen, die aus dem Horchen auf das innere Leben stammen, nach außen dringen, Innenschwingungen zu Außenschwingungen werden, innere Bewegung zur äußeren Bewegung wird. Die Kunst dabei ist, daß es zu keinem Bruch kommt, sondern der Fluß in der Einheit erhalten bleibt. Bei der Technik lassen sich am Anfang Brüche nicht vermeiden, in der Kunst sind Technik und Brüche überwunden. Die Frage ist, inwieweit (»kultur«-bedingte) Brüche notwendig sind. Dore Jacobs gibt zu bedenken: »...die richtige Stimme muß man nicht ›ansetzen‹ oder ›bilden‹, man muß sie kommen lassen, man muß sie finden statt machen, und man darf sich auf einmal Gefundenes nicht festlegen, sondern muß immer wieder von neuem suchen... Der echte Ausdruck ist unwillkürlich: der Sänger singt nicht, es singt aus ihm.«[3]

Dies gilt nicht nur für das Singen, sondern genauso für das Instrumentalspiel. Man kann Musikinstrumente auch als erweiterte oder externalisierte Körperinstrumente betrachten. Saiten wären dann nach außen verlegte Stimmbänder, Resonanzkörper entsprächen der Mundhöhle und anderen Körperinnenräumen. Oder ihr Klang symbolisiert ein körperliches Phänomen wie beispielsweise der Trommelschlag den Herzschlag. Auch das Instrumentalspiel wird vom Hörer nur als beseelt erlebt, wenn es vom Atem des Spielers getragen ist. Gute Instrumentallehrer empfehlen ihren Schülern, beim Spiel innerlich mitzusingen. Bei den Blasinstrumenten kann man die Bedeutung des Atems natürlich gar nicht übersehen. Gerade hier ist aber die Gefahr einer Atem-Technik evident, nämlich wenn sich der Spieler nicht immer wieder auch mit seinem eigenen Atemfluß in Übereinstimmung bringt.

Das Einswerden von Mensch und Musik und die untrennbare Einheit von Körper, Atem und Musik bedingen also einander. Die sich durchdringenden Ebenen von Körper und Atem sind Voraussetzung für Klang und Musik als Ausdruck innerer Bewegung. Der unmittelbare Ausdruck offenbart mehr das Seelische, die weitere Gestaltung mehr das Geistige. Diese Zusammenhänge sollen im nächsten Kapitel beleuchtet werden.

3. Gefühle und ihre Gestaltung

Seele und Gefühlsleben

Während der Begriff »Psyche« auch kollektiv-archetypische und transpersonale Bereiche umfaßt, bezieht sich das Wort »Seele« auf das Individuelle, Persönliche. Bis heute ist es gebräuchlich, die Anzahl der Bewohner eines Ortes in »Seelen« zu zählen. Die persönliche Geschichte eines Menschen ist zum großen Teil die Geschichte seines Gefühlslebens. Dabei treffen die zum menschlichen Erbe gehörigen allgemeinen emotionalen Strukturen auf ein besonderes schicksalhaftes emotionales Klima. Die individuelle Seelenstimmung bildet sich in der Wechselbeziehung zwischen dem Mitgebrachten und den Reaktionen auf Erfahrungen, Wahrnehmungen, Atmosphärisches, Beziehungen im Umfeld, den Umgang mit den persönlichen Gefühlen.

Der Gefühlsbereich wird traditionell mit dem Element Wasser in Verbindung gebracht, und bezeichnenderweise kommt das Wort »Seele« von »die zum See gehörenden«[1]. Nach germanischer Vorstellung wohnten die Seelen vor der Geburt und nach dem Tod im Wasser. Um nur anzudeuten, was man hier gleich weiterassoziieren und -spekulieren könnte: die Verbindung zum vorgeburtlichen Leben im Fruchtwasser, die Bedeutung des Klanges in dieser Phase und die Analogie zwischen Klang und Wasser (im Unterschied zu Rhythmus und Feuer). Wenn das Gefühlsmäßige genügend Raum erfährt, um sich auszudrücken und zu gestalten, kommt es immer wieder zur Ruhe, wie das Wasser des Sees nach dem Sturm. In der Windstille glätten sich die Wogen. Das Bild des Wassers gilt auch hinsichtlich der Tiefe von Gefühlen. Sehr persönliche und leidenschaftliche wie Liebe, Eifersucht und Haß sind an der Oberfläche stark bewegt und peitschen die Gefühlswellen auf. Äußeres Zeichen ist die vom heftigen Atem sich hebende und senkende Brust. Je tiefer man in diesem See sinkt, desto friedlicher und weitläufiger, aber auch weniger persönlich werden die Gefühle. Auch dies wird im Atem spürbar, wenn dieser sich mehr und mehr vertieft bis hin zu einer

184

scheinbar unendlichen Ruhe und Gelassenheit, einem Gefühl des Einssein mit allem. Wo nicht mehr »Ich« atme, sondern man sich im Gefühl tiefen Vertrauens tragen lassen kann vom Atem (»Es atmet mich«), überschreitet man die Grenzen des Ich und bewegt sich in den transpersonalen Bereich.

Die Seele als personaler Aspekt der Psyche hat bewußte und unbewußte Anteile, die jeweils ans Überbewußte beziehungsweise Unterbewußte oder kollektive Unbewußte angrenzen. Das Kennzeichen persönlicher Gefühle ist ihre Subjektivität. Es ist weder erfahrungsgemäß wahrscheinlich noch objektiv nachprüfbar, daß sich die Gefühle zweier Menschen angesichts der gleichen äußerlichen Situation in hohem Maße gleichen. Wenn man dies nicht wahrhaben will, besteht die Gefahr, daß man seine eigenen Gefühle auf den anderen projiziert, was zu erheblichen Mißverständnissen führen kann. Eher wird uns an den Gefühlen das bewußt, was uns vom anderen trennt und was unsere ureigene Identität ausmacht. Dies zunächst einmal zum Grundsätzlichen.

Für unser Thema interessant ist das Zusammenwirken von un-*mittel*-barem Gefühl und *Mitteln* des Ausdrucks und der Gestaltung. Der spontanste (also unmittelbarste) Ausdruck seelischen Lebens findet auf der Körperebene statt: spontane Gestik und Mimik, Erröten und verschiedenste psychosomatische Reaktionsmuster sind symbolisierte Ausdrucksformen des unbewußten Seelenlebens. So offenbart sich seelisches Leben immer über den Körper, auch wenn mehr oder weniger bewußt Mittel gewählt werden, um es zum Ausdruck zu bringen. Der Ausdruck des Verliebtseins in schwärmerischen Liebesliedern oder die Kanalisation von Aggression in Kriegstänzen wären Beispiele für Formen, die sich überall herausgebildet haben. Ich erinnere auch an die Gestaltung der Trauer über den Tod eines nahestehenden Menschen in der Totenklage im letzten Kapitel. Diese Improvisation war anfangs noch ungestaltet, emotional schwankend, im Laufe der Zeit wurde sie aber immer zentrierter und geformter. Die musikalische Entwicklung spiegelte den inneren Prozeß der Frau. Je mehr sie von ihrem Gefühl ausdrücken konnte und diesen Ausdruck gestaltete, desto »gefaßter« wurde sie. Die geistige

Gestaltung vollzieht sich, indem die Wahrnehmung des Gefühls im Ausdruck immer bewußter wird und die Identität in der Symbolik der äußeren Gestalt mit dem inneren Gehalt vom Menschen vollzogen wird.

Seele und Kultur

Beim Tier scheinen das Erleben eines Gefühls und sein Ausdruck manchmal eine vollkommene Einheit zu bilden. Wütend werden und Knurren-Zähnefletschen-Bellen wirken dann beim Hund wie aus einem Guß, jedoch instinktiv und unreflektiert. Der Mensch hat, kraft seines Bewußtseins, die Fähigkeit, sich aufzuspalten in einen Erlebenden und einen Wahrnehmenden. Dies bedeutet eine bessere Steuerungsmöglichkeit für den Gefühlsbereich – eine zentrale Bedingung für die Entwicklung von Kultur. Er ist nicht jedem Impuls und Trieb völlig ausgeliefert, sondern hat die Gabe der Sublimierung und Verfeinerung. So greift er beispielsweise nicht wahllos nach allem Eßbaren und jedem potentiellen Sexualpartner – und dies eröffnet die Möglichkeit einer verfeinerten Eßkultur und Erotik. Der primäre Trieb wird sublimiert und ermöglicht dann eine Kultivierung des Genusses.

Dabei gibt es allerdings auch eine Falle, nämlich die Möglichkeit, ein »falsches Selbst« zu entwickeln; auch dies gehört in den Bereich der Entfremdung. Gewöhnlich geschieht das dann, wenn der Mensch sich als solcher nicht willkommen und angenommen fühlt; wenn im Rahmen der Sozialisation zuviel echte Impulse bestraft und nur erwünschtes Handeln gelobt wird; wenn Erziehung mehr eine Konditionierung denn eine Persönlichkeitsförderung ist. Dann verbietet sich der Mensch schließlich unbewußt selbst seine wirklichen Bedürfnisse und wird dadurch verführbar für eine Fülle von Ersatzbefriedigungen, wie sie die Konsumgesellschaft ja für diesen Fall auch massenhaft bereithält. Ein »falsches Selbst« kann bis zur pathologischen Auffälligkeit führen. In jedem Fall aber verschenkt der Mensch einen Teil seines Potentials an Lebendigkeit und authentischer Selbstverwirklichung. Nur die Aufhebung der Entfremdung, das

Wiederspürenlernen der echten Gefühle, kann aus dieser Situation herausführen. Denn dann kann sich wieder eine Balance herstellen zwischen einerseits den Ansprüchen der Triebsphäre, dem Körper- und Gefühlsbereich und andererseits dem menschlichen Wachstumsprozeß, der Kultivierung und Verfeinerung des Bewußtseins, seiner Erweiterung und Intensivierung.

Geist, Inspiration und intuitives Verstehen

Auf der geistige Ebene beschäftigt sich der Mensch mit den Sinnfragen, die persönlich geklärt werden müssen, auch wenn Gruppenidentität und geistige Lehrer hier einiges beitragen können. Aus dem persönlichen Lebenssinn ergeben sich die konkreten Aufgaben in der Welt: Beziehungen, Beruf usw. Der überpersönliche Lebenssinn offenbart sich über den persönlichen Weg, wenn auch das Leidvolle, das er enthält, angenommen und verarbeitet wird. Indem der Mensch auf die Stimme des innersten Selbst sorgfältig achtet, lernt er, auf die zentrale geistige Kraft zu vertrauen; im Anschluß an sie findet er Religio.

Mit Religio meine ich also die Beziehung zu jener Kraft, in der alles Gestaltete seinen Ursprung hat, wo alle energetischen Muster, die archetypischen Strukturen des Lebensprozesses gründen. Diese Energien in ihrer mehr oder weniger permanenten »Erregung« – eine ursprüngliche Bedeutung von Geist[2] – drängen in die Gestaltung, und der Mensch ist Spielball und Medium auf der einen, freier schöpferischer Wille auf der anderen Seite. In diesem Spannungsfeld bewegt sich kulturelles und künstlerisches Handeln. Das Geistige umfaßt die leibseelische Existenz und ragt über sie hinaus, transzendiert sie letztlich. Geistige Gesetze sind nicht unbedingt den physikalischen und psychologischen Gesetzen unterworfen. Die Teilhabe am Geistigen ist das, was den Menschen und seine Freiheit ausmacht. Geist ist nicht an die Person gebunden, wirkt sich aber durch die Person oder in personifizierter Form aus. Ver-geistigung ist ein Sichlösen, Sichbefreien vom Ausgeliefertsein an die triebhaften und emotionalen Ebenen. Dabei geht es aber nicht um Kontrolle und Verwaltung oder gar Unterdrückung dieser vitalen Energien, sondern eher um ein Annehmen und Gestalten, ohne daran zu haften. Geist ist daher in letzter Konsequenz Freiheit, Vergeistigung ist Befreiung.

Das Annehmen und Umgehen mit dem Gegebenen ist uns bereits vom Atem vertraut. Das lateinische Wort für »atmen« ist »spirare«, die Verbindung mit Inspiration und Geist (Spiritus) ist offensichtlich. Zum schöpferischen Ausdruck wird der Mensch inspiriert, indem er diese Eingebung annimmt und damit gestaltend umgeht. Dies setzt in gewisser Weise eine geistige Empfänglichkeit voraus. Aus der direkten Emotion entsteht eine impulsive kreative Geste; die Gestaltung verlangt dagegen eher eine gewisse Seelenruhe. Empfänglichkeit und Seelenruhe sind Qualitäten, die besonders aus der spürenden Arbeit mit Körper und Atem erwachsen. Insofern kann man die Eingebung zwar nicht machen oder provozieren – sie bleibt immer Gabe und Geschenk –, aber man kann günstige Voraussetzungen schaffen für die Inspiration aus dem Geistigen: eine Haltung der Achtsamkeit und Konzentration, ein Reinigen der Pforten der Wahrnehmung. Zu diesem Reinigungsprozeß gehört die Bearbeitung oder Gestaltung all der Gefühle, die dabei auftauchen.

Der nonverbale Ausdruck mit künstlerischen Mitteln ist primär dem intuitiven Verständnis zugänglich. Intuitiv ist ein Verstehen, das nicht durch Denken, sondern durch unmittelbare Anschauung zustande kommt, nicht durch Schlußfolgern in einem logischen Prozeß, sondern als spontanes ganzheitliches Erfassen einer zusammenhängenden Wirklichkeit. Dabei gibt es verschiedene Ebenen von Verstehen: Formen verstehen, Symbolik verstehen, Gefühle »verstehen«, Inhaltliches verstehen. Die einzige Möglichkeit, diese Art des Verstehens zu fördern, ist Intuitionsschulung, Sichüben in einer Wahrnehmung, die nicht von Vorstellungen und Rationalisierungen getrübt ist.

In der Musik ist diese Art der Wahrnehmung und des Verstehens Mittel der Wahl. Musikalische Intuition bezieht sich einerseits auf den unmittelbaren Einfall eines musikalischen Zusammenhanges, und sei er ein noch so kleines Motiv. Andererseits wirkt sie mit bei der hörenden Wahrnehmung und dem Entschlüsseln dieser nichtsprachlichen Botschaft. Emotionale Komponenten kommen natürlich dabei ins Spiel. Im Eros begegnen sich Gefühl, Sinnlichkeit und Geist. Geist führt zu Wahrnehmung, Anschauung, Bewußtheit und bewußter Gestaltung des zunächst unmittelbaren Gefühlsausdrucks.

Inspiration und Intuition stehen am Anfang des Komponierens wie auch des Improvisierens. Die geistige Gestaltung des aus dem Unbewußten aufgetauchten musikalischen Materials ist im Kompositionsprozeß generell bewußter, ausgefeilter und stärker am »Willen« des Komponisten orientiert. Jedoch hängt dies auch sehr von der Persönlichkeit des Komponisten ab, wenn wir uns beispielsweise an Cage erinnern. Bei der Improvisation ist der »idealtypische« Verlauf sehr ähnlich. Am Anfang taucht ein Gefühl auf und wird in der Musik gestaltet. Oder bei dem Versuch, die eigene Befindlichkeit zu spielen, wird ein Gefühl erregt, an dem man weitergestaltet. Dieser Gestaltungsprozeß experimentiert mit Geräuschen, Klängen, Klangfarben, Melodien und Rhythmen, um eine stimmige akustische Form für das seelische Erleben zu finden. Wenn man sich dabei immer wieder für den Moment öffnet, kann dies nie langweilig werden, egal ob sich im Strom der Zeit Musikalisches verdichtet oder Stille angemessen ist. Es ist wie eine geistige Suche, ein Horchen auf und ein Forschen nach Antworten auf das, was von innen her spürbar wird. Bei der musikalischen Improvisation entstehen so tönende Schwingungszustände, die sich im Laufe der Zeit immer wieder wandeln – um mit Goethe zu sprechen: »Gestaltung und Umgestaltung, des ewigen Sinnes ewige Unterhaltung«. Sowohl Komposition als auch Improvisation sind Möglichkeiten, über die *Gestaltung* Verbindung herzustellen zwischen Körper,

189

Seele (Gefühl) und Geist, zwischen Persönlichem und Überpersönlichem. Dieser schöpferische Prozeß ist die zeitlose Grundlage kulturellen Tuns und heilsamer Weg zur Ganzheit.

4. Integrale Menschenbildung, Selbsterfahrung und Therapie

Ein zentraler Schwachpunkt unseres Bildungssystems ist das Nebeneinander scharf abgegrenzter Fächer. Durch den enormen Leistungsdruck, unter dem alle Beteiligten stehen, verbleibt zu wenig oder gar keine Zeit, um Verbindungen zwischen den Disziplinen bewußt zu machen oder gar praktisch herzustellen. Fächerübergreifende Projekte, wie sie von fortschrittlichen Pädagogen in den 60er und 70er Jahren wieder propagiert wurden, blieben dabei auf der Strecke, abgesehen von einigen Modellversuchen, privaten Initiativen und Alternativen. Im therapeutischen Bereich dagegen hat sich, zumindest dort, wo dieser kreativ blieb und sich nicht den in der verwalteten Welt gebräuchlichen Verschulungstendenzen unterordnete, in den vergangenen zwei Jahrzehnten eine zunehmende Integrationsfreudigkeit entwickelt.

In den letzten Kapiteln wurden grundlegende Elemente des Musischen dargelegt: Körper und Atem, Bewegung, die für sich oder im Stimm- und Instrumentenklang ihren Ausdruck findet. Im folgenden wird beschrieben, wie in der praktischen Arbeit eine methodische Integration möglich ist, wie die sinnvolle Anordnung von Elementen der Körper- und Atemarbeit, rezeptiver und aktiver Musiktherapie, Bewegung, Tanz, bildnerischem Gestalten und ähnlichem eine Einbeziehung des ganzen Menschen mit allen seinen Sinnen und seiner ganzen Ausdrucksfähigkeit ermöglicht. Diese polyästhetische Vielfalt ist keine oberflächliche Pluralität nach dem Motto »von allem ein bißchen«. Im Gegenteil: bei rechter Haltung und Einstimmung kommt es zu tiefen Erfahrungen, da aus allen Bereichen etwas einfließt und mit hineingenommen werden kann. Hierüber möchte ich in diesem Kapitel berichten, und zwar anhand von Erfahrungen, die meine Frau, die Pianistin und Atempädagogin Gabriele Engert-Timmermann, und ich seit einigen Jahren gemeinsam machen.

Die Arbeit basiert auf grundlegenden Forschungen über das

Phänomen Klang, seine Strukturen und Wirkungen, die ich noch während meiner Wiener Studienjahre begann. Erste Experimente mit der Kombination von Entspannungsübungen und dem Klang des Monochords, die ich in Wien Ende der 70er Jahre mit Kommilitonen und später mit Patienten unternahm, setzte ich am Freien Musikzentrum München in erweiterter Form fort[1]. Das zunächst überwiegend musiktherapeutisch begründete Konzept wurde in unserer Zusammenarbeit erweitert um die intensive Arbeit mit Körper und Atem *in Verbindung* mit Hörerfahrungen, die noch näher geschildert werden. Wenn wir in diesem Zusammenhang übrigens von »Arbeit« sprechen, dann ist das nicht im Sinne von Leistung aufzufassen, sondern wird eher definiert in Richtung »Spiel« als ein freies Handeln, welches über das Funktional-Alltägliche hinausgeht – die Grundlage allen Kultes und aller Kultur. Dasselbe gilt natürlich auch für die freien Improvisationen. Wir befinden uns mit diesem Verfahren in einer Art Grenzgebiet zwischen erlebnisorientierter Pädagogik, Selbsterfahrung als Lebenshilfe und neuen multidimensionalen Ansätzen in der Psychotherapie. Die Grenzen werden fließender durch einen erweiterten Bildungsbegriff, indem nicht das Trainieren bestimmter Fähigkeiten und intellektuelles Wissen im Zentrum stehen, sondern eine Menschenbildung, an der wieder der Mensch als Ganzes beteiligt ist.[2]

Dieser Weg beinhaltet eine Kultivierung und Übung der Wahrnehmung und des Ausdrucks auf möglichst vielen Ebenen, so daß der einzelne Mensch in vielfältiger Weise dort »abgeholt« werden kann, wo er sich gerade befindet. Die Tiefe der Erfahrung hängt dabei von der Gestaltung des Rahmens durch den Gruppenleiter oder Therapeuten ab. Aber natürlich spielen auch Einstellung und Motivation des Teilnehmers eine große Rolle. In einem geeigneten Setting können mit den hier beschriebenen Mitteln elementare Erfahrungen des Menschseins gemacht werden, da körperliches und akustisches Erleben entwicklungspsychologisch auf frühesten Stufen angesiedelt werden können. Vermutlich sind diese beiden Ebenen sinnlichen Erlebens ursprünglich noch gar nicht getrennt. Das Kind im intrauterinen Zustand *hört* dann nicht den mütterlichen Herzschlag und andere Klänge als gesonderte akustische Phänomene, sondern es schwingt quasi darin. Ebenso entwickelt es sich in der Empfindung eines permanenten rhythmischen Druckwechsels durch das Schwingen des Zwerchfells im mütterlichen Atem[3].

Die Anordnung

Um an solche frühen Grunderfahrungen Anschluß zu finden, bot sich uns eine Kombination an von Körperwahrnehmung, Atemarbeit sowie rezeptiven und expressiven musikalischen Phasen. Im Laufe der praktischen Arbeit entwickelte sich daraus eine innere Logik und somit eine relativ strukturierte Anordnung der Elemente. Dabei kann man folgende Faktoren unterscheiden:

Körperwahrnehmung und Atemarbeit sammeln die Aufmerksamkeit, wecken und intensivieren die Empfindungsfähigkeit und eröffnen einen permanenten Wandlungsprozeß.

Die *Klangreise* (Rezeption elementarer Klänge, Rhythmen und Musik) kann den Hörer in Schichten führen, die dem Alltagsbewußtsein schwer zugänglich sind.

Freie Improvisationen mit Bewegung, Stimme und einfachen Instrumenten geben Raum für den Ausdruck der inneren Bewegungen und eine Verarbeitung auf der nichtsprachlichen Ebene; ferner ermöglichen sie Kontakt und Kommunikation. Dadurch können Brücken gebaut werden zwischen dem Unsagbaren des inneren Erlebens und der zwischenmenschlichen Wirklichkeit. Eventuell kann auch spontanes bildnerisches Gestalten oder ähnliches einbezogen werden.

In Gesprächen können die Erlebnisse mitgeteilt, besprochen und in Beziehung zum Lebenszusammenhang gebracht werden. Schließlich kann man verbal weitere Aktionen verabreden.

Chronologisch konkretisiert sich dies in folgendem Ablauf:

1. Aufbau einer vertrauensvollen Beziehung durch verbale und nonverbale Kontakte: Gespräche, freie Improvisationen mit Instrumenten, Stimme, Bewegung.

2. Körperwahrnehmung und Atemarbeit im Sitzen auf dem Hocker, Liegen, Stehen, Gehen. Später auch Partnerübungen. Liegen und Ruhen als Nachschwing- und Verarbeitungsphase.
3. Nach einer gewissen Zeit beginnt: die Klangreise.
4. Eventuell spontanes bildnerisches Gestalten des Erlebten. In jedem Falle aber Gespräch, in dem die Erlebnisse mitgeteilt werden können.
5. Nonverbale Aufarbeitung der inneren Erlebnisse und deren Integration in die soziale Wirklichkeit der Gruppe durch freie Improvisationen. Gegebenenfalls nochmals Gespräche oder auch expressive Atem- und Bewegungsangebote.

Aus diesem Überblick sollte deutlich werden, daß es nicht um den Konsum einer Pluralität von Erfahrungen geht. Durch intensive Vor- und Nachbereitung (sowohl auf der nonverbalen als auch der verbalen Ebene) wird vielmehr die ebenso wichtige Integration der Erlebnisse angestrebt. Nur wenn diese auch gut verarbeitet sind, kann eine neue Stufe, ein neuer Raum betreten werden, ohne daß die unerledigten Themen dies behindern. Mit anderen Worten: was ich nicht loslassen kann, muß ich zunächst noch einmal genau anschauen und klären, bis ich es loslassen und weitergehen kann.

Die Verarbeitung psychologischer Themen mit künstlerischen Mitteln muß also auch nicht auf ein Medium beschränkt sein. Kombinationen verschiedenster Art sind denkbar, wenn sie im Rahmen des Prozesses eine innere Logik ergeben. Wir bieten zum Beispiel oft zunächst die bildhafte Gestaltung tiefer Hör-Erfahrungen an, weil diese dann noch einmal in ein anderes nichtsprachliches Medium übersetzt werden. Ein detailliertes Betrachten und Deuten jedes einzelnen Bildes ist nicht vorgesehen; dies wäre Spezifikum eines kunsttherapeutischen Ansatzes. Wenn man jedoch anhand der Bilder über die Erlebnisse während der Klangreise spricht, wird das Gesagte plastischer, bleibt nahe am Gefühl und löst bei anderen Gefühle aus, einfach durch die zusätzliche Aussagekraft und psychische Wirksamkeit von Bildern. Danach wird noch einmal eine Gestaltungsmöglichkeit für die innere Bewegtheit in raumgreifender Bewegung, Tönen mit der Stimme und freiem Instrumentalspiel angeboten. Auf das eher stille und selbstbezogene Malen hin wird nun Gelegenheit zum (auch lautstarken) Ausdruck und der Begegnung mit anderen gegeben. Dabei können aktuelle Themen oft allein dadurch schon ein Stück weit verarbeitet und integriert werden. Die Gehemmtheit (mangelnde Freiheit) eines Menschen, sein Innerstes auszudrücken, und vor allem sein Gefühl, mit diesem Ausdruck nicht angenommen und getragen zu sein, bilden schließlich oftmals die Wurzeln seiner gegenwärtigen Problematik.

Die Klangreise

Mit diesem Teil des Verfahrens knüpfen wir an die alte schamanistische Tradition an, mittels akustischer Stimulation in die inneren Welten zu reisen, sich also in einen nichtalltäglichen Wachbewußtseinszustand zu begeben. Dazu fokussieren wir die Aufmerksamkeit auf zwei Ebenen:

1. auf die Erfahrung der momentanen Befindlichkeit im Körper und in der Atembewegung sowie
2. auf das Hören von Klängen, Rhythmen oder Musik.

Die Hörer werden auf das Klangerleben vorbereitet, indem zunächst sprachlich übermittelte Wahrnehmungsübungen angeboten werden, die Entspannung, Klarheit, Ruhe und Aufnahmebereitschaft fördern helfen oder deutlich machen, wo und wie dies behindert wird. Die Pforten der Wahrnehmung werden gereinigt. Die gesammelte Aufmerksamkeit führt hin zum Wesentlichen, zum Bei-sich-sein, und dem wird in einer Ruhephase nachgespürt. Es braucht *Zeit* zu *sein*, zum Beispiel am Boden auf einer Decke liegend, umgeben von Stille, die insofern auch zur Vorbereitung der Klänge gehört, als diese sich dadurch deutlicher abheben.

Die Klangreise ist eine Expedition nach innen, bei der unbekannte Landschaften entdeckt und erkundet werden können. Außerdem kann man danach forschen, ob und wie das Hören vor allem spezifischer elementarer musikalischer Strukturen bestimmte archetypische Themen der Psyche in Schwingung versetzt. Diese seelischen Grundthemen offenbaren sich in sehr individueller Weise und werden durch ihre Bewußtwerdung einer persönlichen Klärung und Integration in das Bewußtsein zugänglich. Daß auf diese Weise auch Zustände aus vorsprachlichen Entwicklungsperioden erreicht werden können, ist besonders für die Erfahrung und Therapie früher Störungen interessant. Dabei werden sowohl leidvolle und verletzende frühe Erfahrungen reaktiviert als auch – und dies wird leider immer noch zu wenig bedacht – das ganze elementare Potential an Glücksfähigkeit und Kreativität.

Instrumente als akustische Archetypen

Für den Leser, der nie die tiefe Wirkung der hier gemeinten Klänge erfahren hat, ist es vermutlich schwer, sich davon eine Vorstellung zu machen. Daher sollen im folgenden einige Grundbegriffe erläutert werden, die das Verständnis erleichtern. Vor allem aber werden Instrumente vorgestellt, die zum Teil wahrhaftig an den Wurzeln der Kultur entstanden sind und seit Urzeiten mit besonderen, »magischen« Wirkungen verknüpft sind. Zum Teil handelt es sich aber auch um hochkultivierte Schöpfungen, in denen dennoch Elementarstes (und höchst Ergreifendes) zum Ausdruck kommt.

Jedes Musikinstrument ist charakterisiert durch eine bestimmte Klangfarbe, die sich aus der jeweiligen spezifischen Konstellation von Obertönen ergibt und die wir als akustische Archetypen betrachten. Der Begriff »Archetypus« stammt ursprünglich von Kepler, einem der großen Harmoniker, der ihn im Zusammenhang mit den musikalischen Intervallen als der Seele eingeborenen akustischen Formen verwendete. C. G. Jung führte den Ausdruck in die Tiefenpsychologie ein. Er und seine Schüler beschäftigten sich mit der Bildersprache des Unbewußten, welche sie zu deuten suchten, und sie erforschten unter primär visuellen Gesichtspunkten Erscheinungsformen archetypischen Charakters. Das Unbewußte äußert sich aber auch in Handlungen und Gestaltungen auf der akustischen Ebene, sodaß der Jungsche Archetypenbegriff erweitert werden muß. Interessant auf der akustischen Ebene ist die Analogie zwischen *auditiven* Urstrukturen und psychischen Themenkomplexen des kollektiven Unbewußten: Zuständen, Gefühlen, seelischen Bildern, die im einzelnen Menschen aufgrund seiner persönlichen Geschichte in individueller Form auftauchen.

Jede konkrete Manifestation von Klang erfolgt durch ein Instrument (im weitesten Sinne des Wortes). Bereits die äußere Gestalt eines Instrumentes kann symbolische Assoziationen wecken oder auch mit einer gesellschaftlich bedingten Symbolik besetzt sein. Das Klavier gilt zum Beispiel vielen als Symbol des Bürgertums und ist für so manchen Menschen fest verbunden mit Traumen von rigidem Unterricht und Vorspielenmüssen. Die Orgel kann Erinnerungen an den sonntäglichen Gottesdienst wecken, der Gong an häusliche Essenszeiten.

Primärer Archetyp im Sinne einer musikalischen Struktur ist der *Einzelton*, welcher sich bei den von uns hauptsächlich verwendeten Instrumenten in wirkungsvoller Weise repetitiv-monotonal spielen läßt. Auf der nächsten Stufe kämen die *Intervalle* als Zweiton-Archetypen, und aus diesen wiederum formen sich *Skalen*, die sich meist auf fünf bis sieben Töne innerhalb einer Oktave beziehen. Danach könnte man noch *Melodie-* und *Akkord*-Archetypen herauskristallisieren und untersuchen. Ebenso lassen sich natürlich diverse *Rhythmus*-Archetypen unterscheiden und erforschen[4].

Die hier vorgestellten Instrumente siedeln alle auf der Ebene des Einzeltones und werden traditionell im Rahmen bewußtseinsverändernder Aktivitäten verwendet. Man spricht von »Zauberklängen« als akustischen Erscheinungen, die üblicherweise im rituellen Rahmen erzeugt werden und sich an höhere Mächte richten. Die dafür verwendeten Instrumente sind meist kultische Objekte, die profan nie benutzt werden. Zu ihren Aufgaben gehört, als »Geisterstimmen« die Gegenwärtigkeit übersinnlicher Wesen zu bezeugen, Geister anzulocken oder auch zu verscheuchen. Ansonsten stehen sie im Dienste der Lobpreisung und der Regelung kultischer Abläufe. Die existenzsichernde und kulturbewahrende Gegenwart der mythischen und persönlichen Ahnen wird immer wieder beschworen und das urzeitliche Schöpfungsgeschehen wird wieder-(ge)-holt, künstlerisch und dramaturgisch gestaltet und aufgeführt. Dies bedeutet »religio« im Sinne von Rückverbindung zum oder Wiederverbindung mit dem Ursprung und im Sinne sorgfältigen Horchens und Lauschens. Im Klang der kultischen Instrumente findet die reale Gegenwärtigung statt.[5]

Eines der frühsten Instrumente dieser Art ist das weltweit verbreitete *Schwirrholz*. Es handelt sich dabei um ein flaches Holzbrettchen, das an einer Schnur festgebunden und um den Kopf gewirbelt wird, wobei eine Art Summton entsteht. In der nordamerikanischen Jagdmagie bedeutete er herannahende Tiere[6], in anderen Kulturen mochten darin die Stimmen der Ahnen ertönen oder sonstige jenseitige Wesen vergegenwärtigt werden. Nicht selten war es zentrales Kultobjekt, wurde an geheimen Orten aufbewahrt und war außerhalb seiner sakralen Funktion tabu. Dies zeigt, wie groß die Macht des Schwirrholztones für den Menschen war[7]. Auch die *Maultrommel* spielt eine besondere Rolle im religös-psychologischen Bereich. Vor allem Schamanen benutzten sie, um Geister herbeizurufen. Möglicherweise wurden in manchen Kulturen die Stimmen der schamanischen Hilfsgeister damit wiedergegeben[8]. Der *Musikbogen* ist ebenfalls eines der ältesten bekannten Instrumente. Seine Darstellung in frühen Höhlenmalereien wird als Jagdmagie gedeutet[9]. Er wird in der musikethnologischen Literatur als Instrument zur Trance-Induktion beschrieben[10]. Die *Rassel*, bei uns häufig erstes Spiezeug und Faszinosum im Baby-Bettchen, ist auch menschheitsgeschichtlich früh anzusiedeln. Bei Indianerstämmen Südamerikas ist sie der wichtigste sakrale Gegenstand[11]. Sie kann aus verschiedensten Materialien sein und wird wie die Trommel zur rhythmischen Stimulation benutzt[12].

Die *Trommel*, neben Rassel, Klanghölzern und Musikbogen eines der archaischsten Rhythmusinstrumente, konfrontiert mit dem rhythmischen Erleben. Sie wird von Schamanen häufig verbunden mit dem Bild des Fahrzeugs (Pferd, Boot, Wagen oder

Schlitten) in die andere Welt, in das veränderte Bewußtsein. In ihrer runden Form ist sie Abbild der Welt als Ganzes. Der Trommelschlag wird häufig in Verbindung gebracht mit dem mütterlichen Herzschlag – und zwar sowohl von Naturvölkern als auch von heutigen Forschern. Die Trommel ist relativ gut erforscht. Eliade[13] beschreibt ausführlich die äußere Symbolik der Schamanentrommel und ihre Aufgabe bei der Reise in die andere Welt. Harner[14] sagt wörtlich, »daß die Trommel in einem Menschen tatsächlich die gleiche Bewußtseinsveränderung hervorrufen kann wie die Einnahme psychedelischer Drogen«. Lawlis[15] machte in seiner Arbeit mit depressiven Schmerzpatienten die Erfahrung, daß – im Unterschied zur Gesprächstherapie – stundenlange Trommelmusik diesen anscheinend half, sich von ihren immer wiederkehrenden negativen Gedankenmustern zu befreien. Sie tauchen in die Welt der inneren Bilder ein und sind danach fähig, die Welt mit anderen Augen, unter einem anderen Blickwinkel zu betrachten. Neher wies nach, daß konstante Klangstimuli, wie sie beim Schamanen-Trommel-Schlag auf das Gehirn treffen, in bestimmten Frequenzen die Gehirnwellenaktivität beeinflussen[16]. Doore folgert, daß die Funktion der Verarbeitung von Prozessen im linken Hirnlappen (die Funktion, die logische, rationale Denkprozesse steuert) durch Überlastung blockiert wird, so daß die Aktivität dieser Hirnhälfte konstant gehalten wird[17]. Er vergleicht diesen Vorgang mit Castanedas »die Welt anhalten« und dem, was die Yogis »das Anhalten des Gedankenflusses« nennen.

Die australische Besonderheit hinsichtlich Klangstimulation ist das *Didjeridu*, das Blasinstrument der Aborigines. Es handelt sich dabei um einen von Termiten ausgehöhlten Ast des Eukalyptusbaumes, der noch ein wenig präpariert und mit ritueller Bemalung versehen wird. Das Didjeridu wird mit zirkulärer Atmung gespielt und entfaltet dann seinen nicht enden wollenden monotonal-röhrenden Brummton, der eine stark trance-induzierende Wirkung hat. Spezielle Spieltechniken können die Klangfarbe vielfältig modulieren und rhythmische Muster erzeugen; gleichzeitig kann man diverse Tierstimmen damit imitieren. In den letzten Jahren wurde es zunehmend auch für die Musiktherapie entdeckt. Sein Klang spricht in der Tiefe die psychologischen Themen an, die mit dem Erdhaften, den vitalen, animalischen und triebhaften Aspekten unseres Seins zu tun haben.[18]

Der insgesamt sehr fokussierende Ton bei *großen* und *kleinen Klangschalen* konfrontiert den Hörenden häufig mit dem rational nicht Kontrollierbaren, beispielsweise einem Zustand des Schwebens oder Kreisens. Entsprechend der persönlichen Situation wird diese Erfahrung abgewehrt oder dankbar akzeptiert. Die Art und Weise des Erlebens ist individuell sehr unterschiedlich. Natürlich tauchen in der Klangrezeption zunächst die unerledigten biographischen Probleme auf, die eine Hingabe an diese reinen Klänge verhindern. Während die hohen Klangschalen eher in die höheren Körperregionen hineinwirken und beispielsweise Visionen von hellem Licht und Klarheit, aber auch Kopfweh und Schwindel verursachen können, wird der Ton der tiefen Klangschale häufig mit dem Unten und der Tiefe verbunden.

Bei der Klang-Rezeption mit dem großen *Gong* empfiehlt sich, nach ausreichender Vorbereitung durch Körper- und Atemarbeit, eine behutsame Vorgehensweise. Erst wenn man den Hörenden besser kennt und in der Gruppe ein Klima hinreichenden Vertrauens besteht, kann man die Dosis sukzessive steigern. Der Klang großer Gongs ist sehr mächtig. Es ist also zu erwarten, daß er auch mächtige, einschneidende, existentielle Erfahrungen auslösen kann. Im Unterschied zu den Schalen breitet sich hier der Klang weit aus und weist ein facettenreiches Spektrum und eine entsprechende Fülle von Assoziationen auf. Die Erschütterung, die der Klang großer Gongs hervorrufen kann, führt häufig zum Erlebnis von Grenz-, Schwellen- und Übergangssituationen und den damit verbundenen Kämpfen und Ängsten. Sein fluktuierendes, ständigem Wechsel unterworfenes Klangbild weist eher auf Transformation im weitesten Sinne hin. Die Geborgenheit einer vertrauten Struktur muß hier im Rahmen der Weiterentwicklung aufgegeben werden zugunsten neuer Räume. Dies ist häufig mit mehr oder weniger großer Schwellenangst verbunden, deren Überwindung aber befreiende Glücksgefühle auslöst.

Das *Monochord* entdeckte ich, nach einer kurzen, aber intensiven Begegnung bei Manfred Graf Keyserling, im Jahre 1978 in Wien durch Professor Rudolf Haase, der es als Meßinstrument in der harmonikalen Grundlagenforschung verwendet. Ich war bald von seinem Klang fasziniert und begann noch während meiner Musiktherapie-Ausbildung mit einem eigenen Instrument zu experimentieren. Dabei stellte ich zunächst fest, daß es als Entspannungshilfe für manche Patienten gut geeignet war. Vor allem stark leistungsorientierte Menschen, bei denen Autogenes Training nicht hilfreich war, sprachen darauf an. Während die einen glücklich schwärmten, war für andere der Klang nervig bis bedrohlich. Das verstand ich damals überhaupt nicht, und so wuchs mein Interesse, die Dinge zu erforschen.

Heute wird dieses traditionsreiche und vielseitige Instrument zunehmend für die Musiktherapie entdeckt. Für die Klang-Rezeption verwenden wir nach wie vor ein Monochord mit dreizehn Saiten, welche alle auf die gleiche Tonhöhe gestimmt sind. Der Spieler streicht nun abwechselnd mit einem Finger der rechten und linken Hand über die Saiten. So entsteht ein in sich kreisender, kontinuierlich fließender Klang, der sich aus verschmelzenden gleichen Tönen zusammensetzt. Über diesem Grundton sind nach kurzer Spieldauer feine Melodien der natürlichen Obertöne wahrnehmbar. Wenn man sich auf diesen Klang einlassen kann, kommt es häufig zu Gefühlen von Aufgehoben- und Geborgensein in einem größeren Ganzen, einer höheren Ordnung, die sich als Getragensein im Mutterleib oder als kosmische Alleinheit offenbaren kann. Wenn dieser Themenbereich allerdings besetzt ist durch frühe Störungen in der grundlegenden Phase des Sicheinsfühlens mit der Mutter und des wortlosen Verstanden- und Getragenseins, dann können auch diese leidvollen Erfahrungen aktualisiert werden. Dadurch werden sie allerdings auch dem Bewußtsein zugänglich und können im therapeutischen Setting bearbeitet werden.

Die häufigste Assoziation zum Monochord-Klang ist das Element des Wassers in seinen verschiedensten Erscheinungsformen, was sich positiv ausdrücken kann in Gefühlen von schwerelosem Sichbewegen oder Ruhen in warmem Wasser. Aber auch ein Schweben in der Luft oder im Weltraum wird oft erlebt, kosmische Gefühle von Eingefügtsein in die sinnvolle Ordnung der Planetenbewegungen. Dies deutet auf Entspannung und Gelöstsein hin. Das Gefühl, getragen zu sein, spiegelt sich in Bildern, wo sich jemand in einem Boot oder auf einer Luftmatratze, also *auf* dem Wasser, befindet. Oft werden Phänomene erlebt wie die Aufhebung der Trennung zwischen Körper und Klang oder auch Zeitlosigkeit, verbunden mit Gefühlen des Einsseins mit allem. Geborgenheit taucht auf in Bildern, wo jemand sich in einer Höhle oder Hülle befindet; da können Erinnerungen auftauchen an Bettkuscheln mit den Eltern oder mit Freunden im warmen Schlafsack im Zelt. Aber auch negative Gefühle können ausgelöst werden: Ungeborgenheit, Angst zu zerfließen, sich aufzulösen. Hier ist Vorsicht mit dem therapeutischen Gebrauch des Monochords geboten, um nicht psychoseartige Depersonalisationstendenzen zu unterstützen! Auch die Abwehr des Hörenden ist als unbewußter Schutzfaktor unbedingt zu respektieren.

Im Monochord-Klang kommt ein breites Spektrum der Einheitserfahrung zum Ausdruck. Man fühlt sich erinnert an Gebsers archaisches Bewußtsein, an Ganzheit jenseits von Trennung und Grenzen, entwicklungspsychologisch an die intrauterine Phase, letztlich auch an das selige Verschmelzen in der mystisch-religiösen Erfahrung. Wenn der Mensch sich getragen weiß von der Mutter/Welt, also von etwas Größerem, Umfassenderem als er selbst, wird er diesen Klang eher positiv erleben. Ist dieses Urvertrauen aufgrund bestimmter Umstände erschüttert, tauchen unangenehme Gefühle und Assoziationen auf, die dann aber dem Bewußtsein zugänglich sind und bearbeitet werden können. Das Gefühl des Menschen, in seiner Beziehung zu anderen und der Welt getragen und aufgehoben zu sein, ist auch davon abhängig, inwieweit solche Gefühle über die Geburt hinaus durch die Eltern und andere Bezugspersonen gefördert wurden. Die Sehnsucht nach dem »verlorenen Paradies« ist ein wesentlicher Aspekt menschlichen Strebens. Fehlformen dürften Suchtverhalten und andere negative Formen der Regression sein. Positive Entwicklungsmöglichkeiten

liegen vielleicht im Entdecken einer »höheren« Form des Einsseins, einem Bewußtsein der Teilhabe am Ganzen, wo sich der
Kreis vom Archaischen zum Integralen wieder schließt.

V. ZUKUNFTSKULTUR

1. Erweiterung grundlegender Begriffe

Knüpfen wir noch einmal an die Verbindung von Musik und Gesundheit an, und nähern wir uns von dort einer Begriffsbestimmung. Das deutsche Wort »ge-sund« läßt sich, wie wir bereits gesehen haben, über das englische Wort »sound« für Klang herleiten. Wo man heute »I am fit« sagt, hieß es bis vor gar nicht langer Zeit »I am sound«. Es klingt, als sei hier ursprünglich so etwas wie »mit sich im Einklang stehen« gemeint, ein »Stimmigsein mit sich und der Welt«. Das englische Wort für Gesundheit ist »health« und entstammt derselben angelsächsischen Wurzel wie »whole« für ganz, »hale« für gesund und »holy« für heilig. Auch im Deutschen ist die Verbindung von »heilig« und »heil« – und damit von Religion und Heilung – offensichtlich. Attribute des Heiligen als eines höchsten Zustandes oder höchsten personifizierten Wesens sind in allen Religionen Vollkommenheit und Gleichgewicht. Das ideale Ganze befindet sich in einem integralen Zustand harmonischen Gleichgewichts[1]. Harmonie ist in diesem Sinne nicht als das abgeteilte Schöne – wie ich andernorts ausführlich dargelegt habe[2] –, sondern als vollkommene Ganzheit und Integrität zu verstehen. Dies wird am Wesen der Musik anschaulich oder, besser gesagt, »anhörlich«. Konsonanz und Dissonanz können beide, dem Moment im musikalischen Gesamtzusammenhang gemäß, stimmig sein, das heißt, eine harmonische Qualität entfalten. Entsprechendes gilt für die seelische Ebene. Wenn ich Grund habe, wütend zu sein, erlebe ich mich im Ausdruck dieser Wut als in Harmonie mit mir und der Situation. Disharmonisch dagegen wäre es, dieses authentische Gefühl zu verleugnen und abzuspalten.

Als Heilslehre hat die Religion die Aufgabe, durch achtsame Zuwendung das Zerfallene wieder ganz zu machen und Abgespaltenes wieder anzubinden. In der idealen Ganzheit sind die Teile nicht nur komplett vorhanden, sondern auch in einer dynamischen, den wechselnden Bedingungen des Lebendigen elastisch sich anpassenden Ordnung. Sie kennen ihren Raum und ihre Grenzen, und daraus ergeben sich Balance, Harmonie,

Schönheit und Gesundheit[3]. Gesundheit ist ein dynamischer Prozeß, und daher kann es keine vollkommene Gesundheit geben und auch keine endgültige Heilung. Es gibt nur ein permanentes Ausbalancieren und Erweitern und wieder Ausbalancieren. »Der Zustand des Gleichgewichts verleiht dem Ganzen eine außerordentliche Qualität. Er macht das vollkommene Ganze größer als die Summe seiner Teile, macht es schön und heilig und bringt es dadurch mit einer höheren Realität in Verbindung. Gesundheit ist Ganzheit – Ganzheit in ihrem tiefsten Sinne, in dem nichts ausgeschlossen bleibt und sich alles genau in der richtigen Ordnung befindet, um das Mysterium des Gleichgewichts zum Ausdruck zu bringen. Gesundheit ist längst nicht nur das Fehlen von Krankheit, sie ist das dynamische und harmonische Gleichgewicht aller Elemente und Kräfte, die einen Menschen ausmachen und ihn umgeben.«[4] Gesundheit kann, so verstanden, sogar das Vorhandensein von *Krankheit* beinhalten, wenn der Mensch in diesem Kranksein im Einklang mit sich ist. Insofern kann es krank sein beziehungsweise machen, nicht krank sein zu können. Unter diesem Gesichtspunkt kann man Krankheiten als Phasen bezeichnen, in denen bestimmte Themen des menschlichen Entfaltungsprozesses auf mehr oder weniger dramatische Weise zur Bearbeitung drängen.

Voraussetzung für Gesundheit ist Beziehung, und zwar auf verschiedenen (aber komplex vernetzten) Ebenen:

Auf der *individuellen* Ebene geht es um die Beziehung zu sich selbst, zu seinem Körper, seinen Gefühlen und deren Ausdruck, um die persönliche Lebenseinstellung und Haltung. Durch einen pfleglichen (hygienischen) Umgang mit sich selbst im Rahmen seines persönlichen Beziehungsfeldes kommt man immer wieder mit sich selbst ins reine. Der Individuationsprozeß als Weg zu persönlicher Reifung und Selbstverwirklichung, die nicht auf Kosten anderer geht, setzt ein Sichannehmen voraus, einen gesunden Narzißmus im Sinne des Bibelspruches: Liebe deinen Nächsten *wie dich selbst.*

Diese Vernetzung von liebevollem Umgang mit sich selbst und dem anderen findet auf der *sozialen* Ebene ihren Ausdruck. Hier sind die zwischenmenschlichen Beziehungen von Bedeutung, ohne die ein Individuum nicht lebensfähig wird und deren Fehlen mit einem Abbau von Lebendigkeit und Sinnverlust einhergeht.

Dringend notwendig ist ein verändertes Beziehungsverhalten der Menschen zu Welt und Erde. Die *ökologische* Ebene von Beziehung fördert das Bewußtsein für ein Miteinanderteilen unseres Planeten und ein Miteinanderverwobensein. Der Mensch ist Teil der Natur, und wo er sie bekämpft und vernichtet, tut er dies sich selbst an. Eine gestörte Beziehung zur Erde ist eine gestörte Beziehung zu sich selbst, und insofern diese Leiden verursacht, gehört sie in die Pathologie. Die Gesundheit des Menschen ist abhängig von der Gesundheit seiner Mitwelt.

Zur traditionellen Verbindung zwischen Religion und Heilung gehört auch die Beziehung zum tieferen Selbst, die *spirituelle* Ebene. Damit ist nicht unbedingt die Zugehörigkeit zu einer religiösen Richtung oder Gruppe gemeint, sondern die Erfahrung der persönlichen *Religio*, die Beziehung zum Wesenskern und die Achtsamkeit für Botschaften aus dem eigenen Inneren.

Krankheiten signalisieren, daß auf einer dieser genannten Ebenen etwas nicht »stimmt«, eine »Verstimmung« vorliegt. Es wird eine unangemessene Haltung eingenommen. Beziehungsprobleme mit Aspekten des Ganzen liegen vor. Man kann Krankheit als Folge der Verweigerung von Entfaltung des Bewußtseins, als Ausdruck der gestörten Suche nach Ganzheit verstehen[5]. Dann wird Krankheit zum Korrektiv, zu einer positiven Kraft, die einen wieder zur Besinnung und auf den rechten Weg zurück in die Balance und damit zur Kraft der Mitte bringen kann.

In diesem Sinn kann *Prävention* Krankheit auch nicht abschaffen. Frühzeitiges Erkennen von Krisen bedeutet jedoch, daß sie sich noch direkter und weniger »maskiert« offenbaren. Auch die Schäden auf der Körperebene als somatischer Ausdruck einer seelisch-geistigen Problematik sind noch nicht so gravierend, daß Behandlungen kompliziert und kostspielig sein müßten. Dagegen sind längere Klinikaufenthalte oft verbunden mit schweren Eingriffen in das psychische und soziale Leben des Betroffenen. Wo dies nur irgendwie verhindert werden kann, muß man es tun. Gerade bei psychischen Problemen kann ein frühes Erkennen einem Lebenslauf noch größere Chancen und ein reicheres Potential an Entfaltung bescheren. Nur wo dies durch menschenmögliche Hilfe nicht erreicht werden kann, gilt es, Leiden anzunehmen und sich dafür zu öffnen, seinen Sinn zu verstehen. In vielen Religionen und esoterischen Psychologien wird es als schnellster Weg zur Selbsterkenntnis betrachtet. Dies sind allerdings ethisch sehr heikle Fragen.

Aus dem Gesagten folgt, daß wir auch den Begriff von *Therapie* neu überdenken und über das bisherige (vorwiegend medizinische) Verständnis hinaus erweitern müssen. »Therapie« leitet sich ab vom griechischen »therapeun«, ein vieldeutiger Begriff, der sowohl die Verehrung der Götter, also die religiös-spirituelle Ebene, als auch sorgfältige Behandlung, Pflege und Heilung umfaßt. Er bezieht sich heute auf eine Vielzahl von Maßnahmen wie beispielsweise die Verschreibung von Medikamenten, physikalische Anwendungen, diverse sogenannte alternative oder ganzheitliche Heilmethoden sowie die seelische Behandlung in der Psychotherapie. Die Denkungsweise der psychosomatischen Medizin sickert sehr allmählich in die schulmedizinische Welt ein. Daß gegenüber den zweifellos großen Errungenschaften der Medizintechnik manchmal starke Ressentiments bestehen, ist oft ideologisch und durch sprachlich bedingte Kommunikationsschwierigkeiten begründet. Eine Verständigung der Experten und eine sinnvolle Integration verschiedenster therapeutischer Zugänge liegt aber sehr im Interesse des Patienten.

Forschungsergebnisse, die belegen, daß es Heilungen gibt, die wider alle schulmedizinische Vernunft sind, verunsichern auf der einen Seite die orthodoxe Ärzteschaft, andererseits sind sie neben seriösen neuen Ansätzen auch der ideale Nährboden für Scharlatane. Man kann heute konstatieren, daß am Krankheitsgeschehen eine Fülle biologischer *und* nichtbiologischer Faktoren beteiligt sind, die auf sehr komplexe Weise zusammenwirken[6]. Wie schon an anderer Stelle im Hinblick auf die Placebo-Forschung angedeutet wurde, sind die nichtbiologischen, also im weitesten Sinne psychologischen Anteile immens und werden von der herrschenden Meinung immer noch unterschätzt. Aber »die Hinweise verdichten sich, daß der Körper über ein Heilungsprogramm verfügt, von dessen Leistungsfähigkeit Gesundheit, Krankheit und Genesung abhängen. Dieses Heilungsprogramm wird von psychischen, therapeutisch-allopathischen und körpereigenen Prozessen in Gang gesetzt (oder auch nicht), wobei diese Prozesse einander blockieren und verstärken können. Gedanken und Gefühle beeinflussen über das Gehirn das Zentralnervensystem, das wiederum mit dem Immunsystem gekoppelt ist, und die Qualität der Gedanken und Gefühle entscheidet mit darüber, in welcher Weise und mit welcher Intensität diese Subsysteme des Körpers arbeiten.«[7]

Eine zunehmende Anzahl von Therapeuten versteht ihre Arbeit heute als Anregung und Begleitung von Selbstheilungsprozessen. Ziel dieser Arbeit ist, sich selbst möglichst überflüssig zu machen, indem der Patient selbst wieder lernt, sich so gut zu spüren, daß er sich der jeweiligen Situation angemessen verhalten kann. Bei Tieren kennt man eine Art von Sensitivität oder Instinkt, der sie veranlaßt, zum Beispiel bestimmte Pflanzen zu fressen, die helfen, das Problem des Organismus zu lösen. Auch manche hellsichtige Heilerpersönlichkeiten verfügen über vergleichbare Gaben. Jeder Mensch aber kann seine Selbstwahrnehmungsfähigkeit erweitern, er kann spüren lernen, was ihm guttut und was nicht. Damit entwickelt sich mit der Zeit ein Gesundheitsbewußtsein, das nicht nur dem erhobenen Zeigefinger, sondern vor allem eigener Erfahrung vertraut.

Die Fähigkeit, sich auf allen Ebenen von Körper, Seele und Geist besser zu spüren, bringt eine enorme Steigerung der Lebensqualität und -intensität mit sich. Dabei spielen die psychosoziale Entwicklung, der entsprechende Umgang mit Gefühlen und die auf Erfahrung basierende geistige Einstellung eine bedeutende Rolle. Psychosomatik ist mehr als eine Sonderdisziplin der Medizin. Sie ist wesentlicher Faktor in einem Netzwerk psychosozialer Hygiene, in dem verschiedenste Berufsgruppen, die mit dem Menschen arbeiten, kooperieren. Das Wissen um diese Zusammenhänge bereits in der Schule zu vermitteln, wäre ein Beispiel echter Vorbeugung. Auf die Mystifizierung durch eine esoterische (lateinische) Geheimsprache könnte man sicher weitgehend verzichten. Statt dessen sollten die Zusammenhänge auch dem Laien verständlich dargestellt und somit die Selbstverantwortung des Patienten mehr betont werden. Bei einer wachsenden Zahl von Ärzten wird in letzter Zeit ein Bemühen in diese Richtung spürbar.

Statt vom »Gesundheits-System« könnte man in diesem Zusammenhang auch von einer »Gesundheits-Kultur« sprechen. Ein erweiterter Begriff von *Kultur* schafft die Basis für ein Zusammenwirken mit dem Gesundheitswesen. Wenn Einstellungen, Gedanken und Gefühle, also seelische und geistige Prozesse, einen solchen Einfluß auf Krankheits- und Heilungsprozesse auch im körperlichen Bereich haben, bestätigt das nur die Relevanz der im ersten Kapitel dargelegten Definition von Kultur als Pflege von Körper, Seele und Geist. Dies wird natürlich nur sinnvoll, wenn Kultur die Menschen auch erreicht. Bei kulturellen Veranstaltungen, die lediglich eine bestimmte soziale Schicht ansprechen, von der ein großer Teil Kultur überdies eher als gesellschaftliches Ereignis versteht, geht der ursprüngliche Sinn von Kultur verloren. Noch extremer wird die Verflachung von Kultur teilweise in den Medien betrieben. Wie früher bereits Aldous Huxley, so warnt neuerdings Neil Postman[8] vor einer zukünftigen (und die Zukunft rückt immer näher) Kultur des oberflächlichen Vergnügens als Mittel der politischen Unterdrückung, einer Weltflucht durch entfremdeten Hedonismus und Ästhetizismus. Kultur wird trivialisiert zum Showbusiness, zum Varieté, in dem jedes Thema nur noch der Unterhaltung dient und ohne Übergang in bunter, krasser Folge Kriegsberichte, Sport, Familienserien usw., gemischt mit Werbespots, präsentiert werden. Dieser Cocktail audio-visueller Stimulation wird teilweise konsumiert wie eine betäubende Droge. Zerstreuung wirkt hier kontra Sammlung, Verdrängung kontra Bewußtheit, geistige Überschwemmung, Verwirrung und Vergiftung kontra Klarheit und zentrierte Aufmerksamkeit. An den Kindern spürt man diese Wirkungen sehr deutlich, und demnächst werden wir beobachten können, wie sich die ersten Generationen verhalten, die auf solche Weise mit Fernsehen aufgewachsen sind.

Eine Alternative zu dieser Entwicklung ist die Wiederentdeckung der anthropologischen Grundkonstante, daß potentiell jeder Mensch ein Kulturschaffender ist. Auch dies läßt sich an Kindern besonders gut beobachten. Wenn man ihnen einen freien Zugang ermöglicht und geeignetes Material zur Verfügung stellt, finden sie ihren Weg zum künstlerischen Ausdruck. Vor einiger Zeit sorgte eine Zeitungsmeldung für Aufregung: Das Bild eines Kindes gewann in einem Wettbewerb für moderne Kunst, nachdem der Vater das Bild unter seinem Namen eingesendet hatte. Was muß man da noch kommentieren?

Jeder Mensch braucht den eigenschöpferischen Umgang mit Kultur als pfleglichen Umgang mit sich selbst. Wer den erweiterten Begriff der *Kunst* als eine Art Markenzeichen von Joseph Beuys und nur in Verbindung mit seiner Person versteht, macht es sich zu einfach. Denn natürlich wollte Beuys mehr als einen Begriff schaffen. Dazu war er ein viel zu politisch denkender Mensch. Er hatte Visionen von einer künftigen Gesellschaft, in der Kunst, Kultur, seelische, geistige und soziale Entwicklung zusammenfließen und zusammenwirken. Ihm war es ernst mit der politischen und psychosozialen Dimension der Kunst. Sie soll nicht mehr nur ausschließlich über die Aussagen einiger hervorragender Künstlerpersönlichkeiten wirken, sondern dem Menschen zurückgegeben werden. Es ging ihm darum, Lebens-Kunst zu entwickeln, Kunst als gestaltetes Leben zu begreifen[9]. Ich habe hierfür den Begriff der »menschennahen« Kultur beziehungsweise Kunst gefunden.

Wollen wir den modernen Entfremdungserscheinungen und all ihren üblen Konsequenzen entgegenwirken, dann braucht der Mensch weniger Vor-bilder als vielmehr Anregung und Unterstützung, das Eigene zu finden und sein persönliches Wesen angemessen ausdrücken zu können. Was man von außen tun kann, ist das Bereitstellen von freien Erlebens-Räumen, die Gelegenheit bieten, sich selbst über seine schöpferischen Potentiale besser kennenzulernen und zu entfalten: durch Malen, Musizieren, Schreiben und Aufführen von Theaterstücken, Entwerfen und Herstellen von Kleidungsstücken, Töpfern von Objekten mit und ohne praktischen Nutzwert usw. Leistungsfreies und unzensiertes Entwickeln von kultureller Eigenart, des eigenen kulturellen Geschmacks führt dann zur persönlichen Lebens-Kunst, zu Sinnfindung und Selbstverwirklichung.

2. Entfremdung und Selbsterfahrung

»Fast die ganze Welt ist sich selbst entfremdet, und in der Selbstentfremdung verliert der Mensch seine wesentlichste Eigenschaft: die Fähigkeit, über sich nachzudenken, sich in sich selbst zu sammeln, mit sich in Einklang zu kommen und sich klar daüber zu werden, was er glaubt und was er nicht glaubt, was er wirklich schätzt und was er verabscheut. Die Selbstentfremdung umnebelt ihn, blendet ihn, nötigt ihn, wie ein vom Schlafwandel Besessener mechanisch zu handeln.«

José Ortega y Gasset [1]

»Wer einen Weg zu sich selbst sucht, träumt von einem Zustand, in dem er sich selbst ertrüge. Daher ist keine Suche nach dem wahren Selbst eine theoretische; die Suche entspringt dem Drang des Lebendigen nach einer ›Wahrheit‹, die unerträgliches Leben erträglich machte. Auf der Ebene solcher radikaler Fragen endet jede Theorie – und mündet entweder in Lebenskunst oder bleibt, was sie war: ein Symptom des verwundeten Lebens.«

Peter Sloterdijk [2]

»...Selbsterfahrung jedoch ist in ihrer beglückendsten Form nichts weniger als die bewußte und verantwortete Teilhabe am Weltganzen.«

Jean Gebser [3]

Jede Zeit hat ihren Geist. Ende der 60er bis Anfang der 70er Jahre erreichte die von den USA ausgehende Therapiebewegung Deutschland, zunächst als Gruppendynamik oder Gruppentraining für Angehörige sozialer Berufe. Ich selbst nahm an meiner ersten Selbsterfahrungsgruppe in den Jahren 1971/72 im Rahmen des Pädagogikstudiums teil. (Wie progressiv dieses Angebot damals war, ist mir heute erst so recht bewußt!) Es war die Zeit, in der traditionelle Wert- und Rollenmuster nicht mehr nur von einzelnen Intellektuellen kritisiert, sondern von einer größeren Anzahl vor allem junger Menschen in Frage gestellt wurden. Die ersten Wohngemeinschaften bildeten sich als Experimente neuen Zusammenlebens und Beziehungsverhaltens. Fragen sozialer Organisation waren beherrschende Themen. Es war die Zeit der großen Demonstrationen und politischen Gruppen. Auch die Musik dieser Zeit wurde überwiegend von Gruppen gemacht; die Beatles beipielsweise erreichten später als Einzelmusiker nie wieder das, was sie als Gruppe schufen.

Im Laufe der 70er Jahre verschob sich der Interessenschwerpunkt allmählich mehr auf das Individuum. Die psychedelische Bewegung löste die Entdeckung der Innenschau, des Meditativen aus. Individuation und Selbstverwirklichung wurden zunehmend als Voraussetzung für soziale Harmonie betrachtet. Die Einzeltherapie wurde in neuen Gewändern wiederentdeckt. Die vielen Verfahren der Humanistischen Psychologie entwickelten sich, und mit ihnen wurden die therapeutischen Möglichkeiten wiederentdeckt, die in der Arbeit mit Körper, Atem, Bewegung und künstlerischen Medien schlummern.

In den 80er Jahren wuchsen sich diese Tendenzen zu einer Massenbewegung aus. Eine schier unübersehbare Fülle von Therapieverfahren entfaltete sich im Wechselspiel von Angebot und Nachfrage, so daß es inzwischen mehrere Bücher gibt, die als Führer durch diesen Dschungel dienen. Der »Psychoboom« brach aus, als solcher heftig kritisiert. Berechtigt war dies sicherlich im Hinblick auf die Seriösität vieler selbsternannter Therapeuten und mancher Kommerzialisierungsexzesse. Auch oberflächlicher – und gelegentlich schon fast suchtartiger – Konsum verschiedenster Angebote kann kritisch betrachtet werden. Andererseits ist die Nachfrage aber auch Ausdruck einer Bedürftigkeit, die für die Beteiligten offensichtlich sonst nirgendwo in unserer Gesellschaft abgefangen wird. Man könnte vermuten, daß die »Schamanen« zurückkehren.

Das Bedürfnis nach Selbsterfahrung, Selbstentdeckung, Selbstverwirklichung ist die Gegenbewegung zur Entfremdung, die der Benediktiner David Steindl-Rast als zeitgemäßen Begriff für »Sünde« bezeichnet. »Was in anderen Zeiten Sünde genannt wurde, nennen wir Entfremdung... Entfremdung suggeriert eine Entwurzelung vom eigenen wahren Selbst, von anderen, von Gott (oder was sonst von fundamentaler Bedeutung ist), und all das mit einem einzigen Wort... Daraus die Konsequenzen zu ziehen,... könnte uns sehen helfen, daß heute ›an unserer Erlösung arbeiten‹ bedeutet, Entfremdung in all ihren Formen zu überwinden. Der zeitgenössische Begriff für Heil ist Zugehörigkeit. Der Weg von der Entfremdung zur Zugehörigkeit ist der Weg von der Sünde zum Heil.«[4]

Der Selbstentfremdungsprozeß, in der Entwicklung des Ichbewußtseins keimhaft angelegt, wurde durch eine zunehmend denaturierte Lebensweise in den Zivilisationen vorangetrieben und fand ihren Höhepunkt in der industriellen Entwicklung der letzten hundert Jahre. Marx wandte den Begriff »Entfremdung« auf die Arbeit an, auf Tätigkeiten, die man nicht für sich selbst tut oder deren Produkt in keiner persönlichen Beziehung mehr zum Hersteller steht. Im Extrem dreht der Mensch Schrauben in ein Objekt, von dem er weder weiß, was es ist, noch, wozu es einmal dienen wird. Marcuse beschrieb in den 60er Jahren den weiteren Entfremdungsprozeß in einer Konsum- und Warengesellschaft, in der alles vermarktet wird und entfremdete Körper und Sinne, auf eingeflüsterte Wünsche konditioniert, Ersatzbefriedigungen nachjagen, die wirklichen Bedürfnisse und Triebe aber unterdrückt sind[5]. In dieser Situation scheint es nur natürlich, daß Menschen, denen dieser Zustand bewußt wird, nach Wegen suchen, ihr Leben erträglicher und sinnvoller zu gestalten. Während die einen ihr Heil im politischen Engagement suchen, das gesellschaftliche und wirtschaftliche System verändern wollen, suchen andere über die individuelle Erfahrung die Entfremdung zu überwinden, um frei zu werden von der Ersatzbefriedigung – was letztlich auf das gleiche Ziel hinausläuft: die Veränderung des Menschen, aus der die Veränderung des Systems folgt.

Diese gesamte Entwicklung brachte gegenüber dem herkömmlichen Verständnis von *Psychotherapie* ganz entscheidende neue Impulse und Wandlungen. Die Fixierung auf die Pathologie und eine entsprechende Strategie der Heilung wurde ergänzt durch ein ganzheitliches Denken, in dem auch die gesunden Anteile beachtet und gefördert werden. Dies gilt sowohl für Menschen, die sich krank fühlen und mit einem psychischen Leiden zum Therapeuten kommen, als auch für solche, die an ihren alltäglichen Problemen arbeiten möchten, bevor diese sich zur

Krankheit steigern, oder einfach für Menschen, die sich als solche weiterentwickeln möchten. Dieser Aspekt ist von großer Bedeutung für ein zukünftiges Netzwerk psychosozialer Gesundheitspflege, wie es in diesem Buch vorgeschlagen wird, darüber hinaus aber auch für eine gesellschaftlich-politische beziehungsweise kulturelle Entwicklung, dessen »religiöses« Zentrum nicht Konsum-Wachstum sondern persönliches, menschliches Wachtum ist. Ein erweitertes Verständnis von Psychotherapie geht über die Erreichung akuter therapeutischer Ziele hinaus und sucht nach einer Lebensweise, welche die Erfahrung des Selbst und die Suche nach neuen Formen der Identität beinhaltet. Heilkunst unterstützt dabei die Entfaltung von Lebens-Kunst.

Selbsterfahrung sollte eine Voraussetzung sein für alle Berufe, die mit Menschen arbeiten. Sie ermöglicht es, auf der Beziehungsebene intensiv zu erleben, wie unbewußte Projektionen aus dem anderen jemanden machen können, der er gar nicht ist und für wen er bei dieser Projektion steht. Dies ist für die berufliche Arbeit mit Menschen hilfreich. Man kann zu einer wirklichen Begegnung jenseits projektiver Verzerrung gelangen und dabei dem anderen sein So-sein und So-werden lassen, anstatt ihm eigene Wunschvorstellungen überzustülpen, die nur seine Selbsterfahrung verhindern.

Der Begriff des Selbst meint in der Tiefe mehr als ein ausschließlich personales Phänomen. In den asiatischen Religionen und Philosophien ist das Selbst eine transzendente Größe, welche als höchste Gottheit oder ursprünglichster Seinszustand verehrt wird, ein vom Wahn oder den Einschränkungen persönlicher (vom Ganzen getrennter) Existenz befreites transpersonales Bewußtsein oder Überbewußtsein. Der indische Begriff für das Selbst, »Atman«, weist auf den Zusammenhang mit der Selbstbegegnung im Atem hin, der ja auch im christlichen Schöpfungsbericht als göttliche Kraft dem Adam als Urmenschen eingehaucht wird. So wundert es nicht, daß C. G. Jung mit dem »Archetyp des Selbst« gleichzeitig Ganzheit, die höchste Gottheit und den Wesenskern des Menschen meinte. An die eingänglich zitierte Definition Gebsers von Selbsterfahrung als bewußte und verantwortete Teilhabe am Weltganzen sei an dieser Stelle noch einmal erinnert.

Das Selbst als umfassende Größe schließt soziale und ökologische Aspekte ein – und in diesem Sinne bildet Selbstverwirklichung einen Gegensatz zum Egoismus, welcher allerdings nicht immer bemerkt wird. Das aufgeblähte Ich lebt, ohne Beziehung zu Mitmensch und Mitwelt, einen einsamen und rücksichtslosen Hedonismus, verhätschelt von der Konsum- und Medienclique, die dank seiner existiert. Wenn man heute noch vom Teufel sprechen mag, dann dürfte er in dieser einsamen »Egoismus-Falle«[6] lauern, die immer tiefer in die Entfremdung führt statt zur Erfahrung des Selbst als eigentliches Wesen.

Wenn wir unser Augenmerk dabei auf das »(er-)fahren« lenken, wird Selbsterfahrung als Weg deutlich. Hier sind wir direkt an der Sinnfrage. Da das alte deutsche Verb »sinnen« soviel wie »gehen, fahren, reisen« bedeutet[7], sind auch »Weg« und »Sinn« identisch, wie Sinn und Ziel. Weg und Ziel sind eins, so sagen seit langem die japanischen Zenmeister. Insofern bezieht sich Selbsterfahrung gleichzeitig auf den Weg zur Erfahrung des höchsten Selbst, auf die Gegenwärtigung des Grundes und Ursprungs unseres Seins und auch das, was sich für das Individuum daraus entfalten will.

Das sich als getrennt empfindende Ich-Bewußtsein würde ich dabei allerdings nicht als Entgleisung oder Programmfehler der Schöpfung auffassen, sondern als eine für den Bewußtwerdungsprozeß notwendige Entwicklung, so wie die Trennung von den Eltern erfolgen muß, wenn der Mensch seinen eigenen Weg finden will. Um die Arbeit am persönlichen Unbewußten beziehungsweise den durch die biographischen Gegebenheiten konstellierten individuellen Problemen wird man nicht herumkommen. Für eine zeitgenössische Selbsterfahrungsarbeit empfiehlt es sich, auch den aktuellen Stand psychotherapeutischen Wissens und Könnens zu nutzen. Zur Lösung der persönlichen Konflikte bedarf es der Bewußtmachung der unbewußt regieführenden Kräfte. Man könnte es auch als wachsende Selbsterkenntnis bezeichnen. Erst diese schafft die Voraussetzungen für Wandlung, und zwar in dem Maße, wie ich mich selbst als mitverantwortlich erkenne und nicht nur als Opfer der Umstände. Ein solcher Prozeß führt zu Wachstum, zu Er-wachsen-sein, zu Wach-sein – Unbewußtes erwacht im Bewußtsein. Spirituelle Weltbilder setzen häufig bei dem Gedanken an, daß der Mensch mehr oder weniger »schläft«, daß er in einer Art hypnotischem Zustand befangen ist, von Kräften beherrscht wird, die nicht seinem wahren Selbst entsprechen. Daraus ergibt sich die Forderung, zu sich selbst, zu seinem »wahren Wesen« zu erwachen, sein tiefinnerstes Selbst zu erfahren. Ich bin allerdings skeptisch gegenüber so manchen Einstellungen und Wegen der modernen spirituellen Szene, welche die Trieb- und Gefühlssphäre sanft umfahren und direkt hineinführen möchten in eine von seichten Syntheziser-Klängen umschmeichelte Traumwelt aus Licht und schönen Bildern. Gefühle von Einssein können dann leicht als Teilhabe gedeutet werden, während sie vielleicht in Wirklichkeit eher eine Regression in frühe symbiotische Zustände sind. Bereits C. G. Jung, der sich intensiv mit asiatischen Religionen beschäftigte, warnte den Europäer davor, Yoga und Meditation in dieser Weise zu mißbrauchen. Denn wenn unser Weg durch die Personwerdung hindurchführt, hilft das nicht wirklich weiter. Nur durch die Konfrontation mit den dunklen und schwierigen Seiten, mit Ängsten, Aggressionen und Trauer, mit unbewußten Konflikten und ihrer Bearbeitung bekommt man den Boden unter die Füße, von dem aus man nach »oben«, in die Teilhabe an der geistigen Welt wachsen kann. Es bedarf dieses Läuterungsprozesses, der die Energien, die bislang für die Aufrechterhaltung der Blockaden gegen die Angst gebunden waren, freisetzt, damit neue Bewußtseinsräume aktiviert und der Kontakt zum Überbewußten ermöglicht wird.

Eine verantwortungsbewußte Selbsterfahrungsarbeit vertraut auf das letztlich sinnvolle Wirken des Unbewußten. Unforciert und absichtslos tauchen die ohnehin anstehenden Motive und Konflikte auf und können bearbeitet werden. Die Selbsterfahrungssituation bietet einen Schutzraum, in dem Inneres wahrgenommen, ausgedrückt, gestaltet und umgestaltet werden kann, aber aus dem nicht nur Antworten, sondern vor allem auch Fragen für den weiteren Weg mitgenommen werden.

Selbsterfahrung konkretisiert sich über die Vorgaben des Settings, das der Gruppenleiter oder Therapeut anbietet und das grundlegend folgende Faktoren umfaßt: seine Weltanschauung, seine theoretischen und methodischen Ansätze, den Raum mit seinen formalen Bedingungen (Größe, Lage...) und seine Ausstattung (Stühle oder Boden, Leere oder Fülle von Instrumenten, Malsachen, Decken...). Auf der Basis dieser Angebote entfaltet sich nun im einzelnen und/oder in der Gruppe eine mehr oder weniger starke Intensivierung des Sichselbsterlebens, da dieses – im Unterschied zur Alltagssituation – zum ausgesprochenen Thema wird. Je nach Methoden und Medien gibt es die verschiedensten Zugangswege und Weisen der Selbstbegegnung.

Die in diesem Buch beschriebenen Wege knüpfen an alte Traditionen an. Von jeher sucht der Mensch durch Körper und Atem, in Musik und Tanz die Erfahrung lebendiger Ganzheit, Zugehörigkeit und Teilhabe. Er möchte sich aufgehoben fühlen in einem größeren Ganzen (sei es in einer sozialen Gemeinschaft oder etwas noch Umfassenderem), welches Tragfähigkeit, Geborgenheit und Lebenssinn spürbar zu machen vermag. Sich einstimmen mit der Stimme, sich einschwingen in einen Rhythmus und eine Bewegung, mit Instrumenten frei improvisieren und dazu tanzen: das alles sind Möglichkeiten, die dem einzelnen das beglückende Gefühl vermitteln können, wesentlicher Teil und zugleich das Ganze selbst zu sein. Grundvoraussetzung der Improvisation ist das Wegfallen einer Erwartungshaltung, sowohl beim Therapeuten oder Gruppenleiter als auch beim Spieler. Alle sollten bereit sein oder werden, zu spüren, was nicht »als ob«, sondern was wirklich gespielt wird. Entdeckung, Demaskierung, Dekonditionierung, das Loslassen der alten eingefahrenen Muster des »falschen Selbst« sind der Weg zum »wahren Selbst«.

Natürlicherweise kommt dabei immer wieder die religiös-spirituelle Ebene ins Spiel. Der Erlebnisraum, den die musischen Therapien anbieten, steht seit alters her dem Numinosen nahe. Für manche Therapeuten ist dieses Thema heute ein ebensolches Tabu wie anno dazumal die Sexualität. Ich weiß jedoch aus eigener Erfahrung und von Kolleginnen und Kollegen, daß Menschen durch tiefe Selbsterfahrung mit musiktherapeutischen Mitteln wieder Zugang zu ihrer verschütteten Religiosität (im weitesten Sinne des Wortes) fanden. In der Selbsterfahrungssituation wird die Arbeit mit künstlerischen Medien zur Suche nach der Kunde vom Wesentlichen, nach dem Wesenskern als tiefinnerstem Selbst – und ist insofern Selbst-Erfahrung in vielerlei Hinsicht.

3. Der leistungsfreie Raum: im Grenzland zwischen Kunst, Pädagogik, Selbsterfahrung und Therapie

Räume für Selbsterfahrung, Selbstausdruck, Experiment und Gestaltung sind heute dringend notwendig als Alternative zu einem immer perfektionistischeren Leistungsstreben. In unserer Gesellschaft werden die Menschen in ungesunder Weise auf Anpassungsleistungen und Erwartungsbefriedigung konditioniert und dadurch immer stärker von sich selbst entfremdet. Sie verlernen, ihr eigenes, authentisches Wesen zu spüren und mit sich und der Welt immer wieder in Einklang zu kommen. Und das macht krank.

Leistungsfreie Räume sind Angebote, sich selbst mit Mitteln der Kultur zu erfahren. Streßfaktoren werden so weit wie möglich ausgeschlossen: kein Erwartungsdruck, sondern eine Haltung weitgehender Absichtslosigkeit; keine komplexen, sondern einfache Vorgaben; aktives Warten auf das, was entsteht. Diese Grundhaltung ist, in unserer Gesellschaft zumindest, nicht immer und jedem zumutbar. Für manche Menschen ist sie zu weit vom gewohnten Lebenszusammenhang entfernt und stellt eine Überforderung dar. Sie möchten erst einmal durch strukturiertere Angebote abgeholt werden. Manchmal lauert in diesem Abwarten, der Stille, dem Schweigen, der Leere auch die Angst: man könnte sich verraten, daß man etwas nicht weiß, nicht kann, nicht versteht... Da ist es dann besser, erst einmal anzunehmen: ich weiß nicht, ich kann nicht, ich verstehe nicht... Dieses »nicht« kann sich im Experiment mit Erfahrung füllen: ich weiß etwas, ich kann etwas, ich verstehe etwas... Ohne Erwartungen lernt es sich leichter, streßfreier, lustvoller.

Die Tatsache, daß viele geniale Menschen Schwierigkeiten mit der Schule hatten, ist ein Symptom für die Schwächen des Systems: Es werden überwiegend intellektuelle Anpassungsleistungen bewertet, und nur wenige Lehrer sind (aufgrund eigener menschlicher Qualitäten und besonderen Engagements) imstande, neben dem Streß, in dem sie selbst gegenüber Behörden

223

und Eltern stehen, so etwas wie eine Persönlichkeitsförderung zu betreiben. Das System fordert durchaus repressiv eine Spezialisierung auf Kosten der Ganzheit, eine Konzentration auf das Rational-Intellektuelle, so daß andere Fähigkeiten fast zwangsläufig unterbelichtet oder ausgeblendet werden. All dies wirkt mit an einer kollektiven Entfremdung: von der Sinnlichkeit, der Natur, dem mythologisch Weiblichen, von Gefühl, Intuition, Phantasie und Ekstase, also von jenem Bereich, den Nietzsche als »das Dionysische« bezeichnete[1]. Eine Bildung, die sich an den ganzen Menschen wendet, müßte ihre Aufmerksamkeit zumindest einigermaßen gerecht verteilen, Rationalität und Intuition, Bewußtes und Unbewußtes berücksichtigen.

Die Lösung unserer derzeitigen existentiellen Probleme kann keinesfalls ohne Phantasie und Intuition, ohne nicht-entfremdete, befriedigende, sinnliche Beziehungen zur Welt vonstatten gehen. Eine zu stark filtrierende oder gar realitätsverfälschende Wahrnehmung können wir uns nicht mehr leisten. Die Wahrnehmung kann korrigiert werden mit Hilfe von Maßnahmen zur Dekonditionierung des Bewußtseins, zu seiner Erweiterung in Richtung auf ganzheitliches Erleben und Denken. Solche Wandlungsprozesse brauchen als Basis eine Atmosphäre des Vertrauens und der Offenheit, in der ohne Angst neue Aspekte der Wirklichkeit erfahren und integriert werden können. Nur in leistungsfreien Räumen kann die Beziehung zum nicht rational Kontrollierbaren, zum Unbewußten und Ungeplanten geübt werden. Man braucht dafür neue Haltungen und Qualitäten bei den Gruppenleitern, die in den modernen therapeutischen Berufen bereits geübt werden. In anderen menschennahen Berufen besteht hier teilweise noch großer Nachholbedarf. Auch die Pädagogik darf sich nicht länger auf die Vermittlung von Wissensinhalten der Kultur beschränken. Sie kann lernen, mit den Mitteln der Kultur Erfahrungen anzubieten, die Wachstum und Entwicklung der Persönlichkeit von innen her fördern helfen und das Eigene stärken. Angesichts der wachsenden massiven Probleme mit Schülern, vor allem in den städtischen Gebieten, sollte bald über Möglichkeiten nachgedacht werden, solche Aspekte einer Menschenbildung einzubeziehen. Wenn die psychosozialen Probleme erst einmal so gravierend sind, daß Aufenthalte in Kliniken, Heimen und ähnlichen Institutionen (mit den dazugehörigen Hospitalisierungserscheinungen) nötig werden, ist ein Lebenslauf meist schon in negativer Weise vorprogrammiert.

Musik, Bewegung und Tanz sind einfache und natürliche Mittel, sich dem »Dionysischen« wieder zu nähern, der verdrängten Naturseite im Menschen, der Triebsphäre, dem Animalischen, Körperlichen, Orgiastischen einen sozial erträglichen Ausdruck zu geben und so eine gute Beziehung zu ihnen herzustellen und zu bewahren. Diese Mittel der Kultur wecken darüber hinaus die Sehnsucht nach Nähe, nach einem Miteinander bis hin zur Verschmelzung, das natürliche Bedürfnis nach Rausch, Trance, Transzendenz und Teilhabe. Dies hört sich für manchen vielleicht nach purem Hedonismus an. Wer sich jedoch auf diesen Weg einläßt, kann durchaus auch mit seiner Schattenseite konfrontiert werden: mit verdrängtem Leid und Schmerz, mit Ängsten, angestauter Wut und Trauer.

Eine frühzeitige Akzeptanz des kindlichen Ausdruckswillens, der Freude des Kindes an Spiel und Ekstase, an Lust und Kreativität, eine ganzheitliche Förderung der Anlagen wären quasi die pädagogische Prävention. Den Entfremdungsprozeß soweit wie möglich zu verhindern, bedeutet, der gemeinsamen Gestaltung von Kultur Raum zu geben, jeden einzelnen Menschen mehr am schöpferischen Weltprozeß teilnehmen zu lassen, aus dem heraus sich der ursprüngliche Sinn seiner Existenz offenbart. Für die Schulpraxis heißt dies, daß neben dem intellektuellen Fachunterricht eine wesentlich stärkere Betonung auf musischer Bildung und freien Interessengruppen liegen sollte, in denen die Pädagogen eher die Rolle eines Begleiters und Beraters einnehmen.

In Selbsterfahrungsgruppen und bei Patient gilt eine längere Eingangs- und Einstimmungsphase den »pädagogischen Altlasten«. Immer wieder muß die Leistung Zeit des Settings bestätigt werden. Immer wieder bedarf Hinweise auf eine Grundhaltung von Geschehenlassen immer sich ereignen mag. Bei Menschen, die sich dara Selbsterkenntnissen: Ich zu erschütternden Erfahrung habe mich nicht getraut, ein anderes Instrument zu nehmen, obwohl ich mich mit meiner Leier nicht mehr hörte. Ich saß starr im Fluß des Geschehens und konnte nicht mitschwingen, aus Angst, etwas falsch zu machen und bestraft zu werden. Ich mußte die ganze Zeit etwas spielen, von dem ich wußte, daß es für mich gar nicht stimmte. Ich dachte, ich sollte...

Wer sich auf das Geschehenlassen einstellen kann, gelangt in die Situation eines Künstlers im Cageschen Sinne: Er übt das Nichtintentionale, ein Offensein für das, was der nächste Moment bringt. Er kündet von diesem Weg in Ausdruck und Gestaltung. Er kündet sich und dem anderen von der Begegnung mit dem ihm Wesentlichen. Dabei lernt er, zu spüren, was ihn hindert. Die Hindernisse werden angenommen – mit den dazugehörigen Gefühlen. Der therapeutisch Geschulte kann hier aufarbeiten, was aufzuarbeiten ist. Dann kann es weiter strömen und fließen, bis sich erneut etwas ereignet, was der Pause oder der Bearbeitung bedarf.

Ein Pionier moderner Pädagogik, einer Menschenbildung mit kreativen Medien, war Heinrich Jacoby, der zu Unrecht immer noch wenig bekannt ist. Bereits in den 20er Jahren entwarf er die Grundgedanken seiner beiden zentralen Werke: *Jenseits von ›Begabt‹ und ›Unbegabt‹*[2] und *Jenseits von ›Musikalisch‹ und ›Unmusikalisch‹*[3]. Er kritisierte die Überbetonung von Techniken und wandte sich generell gegen die Gewohnheit, Musik als Kunst aufzufassen beziehungsweise die Bedürfnisse des Kunstbetriebes in den Vordergrund des Interesses zu schieben. Bei den »Künsten« geht es nach seiner Auffassung primär um »elementare, allgemein menschliche Ausdrucksgebiete, auf denen grundsätzlich jeder zu ähnlichen unmittelbaren Äußerungen gelangen könnte wie etwa beim Gebrauch der Muttersprache, bei der wir doch auch zuerst an das Ausdrucks- und Verständigungsmittel denken und nicht an Dichtung oder dramatische Rezitation.«[4] Er wollte jene Hemmungen beseitigen, die einen Menschen veranlassen, sich unmusikalisch zu fühlen. Es entspricht vollkommen meinem Begriff des nicht beleistungsfreien Raums«, wenn er das Erlebnis des Sich-äußern-Könnens als Bedingung nennt. Der Mensch führt dabei eine enorme Stärkung len Probleme erst einmal so gravierend sind, daß Aufenthalte in Kliniken, Heimen und ähnlichen Institutionen (mit den dazugehörigen Hospitalisierungserscheinungen) nötig werden, ist ein Lebenslauf meist schon in negativer Weise vorprogrammiert.

Musik, Bewegung und Tanz sind einfache und natürliche Mittel, sich dem »Dionysischen« wieder zu nähern, der verdrängten Naturseite im Menschen, der Triebsphäre, dem Animalischen, Körperlichen, Orgiastischen einen sozial erträglichen Ausdruck zu geben und so eine gute Beziehung zu ihnen herzustellen und zu bewahren. Diese Mittel der Kultur wecken darüber hinaus die Sehnsucht nach Nähe, nach einem Miteinander bis hin zur Verschmelzung, das natürliche Bedürfnis nach Rausch, Trance, Transzendenz und Teilhabe. Dies hört sich für manchen vielleicht nach purem Hedonismus an. Wer sich jedoch auf diesen Weg einläßt, kann durchaus auch mit seiner Schattenseite konfrontiert werden: mit verdrängtem Leid und Schmerz, mit Ängsten, angestauter Wut und Trauer.

Eine frühzeitige Akzeptanz des kindlichen Ausdruckswillens, der Freude des Kindes an Spiel und Ekstase, an Lust und Kreativität, eine ganzheitliche Förderung der Anlagen wären quasi die pädagogische Prävention. Den Entfremdungsprozeß soweit wie möglich zu verhindern, bedeutet, der gemeinsamen Gestaltung von Kultur Raum zu geben, jeden einzelnen Menschen mehr am schöpferischen Weltprozeß teilnehmen zu lassen, aus dem heraus sich der ursprüngliche Sinn seiner Existenz offenbart. Für die Schulpraxis heißt dies, daß neben dem intellektuellen Fachunterricht eine wesentlich stärkere Betonung auf musischer Bildung und freien Interessengruppen liegen sollte, in denen die Pädagogen eher die Rolle eines Begleiters und Beraters einnehmen.

In Selbsterfahrungsgruppen und bei Patienten gilt eine längere Eingangs- und Einstimmungsphase den »pädagogischen Altlasten«. Immer wieder muß die Leistungsfreiheit des Settings bestätigt werden. Immer wieder bedarf es der Hinweise auf eine Grundhaltung von Geschehenlassen, was immer sich ereignen mag. Bei Menschen, die sich darauf einlassen, kommt es häufig zu erschütternden Erfahrungen und Selbsterkenntnissen: Ich habe mich nicht getraut, ein anderes Instrument zu nehmen, obwohl ich mich mit meiner Leier nicht mehr hörte. Ich saß starr im Fluß des Geschehens und konnte nicht mitschwingen, aus Angst, etwas falsch zu machen und bestraft zu werden. Ich mußte die ganze Zeit etwas spielen, von dem ich wußte, daß es für mich gar nicht stimmte. Ich dachte, ich sollte...

Wer sich auf das Geschehenlassen einstellen kann, gelangt in die Situation eines Künstlers im Cageschen Sinne: Er übt das Nichtintentionale, ein Offensein für das, was der nächste Moment bringt. Er kündet von diesem Weg in Ausdruck und Gestaltung. Er kündet sich und dem anderen von der Begegnung mit dem ihm Wesentlichen. Dabei lernt er, zu spüren, was ihn hindert. Die Hindernisse werden angenommen – mit den dazugehörigen Gefühlen. Der therapeutisch Geschulte kann hier aufarbeiten, was aufzuarbeiten ist. Dann kann es weiter strömen und fließen, bis sich erneut etwas ereignet, was der Pause oder der Bearbeitung bedarf.

Ein Pionier moderner Pädagogik, einer Menschenbildung mit kreativen Medien, war Heinrich Jacoby, der zu Unrecht immer noch wenig bekannt ist. Bereits in den 20er Jahren entwarf er die Grundgedanken seiner beiden zentralen Werke: *Jenseits von ›Begabt‹ und ›Unbegabt‹*[2] und *Jenseits von ›Musikalisch‹ und ›Unmusikalisch‹*[3]. Er kritisierte die Überbetonung von Techniken und wandte sich generell gegen die Gewohnheit, Musik als Kunst aufzufassen beziehungsweise die Bedürfnisse des Kunstbetriebes in den Vordergrund des Interesses zu schieben. Bei den »Künsten« geht es nach seiner Auffassung primär um »elementare, allgemein menschliche Ausdrucksgebiete, auf denen grundsätzlich jeder zu ähnlichen unmittelbaren Äußerungen gelangen könnte wie etwa beim Gebrauch der Muttersprache, bei der wir doch auch *zuerst* an das Ausdrucks- und Verständigungsmittel denken und nicht an Dichtung oder dramatische Rezitation.«[4] Er wollte jene Hemmungen beseitigen, die einen Menschen veranlassen, sich unmusikalisch zu fühlen. Es entspricht vollkommen meinem Begriff des »leistungsfreien Raums«, wenn er das Erlebnis des nicht beurteilten Sich-äußern-Könnens als Bedingung nennt. Der Mensch erfährt dabei eine enorme Stärkung seines (wahren) Selbstbewußtseins, wenn er sich nicht an Vorgegebenem messen muß, sondern von innen her sich äußern und gestalten kann. Dies wiederum fördert in vielerlei Hinsicht seine Gesundheit.

Primäre Aufgabe des Pädagogen ist demnach die Weckung der Ausdrucksfähigkeit. Ob daraus Musik entsteht, die Klänge also in Beziehung zueinander treten und Formen bilden, die auch von anderen Menschen »verstanden« werden können, ist eine zweite Frage. Die Möglichkeit ist jedoch sicher gegeben. Auch die musikalische Eindrucksfähigkeit ist eng verbunden mit der Ausdrucksfähigkeit. Wenn ich gewohnt bin, mich gestalterisch zu äußern und etwas von mir mitzuteilen, erfasse ich auch intuitiv besser die Gestaltungsversuche anderer Menschen. Freie Improvisation ist die Basis, auf der sich alles in der Musik Mögliche entwickeln kann. Die Hemmung ist dann schließlich ein Faktor, der nicht grundsätzlich den Ausdruck hemmt, sondern an seiner Formung und Gestaltung mitwirkt.

In dieser Arbeit fließen Elemente von Kultur und Gesundheit, von Kunst, künstlerischer Pädagogik und Therapie über die Selbsterfahrung zusammen. Eine umfassende Ausbildung der Verantwortlichen in diesem Bereich ist unumgänglich. Multiplikatoren eines neuen Gesundheitsbewußtseins werden nicht mehr nur die klassischen medizinischen und therapeutischen Berufe sein. Das wäre gar nicht zu bewältigen. Vertreter aller beruflichen Bereiche, in denen mit Menschen umgegangen wird (Kindergärten, Schulen, kirchliche und soziale Einrichtungen usw.) werden durch die Integration von Selbsterfahrung in ihre Ausbildung auf den Umgang mit Menschen vorbereitet. Eine reformierte pädagogische Grundhaltung mit mehr Offenheit im Zielbereich, mit mehr Vertrauen auf die Kräfte des Unbewußten und mit mehr Bereitschaft, das Individuum sich entfalten zu lassen, steht den verschiedenen Formen der Psychotherapie relativ nahe; wer sie vertritt, kann eng mit entsprechenden Therapeuten und Präventivmedizinern zusammenarbeiten. Wie hier der Stand der Dinge heute ist, will ich im nächsten Kapitel untersuchen.

4. Künstlerische Therapien und aktuelle Gesundheitspolitik

Im Zentrum unseres derzeitigen Gesundheitssystems befinden sich als Person der Arzt und als herrschendes Weltbild die schulmedizinische Forschung und Lehre. Ihre Errungenschaften stehen in vieler Hinsicht außer Zweifel. Dennoch gibt es auch innerhalb der Ärzteschaft zunehmend kritische Stimmen. Beklagt wird beispielsweise die Verschulung und die Fülle der zu lernenden Fakten bei zu wenig subjektiver Reflexion[1]. Hier fragt sich wirklich, ob die Auswahl nach dem Leistungsprinzip unserer Schulen sinnvoll ist oder ob man die Begabung für einen solchen Beruf nicht besser mit anderen Kriterien prüft. An einem Aufnahmeverfahren für das Medizinstudium, das nach persönlicher menschlicher Eignung sucht (wie es hier und da bereits versucht wird) würden Bewerber scheitern, die aus überwiegend finanziellen und karrieristischen Erwägungen Arzt werden wollen. Damit wir uns nicht mißverstehen: Ich kenne eine Reihe guter Ärzte, die auch menschlich und ethisch hohen Ansprüchen genügen. Aber sollte man das weiterhin mehr oder weniger dem Zufall überlassen oder es nicht lieber zukünftig durch sinnvolle Auswahlkriterien und Schulung fördern?

Ein wesentlicher Kritikpunkt ist das Fehlen von Ausbildungselementen, die sich auf den Umgang mit Menschen beziehen. Wenn im letzten Kapitel das Anbieten von Selbsterfahrung für alle menschennahen Berufe angeregt wurde, gehören die Ärzte ja in besonderer Weise dazu. Sie greifen nicht selten erheblich in ein Menschenleben ein oder sind mit der Übermittlung von schweren schicksalhaften Nachrichten betraut. Manche medizinische Bereiche fordern von Ärzten und Pflegepersonal den alltäglichen Umgang mit schwer beschädigten und todkranken Menschen, ohne daß es für die Patienten und sie selbst eine psychohygienische Betreuung gibt. Beispielsweise berichtete mir eine Kollegin von dem gescheiterten Versuch, in der chirurgischen Onkologie einer großen Universitätsklinik musiktherapeutisch zu arbeiten.

Stationen für Krebsoperierte sind ja bekannterweise Orte, wo schwere Schicksalsschläge, Leid und Angst, oft weit entfernt von Familien und Freunden, ertragen werden müssen. Dort gab es einfach keinen Raum für die Seele! Nicht einmal bei krebskranken Kindern ist es heute schon selbstverständlich, daß es einen Raum (real und im übertragenen Sinne) für musische Therapien gibt.

»High Tech« allein aber macht noch keine humane Medizin aus. Die psychischen Faktoren im Heilungsprozeß werden häufig nicht einmal berücksichtigt, geschweige denn als wesentlicher Teil der Therapie betrachtet und genutzt. Die Erkenntnisse der psychosomatischen Medizin müssen aber nicht nur in die Ausbildung von Spezialisten, sondern in alle medizinischen Bereiche einfließen. Wenn unser Gesundheitssystem nur die (Kosten-)Intensiv-Medizin fördert und nutzt, handelt es einseitig und verschenkt viel an Effektivität.

Auf einem anderen Blatt steht die psychotherapeutische Spezialausbildung, der ich mich nunmehr zuwende. Noch immer wird offziell für die selbständige Ausübung von Psychotherapie eine schulmedizinische Ausbildung vorausgesetzt, obwohl diese überwiegend im Naturwissenschaftlichen verankert ist und kaum psychologische Anteile hat. In einer musiktherapeutischen Selbsterfahrungsgruppe mit Medizinstudenten wurde in schmerzlicher Weise deutlich, daß nicht einmal die seelischen Belastungen, die bei den jungen Menschen das Sezieren von Leichen verursacht, in irgendeiner Form aufgefangen oder bearbeitet werden. Wie in vielen anderen menschlich schwer erträglichen Situationen auch, rettet hier oft nur makabrer Witz und Zynismus. Das gesamte derzeitige Studium und die Strukturen innerhalb der Universitätskliniken sind als Vorbereitung für eine angemessene Psychotherapeuten-Haltung eher kontraindiziert. Das medizinische Wissen, das in der psychotherapeutischen Praxis benötigt wird, erfordert bei weitem kein grundständiges Studium, sondern ist durch entsprechende Weiterbildungsseminare zu erwerben. Das gleiche gilt auch für die Psychologie.

Beide Berufsgruppen, Mediziner und Psychologen, versuchen aber derzeit, kraft eines von ihnen angestrebten »Psychotherapeuten-Gesetzes«, als einzig möglichen Zugang zu diesem Beruf entweder ein Medizin- oder Psychologie-Studium gesetzlich vorzuschreiben. Damit wäre vermutlich für lange Zeit allen psychotherapeutisch begabten Menschen, die auf einem anderen Wege in diesen Beruf streben, der Zugang verwehrt. Eigentliche Aufgabe eines solchen Gesetzes wäre es aber vielmehr, den derzeitigen »grauen Psychomarkt« zu sondieren, indem klare Definitionen psychotherapeutischer Kompetenz, ihrer Bedingungen und der Wege dorthin formuliert werden. Der Beruf des Psychotherapeuten ist – vergleichbar mit den künstlerischen Berufen – sehr stark von Begabung und Motivation bestimmt. Er erfordert den Einsatz der eigenen Persönlichkeit, um über Kontakt und Beziehung Menschen bei der Durchschreitung seelischer Krisen zu begleiten und beizustehen. Ideale Voraussetzungen für diesen Beruf sind Menschenkenntnis, eine gute Allgemeinbildung, persönliche Reife und Empathiefähigkeit. Das sachliche Rüstzeug ist der aktuelle Wissensstand hinsichtlich psychischer Krisen und Erkrankungen sowie deren Therapie, qualifizierte Ausbildung in einem der Persönlichkeit des Therapeuten entsprechenden Verfahren und Selbsterfahrung in diesem Verfahren durch eine Lehrtherapie. Hierfür kann man genaue allgemeinverbindliche Richtlinien erstellen.

Ein Psychotherapie-Gesetz aber, welches endgültig festschreiben will, daß man nur noch nach Absolvierung eines Medizin- oder Psychologie-Studiums psychotherapeutisch tätig sein darf, schließt alle Menschen mit Studium und Berufspraxis in beispielsweise pädagogischen, sozialen oder theologischen (seelsorgerischen!) Bereichen, die zwar durchaus für Psychotherapie, aber nicht für ein Medizin- oder Psychologie-Studium begabt sind, von einer *Weiterbildung zum Psychotherapeuten* aus. Diese Möglichkeiten wären aber gerade anzustreben. Unser Nachbarland Österreich ist uns da weit voraus, indem per Bausteinsystem eine Vielzahl von Zugängen zum Beruf des Psychotherapeuten möglich ist. Ein solches Bausteinsystem ermöglicht die berufsbegleitende Zusatzausbildung zum Psychotherapeuten. Dies empfiehlt sich gerade deswegen, weil viele Menschen erst in reiferen Jahren ihre Berufung und Potenz für die psychotherapeutische Arbeit entdecken und entwickeln. Eine solche Berufsentscheidung in aller Endgültigkeit von 19jährigen Abiturienten zu fordern, die sich dann für ein Studium von Medizin oder Psychologie entscheiden müßten, ist unrealistisch und zeugt von wenig Einfühlungsvermögen für die wahren Belange dieses Berufes.

Ein möglicher Weg in diesem Sinne ist auch der Einstieg über die Ausbildung an einem künstlerischen Medium oder eine Ausbildung, in der die Kombination von Künstlerischem und Therapeutischen von vornherein konzipiert ist. So gibt es in dieser Richtung de facto zwei Arten von Ausbildungen: zum einen die berufsbegleitende *Zusatzausbildung / Weiterbildung*, wobei der Einstieg entweder über das künstlerische Medium oder über ein geeignetes anderes Vorstudium geht; zum anderen die *grundständige Ausbildung*, die keine vorhergehende Berufsausbildung oder ein Studium vorraussetzt und in der das künstlerische Fach und seine behandlungsspezifische Anwendung parallel zu den medizinisch-psychologischen Fächern studiert wird.

Die Musiktherapie beispielsweise ist zwar in manchen Aspekten eine Urform des Heilens, jahrtausendealt und überall vorkommend, gleichzeitig jedoch in unserer Kultur und Gesellschaft eine so junge Therapie-Methode, daß von Politikern in der nächsten Zeit wohl keine gesetzliche Regelung zu erwarten ist. Das bedeutet jedoch nicht, daß man ihr keine Zukunftschancen gibt. Durch eine entsprechende Korrespondenz mit dem Bundesgesundheitsministerium konnte ich die Auffassung erfahren, »daß es sich bei der Musiktherapie um eine *erfolgreiche Behandlungsmethode*[2] handelt, die mit großem Nutzen angewendet wird und *Förderung verdient*. Gleichwohl hält man dort eine bundesgesetzliche Regelung für verfrüht.«[3] Solange dies der Fall ist, dürfen Musiktherapeuten nur unter ärztlicher Aufsicht arbeiten oder sie müssen eine Heilpraktiker-Prüfung ablegen. Dies bedeutet im allgemeinen, Infektionskrankheiten und physische Behandlungsmethoden zu studieren, die sie nie anwenden wollen und werden. Hier wäre es zumindest wünschenswert, daß (vergleichbar den Psychologen) für entsprechend qualifizierte Musiktherapeuten eine auf Musiktherapie beschränkte

Erlaubnis zur Ausübung der Heilkunde erteilt werden könnte. Die Qualifikation sollte sich an den Curricula der staatlichen Ausbildungen und den Aufnahmekriterien für den »Deutschen Berufsverband der Musiktherapeuten« (DBVMT) richten.

Erfahrungsgemäß wollen viele psychotherapeutisch tätige Ärzte, Psychologen und andere Therapeuten heute auf die Zusammenarbeit mit Musik- und anderen Kunsttherapeuten nicht mehr verzichten. Viele von ihnen haben zunehmend Interesse an musiktherapeutischer Fortbildung. Die musiktherapeutische Methode ist bei vielen Praktikern der Psychotherapie hoch geachtet. Daher werden in Zukunft diese Verfahren mehr und mehr in die allgemeine psychotherapeutische Versorgung integriert werden. Dieser Bereich kann dadurch sowohl humaner als auch effektiver werden. Hinzu kommt, daß die kreativen und musischen Therapien über die Krankenheilung hinaus ein hohes kulturtherapeutisches (d. h. auch politisches) Potential haben. Es geht letztlich um mehr als die Reparatur von Störungen, die Korrektur abweichenden Fühlens und Verhaltens. Therapie ist ein äußerst wirkungsvolles Mittel zur Erweiterung des menschlichen Bewußtseins. Und dies ist kein Luxus für die Erste Welt, sondern es geht womöglich um eine Art von Überlebenstraining. Je mehr Menschen unseren Planeten bevölkern, miteinander auskommen und teilen lernen müssen, desto wichtiger wird eine Persönlichkeitsbildung, die mehr als nur eine quantitative Wissensvermittlung und intellektuelle Ethik umfaßt. Für eine Reform des Gesundheitssystems in diese Richtung wird ein neuer, erweiterter Gesundheitsbegriff buchstäblich not-wendig. So wäre zu hoffen, daß sich unser Gesundheitswesen in der weiteren Zukunft seinen Namen wirklich einmal verdient, indem es sich nicht nur mit dem Erkrankten beschäftigt, sondern aktiv mit der Gesundheit, ihrer Erhaltung und Pflege.

Natürlich ist es illusionär, sich eine Zukunft ohne Krankheit vorzustellen. Krankheit gehört zum menschlichen Leben, ist sogar oft eine Chance für einen Neubeginn. Im Körper drückt sich das Unbewußte spontan aus, man kann Probleme erkennen und bearbeiten. Krisen auf körperlicher, seelischer und geistiger Ebene bedeuten Chancen für Wandlung und Entwicklung.

Aber die gängige Praxis, Hilfe erst dann anzubieten, wenn der Mensch bereits am Boden liegt, ist einer humanen Gesellschaft nicht nur unwürdig bis zum Zynismus, sondern steht auch in einem nicht unbeträchtlicher Zusammenhang mit der Kostenexplosion im Gesundheitswesen. Wache Mediziner beklagen seit Jahren eine ständige Zunahme von Störungen des gesundheitlichen Wohlbefindens, die ihre Ursachen im psychosozialen und psychosomatischen Bereich haben und ihrem Wesen nach hochchronisch verlaufen. Leider reagiert man auf diese Zustände bisher noch wenig angemessen. So erfahren manche Patienten erst langjährige leidvolle und kostspielige schulmedizinische Behandlungen bis hin zu Totaloperationen, bevor jemand auf die Idee kommt, nach den seelischen Ursachen zu fragen. Frühzeitig auffangen könnte man solche Entwicklungen aber mittels eines präventiven psychosozialen Netzwerkes. Auch der sogenannte Drehtüreffekt gehört in diesen Zusammenhang. Wenn Menschen nach stationären Aufenthalten – die in psychiatrischen und psychotherapeutischen Kliniken nicht selten von längerer Dauer sind – in ihre Alltagssituation zurückkommen, fallen sie häufig in ein Loch. Nachdem sie in der Klinik intensiv therapeutisch und pflegerisch versorgt wurden, brauchen sie in der sensiblen Phase der Wiedereingliederung in das soziale Leben dringend einer stützenden Begleitung. Wenn diese fehlt, sind der nächste Zusammenbruch und die Wiedereinlieferung in die Klinik vorprogrammiert. Auch diese Situation ist aus ethisch-humanitären und finanziellen Gründen unverantwortlich.

In einer großen deutschen Tageszeitung fand sich bezeichnenderweise im Wirtschaftsteil die Schlagzeile: »Der Umbau des Gesundheitswesens kann zu niedrigeren Leistungssätzen führen«. Da die stationäre Behandlung von Krankheiten immer unbezahlbarer wird, fordern jetzt auch Wirtschaftsexperten ein Gesundheitssystem, das den Bereichen Prävention und Rehabilitation größere Aufmerksamkeit widmet sowie eine Vernetzung über den engen Gesundheitsbereich hinaus anstrebt[4]. Soll die Zukunft nicht heißen: immer mehr und größere Kliniken, ständige Verteuerung der Gesundheitskosten bis zum Kollaps, so wird in Zukunft ein erweiterter Gesundheitbegriff definiert und Handlungsschwerpunkte in Richtung Gesundheits-*Pflege* verlagert werden müssen. Dies kann natürlich nicht nur über Verordnungen und Konsum gelingen, sondern die Menschen müssen lernen, die eigene Verantwortlichkeit für ihre Gesundheit wieder zu spüren.

Das Gesundheitsbewußtsein muß sich bei *allen* ändern. Ein Mensch, der sich als zugehöriger Teil erlebt, wird dies auch bezogen auf die Gemeinschaft der Versicherten tun. Er wird nicht dauernd gegen seine Gesundheit leben wollen, um ihre Wiederherstellung dann als Anspruch einzuklagen. Diese Haltung ist genauso überholt wie ein profitorientierter Handel mit der Gesundheit, der Krankheit geradezu als Markt voraussetzt. Die gesamte Situation ist Ausdruck eines entfremdeten Bewußtseins in der modernen Gesellschaft – und hier muß die Therapie ansetzen. Die Zusammenarbeit der herkömmlichen Vertreter des Gesundheitswesens mit verschiedensten pädagogischen und anderen sozialen Berufsgruppen ist dabei unumgänglich. Alle Therapieformen, die mit musischen und gestalterischen Mitteln, im Grenzbereich zwischen Kunst, Freizeitpädagogik, Psychologie und Medizin arbeiten, sind prädestiniert für Inspiration und Mitwirkung in diesem Feld.

Viele aktuell sich ausweitende Krankheitsbilder sind Probleme von Maß, Ordnung und innerer Struktur. Der Zerfall der alten ethischen und sozialen Ordnungen und die gravierenden ökologischen Probleme auf der kollektiven Ebene spiegeln sich im grenzenlosen Wachstum des Krebses, in diversen Eßstörungen und Süchten. Die Qualität der Musik, ihre immanente Ordnung von Klang und Rhythmus, macht sich die Musiktherapie zunutze. Wer hörend und spielend zurückfindet zu einem elementaren individuellen Gefühl für das eigene Maß und die eigene innere Ordnung, setzt der Entfremdung die Selbsterfahrung entgegen und schafft damit Voraussetzungen für konstruktives soziales und ökologisches Denken.

Musiktherapie und anderen Formen der Psychotherapie mit künstlerischen Medien sind zwar bereits Angebot in vielen klinischen und sozialen Einrichtungen, aber noch längst kein fester

Bestandteil unseres Gesundheitssystems. Gründe mögen in mangelnder Vorstellungskraft und Erfahrungsbereitschaft auf seiten seiner Manager liegen, in einem immer noch überwiegend funktionalen medizinischen Denken und last not least in berufs- und standespolitischen Interessen. Diese Verfahren bergen aber gerade da Chancen, wo Psychiatrie und ärztliche Psychotherapie mit ihren pathologisierenden Etikettierungen eher abschreckend auf Menschen wirken, die dennoch mit fachlicher Unterstützung eine Begegnung mit sich suchen und an ihren Problemen oder ihrer Lebensqualität arbeiten möchten. Noch hat man weithin nicht erkannt, daß die Kreativität für den Menschen ein Weg ist, verschüttete Teile seiner selbst wieder zu entdecken und lebendig werden zu lassen, daß sie mithin gesundheitsfördernd ist und große Bedeutung hat für Vor- und Nachsorge, für ein frühzeitiges Umgehen mit Konflikten, die sich sonst zu Symptomen und langzeitigen, leidvollen und kostenintensiven »Patienten-Karrieren« ausweiten können.

Musiktherapie könnte in beiden Bereichen eines solchen zukünftigen Gesundheitssystems eingesetzt werden,

— zum einen weiterhin im Bereich der *Krankenbehandlung* sowohl klinisch als auch ambulant, in akuter Prävention und Nachsorge; sie könnte dazu beitragen, die bestehenden Institutionen humaner, kreativer und effektiver zu gestalten;
— zum anderen bei der genannten *Gesundheitspflege* im Rahmen von vorhandenen bzw. zu schaffenden entsprechenden Einrichtungen, sprich: Gesundheits-Zentren; eine solche Entwicklung bahnt sich in manchen Volkshochschulbereichen und anderen speziellen Kreativitäts- und Selbsterfahrungszentren, sowie in ersten Aktivitäten einiger Kassen, bereits an.

Wünschenswert wäre die Ersetzung des leider immer noch häufig vorherrschenden Konkurrenz- und Rivalitätsdenkens durch ein gesundheitspolitisches Konzept der Zusammenarbeit und Integration. Im Dienste der Menschen steht *eine der jeweiligen individuellen Persönlichkeit angemessene Gesundheitspflege und Therapie*. Dies gilt sowohl für die Persönlichkeit des Therapeuten, indem er Methoden anwendet, mit denen er sich identifizieren kann. Und es gilt für die Persönlichkeit des Patienten, indem er – qualifiziert beraten – möglichst frei Therapeuten und Methoden wählen kann.

5. Vom Experiment zum Modell: Freies Musikzentrum München

Es soll nicht nur ein Klagelied gesungen werden über das, was uns fehlt, sondern auch darüber berichtet werden, was es schon gibt. Das Freie Musikzentrum München (FMZ), eine in dieser Form bislang einzigartige Einrichtung, begann als Experiment ganz im Sinne einer organischen Entfaltung. Sein durchschlagender Erfolg und seine gesamte bisherige Entwicklung heben es mittlerweile jedoch in den Rang eines Modells. Somit könnte es Diskussionsgrundlage für die Schaffung ähnlicher Institutionen sein. In diesem Kapitel beleuchte ich die Hintergründe dieses Projektes und beschreibe seine Geschichte von den Anfängen bis in die Gegenwart.

In den 70er Jahren wurde vielfach versucht, Impulse und Anregungen aus dem vorhergehenden Jahrzehnt des Umbruchs in pragmatischen Projekten zu testen. Die Subkulturen traten aus dem Untergrund hervor und die Experimentierfreude wuchs auf den verschiedensten Gebieten, die mit folgenden Stichworten gekennzeichnet sind: ganzheitliches und ökologisches Denken, Wohnen und Zusammenleben, alternatives politisches Engagement innerhalb der Gesellschaft, Kindererziehung und neue Wege der Erwachsenenbildung, neue Ansätze im Künstlerischen und Therapeutischen. Beuys' Gedanken über die Einheit von Kunst und Leben – ob jeweils als solche bekannt oder nicht – suchte man zu leben. Die New Yorker Theatergruppe »Living Theatre« war eine große Wohngemeinschaft, deren Performances die Grenze zum Publikum und die Grenze von Kunst und Selbsterfahrung aufzuheben trachteten.

Parallel zu einer verstärkten Wendung zur Innenwelt, dem Interesse für Meditation und spirituelle Wege, erkundeten in der Außenwelt Musiker und Komponisten die Kulturen anderer Kontinente. Sie verstanden sich aber nicht mehr als registrierende Forscher, sondern als Lernende, die einen Teil ihrer selbst im anderen suchten, um ihn zu integrieren. Was Gebser als integrales Bewußtsein voraussah, begann sich bei immer mehr Menschen anzudeuten und zu entwickeln. Die ganzheitlichen Ansätze in Theorie und Praxis zeugen davon. Aus dieser Situation und diesem geistigen Bereich heraus entstand auch die Idee eines »Freien Musikzentrums«.

Peter Michael Hamel, Komponist und Tasteninstrumentalist, Peter Friedrich Müller, Indologe, Musikwissenschaftler und Experte für die Musik orientalischer Kulturen, sowie der multimediale Künstler und Pädagoge Gerd Kraus legten die geistigen Grundlagen. Der Musiker und Instrumentenbauer Jan Dosch realisierte zusammen mit Jutta Wilhelm-Dosch ein Programm, welches bisherige Einrichtungen wie Musikhochschule, Konservatorium und Musikschule ergänzen wollte. Einige von ihnen hatten bereits Erfahrungen im Kulturprogramm des »Gesundheitsparks« gesammelt, einer Einrichtung der Münchner Volkshochschule. Am FMZ sollte der Schwerpunkt gerade auf der Zusammenführung kultureller Aktivitäten mit einem neuen Gesundheitsbewußtsein liegen.

So heißt es in der ursprünglichen Projektbeschreibung: »Das FREIE MUSIKZENTRUM MÜNCHEN (FMZ) ist eine Einrichtung, die allen Bürgern offenstehen soll. Sie wendet sich vor allem an Menschen, die durch eine einseitig leistungsorientierte Erziehung die Fähigkeit zu absichtslosem, gelöstem Spiel verloren haben, deren leib-seelische Rhythmen und Funktionen durch eine die biologische Existenz gefährdende Umwelt gestört ist, an diejenigen, die meinen, »unmusikalisch« zu sein, weil ihre musische Bildung unter den Gesichtspunkten erfolgsbetonten Wettbewerbs stattgefunden hat, statt ihnen eine organische soziale Erfahrung zu vermitteln, in der nicht mehr jeder den anderen übertreffen muß – eine Erfahrung, die ein wesentlicher Bestandteil jeder lebendigen, schöpferischen und erholsamen Musik ist. Die neuen Wege des Musikmachens, Singens, Spielens und der körperlichen Bewegung, die auf diesem Wege zur Herstellung einer psycho-physischen Einheit im Menschen beschritten werden, sollen aber auch Fachmusikern, Musiklehrern, Musiktherapeuten und Erziehern aller Bereiche Anregungen bieten... Da Störungen des biologischen Rhythmus von Spannung

und Entspannung, Tätigkeit und Erholung, rational-zweckbe-
stimmtem Tun und absichtslosem, gelöstem Spiel letzten Endes
zu vorzeitiger, geistiger und körperlicher Ermüdung und Abnut-
zung führen, die die Öffentlichkeit nicht nur seelisch, sondern
auch – da Gesundheit statt einer ständig zu erneuernden Leistung des einzelnen zu einer kauf- und verkaufbaren Ware geworden ist – finanziell ungeheuer belasten, geht es bei Versuchen
der Wiederherstellung der biologischen und rhythmischen
Funktionen und der leib-seelischen Ganzheit des Menschen
auch darum, das Energiepotential der gefährdeten und gestörten
Menschen für die Gesellschaft wieder nutzbar zu machen... Es
sollen gerade jene Bereiche behandelt werden, die in Schule und
Hochschule nicht vertreten sind und auch die Gebiete Musiktherapie und Gesundheitsvorsorge berühren und weiter einen interkulturellen Dialog einbeziehen. Dieser interkulturelle Dialog ist
nicht nur für den Laien als Erfahrungsmöglichkeit von Bedeutung; gerade für den Fachmusiker und Musikpädagogen ist er
eine Voraussetzung für seine Orientierung und für die Weiterentwicklung der ins Stocken geratenen Neuen Musik.«[1]
Der Aktionsraum des FMZ sollte zunächst hauptsächlich im
Bereich Freizeit liegen, mit den Aufgabenschwerpunkten Prophylaxe, Therapie und Erziehung. Die gesundheitsbildenden bis
therapeutischen Aspekte der musischen Fächer an Schulen wurden als vernachlässigt betrachtet und sollten im Rahmen des
FMZ erforscht werden. Kooperationsprojekte mit Schulen waren geplant und darüber hinaus: »Die Zusammenarbeit mit
Therapeuten und entsprechenden Instituten wäre zu wünschen.
Das FMZ versteht sich auch als Gesprächsforum für neue Entwicklungen in der Medizin und Therapie.«[2] Als zukünftige
Perspektive war auch berufliche Fort- und Weiterbildung geplant. Heute wird bereits über berufsbegleitende Ausbildungsmöglichkeiten nachgedacht.
Bis dahin ist allerdings in den letzten fünfzehn Jahren ein langer Weg zurückgelegt worden. Es begann mit Wochenendkur-
sen an der Münchner Volkshochschule, deren damaliger Leiter,
Dr. Franz Rieger, die idealistische Initiative sehr unterstützte.
Unter dem Titel »Begegnung durch Musik« wurden parallel lau-

fende Themengruppen, die zum Beispiel mit Körperarbeit und Bewegung, Instrumentenbau und -spiel zunächst für sich arbeiteten, allmählich zusammengeführt zu einer großen Improvisation mit allen Elementen. Gleichzeitig wurden Mitspielaktionen in verschiedenen Städten durchgeführt. Erste Konzerte und Seminare, vor allem mit außereuropäischer Musik wurden in Kooperation mit anderen Institutionen organisiert. Im Jahre 1979 konstituierte sich das FMZ als Verein, beantragte und erhielt einen Zuschuß von der Stadt München und fand loftartige Räume im Münchner Stadtteil Haidhausen.

Bei den ersten Einschreibungen bildeten sich solche Schlangen, daß nach wenigen Stunden fast alle angebotenen Kurse ausverkauft waren. Innerhalb der nächsten fünfzehn Jahre (also bis 1994) wuchs das Programm von fünfzehn auf derzeit über vierhundert Kursangebote, die von mehr als hundert Leitern mit ca. 2600 Teilnehmern durchgeführt werden. Diese Fakten zeigen deutlich die Bedürfnisse der Bevölkerung. Wirtschaftlich betrachtet, geht der Jahresumsatz heute auf die zwei Millionen zu, während der städtische Zuschuß relativ konstant blieb (zur Zeit beträgt er ca. 17% des Umsatzes). Allerdings mußten die Gebühren dabei auch immer wieder erhöht werden. Sie liegen zwar immer noch unter dem Preisniveau der meisten vergleichbaren Institutionen, sind aber unter sozialen Gesichtspunkten oft an der Grenze, was nicht den urspünglichen Absichten der Gründer entspricht. Aus hinlänglich erläuterten Gründen ist es höchst bedauerlich, daß in diesem Bereich gerade bedürftige Menschen aus finanziellen Gründen oft nicht ihren Platz finden können.

Die Eskalation des Programms führte schon bald zu akutem Platzmangel. Dieser fand im Jahre 1985 ein Ende, als das FMZ in die Räume des ehemaligen Trappschen und späteren Richard-Strauß-Konservatoriums in der Ismaningerstraße umzog, wo ein kleiner Konzertsaal, eine Instrumentenbauwerkstatt, schalldichte Percussionsstudios, Kurs- und Büroräume vorhanden waren beziehungsweise entstanden. Nun konnte das Programm fast im gesamten Umfang zentral durchgeführt werden. Es umfaßt heute neben Konzerten, Performances und Vorträgen einen offenen Teil mit folgenden Bereichen:

Begegnung durch Musik, Harmonik und Glasperlenspiel:
Hier geht es vor allem um den spielerischen und experimentellen Zugang, die Arbeit an der zeitgenössischen Musik und ein Nachdenken über musikalische Phänomene.

Kindermusik, Stimme und Gesang, Rhythmus und Percussion, Instrumentalunterricht, Instrumentenbau:
Diesen Themenbereichen liegen vor allem neue musikpädagogische Intentionen zugrunde. Der spielerische und experimentelle Zugang führt zur Motivation für vertiefende Lernerfahrungen.

Körper und Atem, Bewegung und Tanz, musische Therapien:
In diesem Bereich wird der Zusammenhang von Musik und Gesundheit im engeren Sinne berücksichtigt. Der therapeutische Charakter von Körper- und Atemerfahrung, sowie musikalischem Ein- und Ausdruck wird genutzt, ohne daß sich der Teilnehmer als Patient definieren muß.

Darüber hinaus haben vier Fortbildungsreihen mittlerweile einen festen Platz im Programm: *Tanz und Bewegung, Musiktherapie, Latin Percussion School* und *Jazzprojekt.* Gemeinsames Nachdenken über Musik wird in regelmäßig stattfindenden Vorträgen und Diskussionen angeregt (z. B. über Harmonik, Musiktherapie, Musikwissenschaft). Mittlerweile haben eine Reihe von *Tagungen* mit Künstlern und Wissenschaftlern im FMZ stattgefunden. Das alljährliche Pfingstsymposion[3] behandelte bisher in interdisziplinärer Form die Themen *Pause, Ebenenwechsel, Der Fehler, Ekstase und Maß, Feiern – das Lächeln der Zeit.* Das 1991 gegründete »Institut für Musiktherapie« hat sich vor allem die Förderung ambulanter Musiktherapie und die Kooperation mit anderen künstlerischen Verfahren zur Aufgabe gemacht. Es betreut die Fortbildungsreihe, denkt über Ausbildungsmöglichkeiten nach und organisiert musiktherapeutische Tagungen, bislang über die Themen *Der Körper in der Musiktherapie* und *Grenzzustände in der Musiktherapie.* Eine musikanthropologische Tagung beleuchtete 1993 unter dem Titel *Der Mensch braucht Musik* die Situation des menschlichen Musikgebrauchs gestern und heute[4].

Trotz des großen Zulaufs findet die Arbeit bislang in der offi-

241

ziellen Öffentlichkeit noch wenig Resonanz. Vielleicht liegt es daran, daß sie einfach weniger spektakulär ist als große Kulturereignisse mit finanziellem Sponsorentum und Medienpräsenz. Meist geht es um eine sehr persönliche Arbeit, die in kleinen Gruppen in der Stille (auch wenn es dabei gelegentlich ganz schön laut werden kann) betrieben wird. Die individuellen Rückmeldungen zeigen jedoch, daß bei den einzelnen Menschen viel bewirkt wird.

Über diesen intimeren Rahmen von Gruppenseminaren hinaus gehört zu den wichtigen Anliegen des FMZ aber auch die Begegnung der Kulturen mittels Musik und angrenzender Gebiete. Die Aktualität dieser Thematik ist ja keineswegs geringer geworden – im Gegenteil. Als Beispiel, wie sich so etwas gestalten kann, sei ein Konzertereignis aus dem Jahre 1991 beschrieben. Im ersten Teil boten Dozenten und Teilnehmer aus dem »Latin Percussion Projekt« lateinamerikanische Rhythmen auf verschiedensten Instrumenten und in diversen Kombinationen dar. Im zweiten Teil spielte das »Münchener Tabla Ensemble« unter Leitung von Shankar Lal indische Rhythmen. Im dritten Teil schließlich spielten beide Gruppen gemeinsam. Die einfühlsame wechselseitige Durchdringung und Kommunikation der auch immer wieder improvisierenden Protagonisten dieser in mancherlei Hinsicht (auch lautstärkemäßig) doch sehr unterschiedlichen Musik- beziehungsweise Rhythmuskulturen begeisterte die Zuschauer.

Soweit also die Geschichte des Projektes bis heute. Es ist unschwer zu erkennen, daß sich das FMZ als real existierender Raum manifestiert hat, in dem bereits vieles von dem stattfindet, was ich als Zukunftsperspektive für eine menschennahe Kultur und eine Wiederannäherung der Bereiche Kultur und Gesundheit betrachte. Manches steht noch offen, was erst durch das Engagement motivierter Menschen mit Inhalt gefüllt werden wird. Ob und inwieweit dies geschehen und sich weiter entwickeln wird, kann vielleicht ein Chronist nach weiteren fünfzehn Jahren berichten.

6. Zukunfts-Musik

Die Gestaltung der Zukunft wurzelt in der Phantasie der Gegenwart. Aber wessen Phantasien sich gestalten, ist die entscheidende Frage: die der Techniker, der Militärs, macht- oder vergnügungssüchtiger, nach Reichtum gierender oder bescheidener und sozial eingestellter Menschen...? Vieles ist denkbar, aber ist es für den Menschen auch lebbar? Oder sind der Phantasie Grenzen gesetzt, unterliegt sie Gesetzmäßigkeiten wie die Natur und der Kosmos überhaupt? Suchen wir phantasierend in immer neuer schöpferischer Weise komplexe Kombinationen aus uralten Grundmustern des Lebens, so wie die Komponisten Intervallfolgen, die Maler Farben und Formen, die Dichter und die »inneren Regisseure« Schicksalsinszenierungen? Sollen wir im Einklang mit überlieferten menschlichen Maßen und Gesetzen die Zukunft gestalten, oder gilt es, den Sprung in die ungewisse Freiheit eines total Neuen (angenommen so etwas gibt es) zu wagen? Oder läßt sich dieser scheinbare Widerspruch womöglich doch zu einer Synthese, einer integralen Lösung zusammenführen?

Betrachten wir wieder die Musik im Hinblick auf diese Fragen als Beispiel und ein wenig auch als Spiegel allgemeiner Tendenzen. Die Vergangenheit, sprich: Pflege der musikalischen Tradition bis ins 19. Jahrhundert nimmt in den gegenwärtigen künstlerischen Ausbildungsstätten für Musiker einen derartigen Raum ein, daß das Zeitgenössische daneben fast verschwindet. Die Hörbedürfnisse, was diese »akademische« Musik betrifft, dürften die Ursache dafür sein. Die Nachfrage (Konzerte, Schallplatten etc.) bestimmt das Angebot. Was sagen uns diese Fakten jedoch über den Zeitgeist? Die Problematik wurde ja bereits näher beleuchtet und offenbarte dabei Spaltungs- und Polarisierungstendenzen[1]. Dem ausschließlichen Wahren des Alten bei den Konservativen steht bei den Progressiven, der Avantgarde oder Postavantgarde ein anderes Extrem gegenüber: alles muß möglichst »ganz neu«, »noch nie dagewesen« sein. Ein Dazwischen, integrale Lösungsmöglichkeiten scheint es nicht zu geben.

Neues kann echter Ausdruck eines gewandelten Bewußtseins sein, aber auch künstelnde Attitüde. Was sagt es über den Zustand einer Gesellschaft aus, wenn nur noch das Neue, nie Dagewesene zählt? Das Neue um des Neuen willen ist noch kein Wert an sich und macht als solches noch keinen Sinn. Insofern zeugt es sicherlich von einer Sinnkrise, und diese fordert Be-sinnung: Woher kommen wir – wohin gehen wir? Warum hat der Mensch einmal Kultur, Kunst, Musik entwickelt? Und inwieweit stimmt das, was wir heute in diesem Bereich tun, noch mit diesem Sinn überein. Gibt es vielleicht gute Gründe, heute anders zu handeln, und wie? Für diese Fragen wollte das vorliegende Buch Anregungen zum Denken und Stoff zum Träumen geben. Es bietet keine Patentlösungen, aber durchaus Visionen, und die sollen nun resümeeartig noch einmal formuliert werden – nicht als Konjunktiv, sondern als diskutierbare Thesen.

Ursprüngliche Qualitäten musikalischen Erlebens und Tuns werden in zeitgemäßem Gewande wiederentdeckt und gegebenenfalls erweitert. Dies wird die momentane gesellschaftliche Rolle der Musik verändern – die Kulturlandschaft überhaupt. Es wird neue (alte?) Dimensionen kulturellen Erlebens schaffen. Die ausschließliche Gleichsetzung von Musik mit Leistung, Kunst oder der Erfüllung von Hörerwartungen (und sei es auch das permanent Unerwartete) ist nicht mehr haltbar. Musik ist eine Form menschlichen Ausdrucks, und sie ist als solche für alle da. Daher darf (in Anlehnung an Beuys) propagiert werden: *Jeder Mensch ist ein Musiker!*

Natürlich wird all das, was an musikalischen Gewohnheiten und Unterhaltungseffekten existiert, und zum Teil hier behandelt wurde, vorläufig auch weiterbestehen. Darüber hinaus aber wird sich im kulturellen Bereich ein Geist ausbreiten, der getragen ist von der Konzentration auf Wesentliches und dem Wunsch nach umfassender Reifung und Heilung. Angesichts der globalen Krise wird die Menschheit insgesamt erwachsener werden und gesünder (im Einklang) leben – oder sie hat eine schlechte Prognose für ihre weitere Existenz unter humanen Bedingungen. In dem Wort »er-wachsen« steckt sowohl Wachstum als auch Wachsein, das heißt, eine Erweckung zu mehr Be-

244

wußtheit. Als überwiegender Optimist vertraue ich auf die Erkenntnisfähigkeit des Menschen, die genauso explosionsartig zunehmen kann wie die kommunikative Vernetzung der Erdbevölkerung. Die Informationsrevolution wird ein weltweites Netzwerk technischer Kommunikation errichten. Der notwendige Erkenntnisprozeß bedarf jedoch, über die Ebene sachlicher Information hinaus, erlebnisbestimmter Wege. Die immer wieder beschriebenen Entfremdungserscheinungen[2] können nur durch zeitgemäße Formen der Selbsterfahrung wahrgenommen, aufgedeckt und korrigierend bearbeitet werden.

Im Zusammenwirken mit anderen kulturellen und künstlerischen Möglichkeiten und Medien kann ein menschennahes musikalisches Erleben und Handeln helfen, das Bewußtsein einer größeren Zahl von Menschen in kürzerer Zeit auf die notwendigen umfassenden Veränderungen einzustimmen. Musik kann die Erfahrung vermitteln, daß alles *eins* ist, daß es nur *eine* gemeinsame Welt der Zukunft gibt. Eine persönlich gespürte *Teilhabe*, aber auch die Arbeit an den sie verhindernden Kräften, wirkt einigend und heilend in einem universellen Sinne. Die Entfremdungen werden in dem Maße schwinden, wie die Aufmerksamkeit für die leibseelische Befindlichkeit jedes einzelnen Menschen, für die Begegnung mit seiner inneren und der äußeren Natur wächst, durch kreativen Selbstausdruck und erlebte Gemeinschaft mit anderen Menschen und der Mitwelt. Daraus entwickelt sich ein individuell partizipierendes und integrales Bewußtsein.

Zu dieser Entwicklung gehört die Begegnung der Kulturen, eine Intensivierung der interkulturellen Kommunikation auf allen Ebenen. Im Hinblick auf die Musik wird ein Hören des »anderen« geübt, welches Hörgewohnheiten und damit (musikalisches) Bewußtsein verändert und erweitert. Dadurch wird Verständnis geweckt für das »andere«, welches als ein modifiziertes Eigenes erfahren werden kann. Gesprächskonzerte (bei denen der Musiker über die von ihm aufgeführte Musik auch spricht) in Verbindung mit Seminaren sind beispielsweise Möglichkeiten, erstes – und dann auch vertiefendes – Interesse an der Kultur und Musik andersartiger Völker zu fördern, ihre Instrumente,

Spielweisen und musikalischen Ordnungen kennenzulernen. Über die Traditionspflege hinaus lernt man durch das improvisierte Spiel mit fremdländischen Strukturen, sich in verschiedenste Seelenstimmungen einzufühlen. Ein freies, kreatives Spiel mit Instrumenten und musikalischen Elementen aller Völker eröffnet Wege zu einer Weltmusik als Teil einer Weltkultur, ohne daß dabei kulturelle Eigenarten und Identitäten verlorengehen müssen. Dagegen wird die Verständigung zwischen den Völkern und Kulturen der Erde gefördert, so daß es einfacher wird, die psychosozialen und ökologischen Probleme unseres gemeinsamen Planeten in der dafür notwendigen Zusammenarbeit anzugehen.

Interkulturelle Kommunikation und interkultureller Austausch machen den wesentlichen und verbindenden Kern alles Menschlichen deutlicher spürbar. Letztlich geht es bei allem »neuen Denken« und »Paradigmenwechsel« ja nicht um wirklich *neue* Erkenntnisse. Neues Wissen – ja, vor allem auf der physischen Ebene. Aber die wesentlichen metaphysischen Wahrheiten über den Urgrund unserer Existenz – da wird es wohl eher um eine Neueinkleidung der »Philosophia perennis« gehen, jener ewigen Philosophie, die seit Jahrtausenden in wechselnden zeit- und kulturbedingten Gewändern geoffenbart wird[3]. Die wesentlichen Dinge werden durch Informationsfülle, Kybernetik und Computer-Vernetzung nicht klarer. Diese kommunikative Entwicklung vermag auf der technologischen Ebene reparieren und umorganisieren helfen. Auch auf der zwischenmenschlichen Ebene des kulturellen Austausches eröffnet sie fruchtbare Entfaltungsmöglichkeiten. Der zugrundeliegende Sinn bedarf jedoch tiefer persönlicher Erfahrung. Dies darf man nicht vergessen.

Bei den zivilisationsbedingten Problemen, die auf uns zukommen, halte ich es für durchaus angemessen, sehr bald längerfristige Perspektiven ins Auge zu fassen, die über die pragmatische Ebene der akuten Krisenbewältigung hinausgehen. Wenn innerhalb des Gesundheitssektors sich zunehmend Konsens darüber abzeichnet, daß der Ausbau des Präventiv-Bereichs die einzige Alternative zum finanziellen Kollaps darstellt, so muß auch auf der sozialen und psychologischen Ebene bald eine Wende eingeleitet werden. Angesichts wachsender Arbeitslosigkeit und Arbeitszeitverkürzung stellt die Konsum- und Ersatzbefriedigungs-Kultur keine bezahlbare Alternative dar, von den ethischen Aspekten einmal ganz abgesehen. Ein Mehr an Freizeit-Industrie und TV-Kanälen kann die tiefere Bedürftigkeit der Menschen nach Selbstverwirklichung nicht befriedigen. Es wird immer notwendiger, sinnvolle Betätigungsmöglichkeiten zu eröffnen und dafür Räume zu schaffen. Wachsende Gewalt, Kriminalität, Drogenmißbrauch und Verelendung eines Teiles der Bevölkerung gefährden den sozialen Frieden und damit alle humanen Errungenschaften des modernen Menschen. Der Krieg in europäischen Nachbarländern führt uns deutlich vor Augen, wie dünn die Schicht der Zivilisation ist und was darunter lauert. Kultur und Kultivierung – kann uns das retten?

Ausgegangen sind wir vom ursprünglichen Sinn der Kultur, einem pfleglichen Umgang mit Körper, Seele und Geist. Musik wurde beschrieben als wesentliches zwischenmenschliches Kontaktmittel und als Verbindungsmöglichkeit zwischen dem Menschen und einem wie auch immer benannten Bereich des Numinosen. Musik vermittelt unter geeigneten Umständen ein intensives und heilsames Gefühl der Verbundenheit mit anderen Menschen, in begnadeten Augenblicken ermöglicht sie Anschluß an das Numinose. Damit wird Musik zum Medium spiritueller Erfahrung. Traditionell spielt sie im Bereich Religion – Kunst – Heilung, welcher mit dem Wachstumsprozeß des Menschen verbunden ist, eine tragende Rolle. Wie andere Künste birgt sie ein hohes Potential an Impulsen und Kräften zur Förderung und Gestaltung gesellschaftlicher Transformationsprozesse.

Das Krankmachende an der heutigen Gesellschaft und seine zukünftigen Auswirkungen werden nicht nur von Experten erkannt. Laut Umfrage halten die Deutschen Zivilisationsschäden für *die* Krankmacher von morgen[4]. An erster Stelle wird dabei Streß genannt. Jeder zweite meint, Leistungsdruck sei die schlimmste Gefahr für die Gesundheit. An zweiter Stelle rangieren Krankheiten, die durch Umweltschäden bedingt sind (Allergien, Hautkrebs usw.). 92 Prozent der Bevölkerung wünschen sich eine bessere Vorsorge, 88 Prozent mehr Behandlung psychischer Leiden. Diese Einschätzung der Lage läßt sich gut mit meinen Vorstellungen hinsichtlich kultur- und gesundheitspolitisch notwendiger Reformen in Verbindung bringen. So plädiere ich dafür:

- mehr Raum zu schaffen für leistungsfreies Erleben und Tun
- mehr Vorsorge im Gesundheitsbereich anzubieten und dabei elementare kulturelle Aktivitäten einzubeziehen;
- mehr psychotherapeutisch orientierte Prävention, Behandlung und Rehabilitation zu betreiben, auch um die kostenintensiven und häufig sinnlosen medizinischen Maßnahmen bei psychisch bedingten Erkrankungen zu reduzieren; Verfahren, die mit Mitteln von Kunst und Kultur arbeiten, stark in dieses Netzwerk zu integrieren;
- ein partizipierendes und damit ökologisches Bewußtsein zu fördern, um die umweltbedingten gesundheitlichen Schäden zu verringern und dabei nicht nur intellektuelle, sondern vor allem erlebnisorientierte Angebote zu machen.

Bei diesem »Mehr« geht es jedoch nicht um ein weiteres quantitatives »Mehr« in dem Sinne, wie es in den Bereichen Wirtschaft, Technik, Wohlstand usw. immer wieder propagiert wird, sondern um ein qualitatives, welches durchaus mit Bescheidenheit und Verzicht auf großen materiellen Aufwand in Einklang zu bringen ist. Ein bis zur Sucht gehendes Konsumverhalten, welches doch nur Ersatzbefriedigungen verschafft, könnte dabei verringert werden zugunsten eines elementaren Wiederspürenlernens jener Bedürfnisse, die sich nicht auf das »Haben«, sondern auf das »Sein« beziehen[5]. Eine solche Seins-Qualität kann nicht nur in Form rational-verbaler Ethikunterweisung vermittelt werden. Es bedarf vor allem persönlicher Erfahrung. Selbsterfahrung mit schöpferischen Mitteln ist ein wesentlicher Beitrag zu diesem Bewußtseinswandel. Die Wiederentdeckung des Einfachen im kulturellen Bereich könnte beispielhaft wirken. Die schlichte Wahrnehmung äußerlich minimal scheinender Prozesse in Körper und Atem, ihr Ausdruck in Bewegung, Klang, Farbe und Form – das ergibt vielleicht keine spektakulären »Kicks«, fördert aber die Wiederentdeckung der tiefgreifenden Wirkungen des Elementaren. Therapeuten, die mit künstlerischen Mitteln umgehen und somit über Erfahrungen in bezug auf eine menschennahe Kulturarbeit verfügen, könnten Geburtshilfe leisten bei der Einrichtung entsprechender Zentren.

»Kulturtherapie« hat auch noch die Bedeutung, das Kranke an unserer Kultur zu therapieren und in einem vielschichtigen Gesundungsprozeß Harmonie anzustreben: als ganzheitliches, fließendes Gleichgewicht der Kräfte. Drei Ebenen kommen hierbei in wechselseitigen Austausch:[6]

- die *individuelle* durch Wandlung der eigenen Persönlichkeit,
- die *soziale* durch Wandlung in den gesellschaftlichen Gruppen, von Partnerschaft und Familie bis hin zu großen Organisationen und Institutionen,
- die *globale* durch Wandlung mit Hilfe kommunikativer Vernetzung, des Austauschs von Erfahrungen in Politik, Wissenschaft, Philosophie und Kunst und in der Folge einer weltweiten Verständigung über die existentiellen Fragen.

Ohne ökologische Erneuerung kann der einzelne seine Gesundheit nicht erhalten, und ohne Mitwirkung des einzelnen werden sich die sozialen Gruppen nicht verändern und Einfluß auf die globale Transformation nehmen. Soziale Institutionen wie Schulen und andere Bildungsstätten, Gewerkschaften und Unternehmerverbände, Einrichtungen, die im weitesten Sinne mit Gesundheit und psychosozialer Hygiene beschäftigt sind, werden alle an der Umgestaltung von der industriellen zur ökologischen Gesellschaft, der Verlagerung nationaler auf planetarische Interessen mitwirken. Kultur wird dabei eine entscheidende Rolle spielen, die »Philosophia perennis« ebenso wie neue, internationale künstlerische Projekte und Entwicklungen.

Basis jedoch ist die Erfahrung und das Bewußtsein jedes einzelnen. Die Wiederherstellung einer seelisch-geistigen Ökologie erfordert Maßnahmen, die das Übermaß des rational-analytischen Denkens ausgleichen. Dies ermöglicht eine gezielte Förderung des Intuitiven, Integrativen und Ganzheitlichen, des Körperlichen und Künstlerischen. Es werden sich Formen des individuellen und sozialen Lernens entwickeln, in denen musische Elemente, leistungsfreies schöpferisches Sein und Tun wieder selbstverständlicher werden. Dadurch wird das erforderliche Potential im Menschen freigesetzt, das den notwendigen Wandel im Erleben, Denken und Handeln ermöglicht.

Ohne daß dem Menschen die künstlerischen Mittel zurückgegeben werden, ohne daß jeder, der will, die Chance hat, am schöpferischen Weltprozeß teilzunehmen, wird es keine Heilung von der Entfremdung geben und damit auch kein Bewußtsein, das den Bedürfnissen einer lebbaren Gegenwart und Zukunft angemessen ist. Die Erfahrungen aus dem Bereich Kunst und Therapie sind ein wesentlicher Schlüssel für diese Entwicklung. Das Zeitalter, welches Hesse einmal das »feuilletonistische« nannte, in der Kultur und Kunst abgespalten vom Leben des einzelnen ein großenteils dekoratives Dasein fristeten, nähert sich seinem Ende. Propheten des neuen Zeitalters der Wiedervereinigung und Integration von Kultur, Kunst und Leben sind Künstlerpersönlichkeiten wie Beuys und Cage. Solche Haltungen, die den Menschen und Künstler, den Philosophierenden und Gestaltenden einschließen, ermutigen zu einer menschennäheren Zukunftskultur. An dieser können wir alle mitwirken. Jeder ist auf seine Weise dazu berufen.

Viel Initiative wird »von unten« kommen müssen, durch ein Zusammenwirken von Künstlern, Pädagogen, Theologen, von Menschen, die in den psychosozialen Berufen tätig sind oder in irgendeiner Form an der Entfaltung des menschlichen Potentials und an einer für alles Leben auf unserem Planeten würdigen Zukunft mitarbeiten wollen. Durch Ideen, Experimente und Modelle, die auf eine Erneuerung und Erweiterung der Kultur hinzielen, werden die Verantwortlichen in Politik, Wirtschaft und den verschiedensten Institutionen zu inspirieren sein, sich für diesen Wandlungsprozeß zu engagieren. Die Zukunftsmusik spielt bereits, wenn man genau hinhört, und jeder ist eingeladen, mitzuspielen.

ANHANG

1. Anmerkungen

Vorwort

1 Timmermann 1993, S. 67–77

2 Prof. Decker-Voigt, einer der Pioniere der deutschen Musiktherapie und heute Leiter des Diplom-Studienganges an der Hamburger Musikhochschule, bot damals, in den 70er Jahren, in der Medienpädagogischen Werkstatt Hösseringen Einführungsseminare an. Dies war meine Initiation in die Musiktherapie.

3 In 30 Jahren intensiver Aufbauarbeit unter der Leitung von Prof. Alfred Schmölz entwickelte sich der Lehrgang zu einem umfassenden praxisnahen Ausbildungsprogramm, welches kürzlich als Kurzstudium mit Diplomabschluß staatlich anerkannt wurde. Näheres vgl. z. B. Schmölz 1987.

4 Hier wäre zunächst der Einsatz von Prof. Baitsch zu würdigen, dem damaligen Leiter der »Abteilung für Anthropologie und Wissenschaftsforschung«. Er erkannte schon sehr früh die Möglichkeiten musiktherapeutischer und sonstiger kreativer Arbeit sowohl für Patienten als auch für den präventiven Bereich. Prof. Kächele öffnete als Leiter der Abteilung »Psychotherapie« seine Ambulanz für die Musiktherapie und wirkt als ein unentbehrlicher Berater in Forschungsfragen. Einen ersten Überblick über den bisherigen Verlauf des Projektes vermittelt Herrlen-Pelzer et al. 1991.

5 Timmermann 1990.

6 Diese Einrichtung wurde von dem Kunsttherapeuten Christoph Thomas initiiert und von der AOK gefördert.

7 Sloterdijk 1993, S. 12.

Einleitung

1 Duden Bd. 7, 1963, S. 218.

2 Dieses alte pythagoräische Wissen wurde in der Gegenwart neusten naturwissenschaftlichen Prüfungen unterzogen. Vgl. vor allem das Buch von Rudolf Haase: *Der meßbare Einklang.*

3 Die im Duden (s. o. S. 376) genannte Übersetzung des lateinischen Ausdrucks mit »Pflege von Körper und Geist« habe ich dabei um die seelische Komponente ergänzt.

4 Vgl. Jacoby, Heinrich 1984.

5 Der Kunstbegriff von Josef Beuys wird später noch ausführlich bedacht.

6 Auch John Cage wird uns noch beschäftigen.

7 Vgl. Suppan 1984.

8 Der Begriff wurde 1855 von dem Kölner Antiwagnerianer J. H. Bischoff als Spottbegriff für Wagners Musikdramen geprägt, anküpfend an dessen Schrift *Das Kunstwerk der Zukunft*. Wagner selbst lehnte den Begriff zunächst ab, verwendete ihn dann kurzzeitig selbst, um ihn schließlich durch »neudeutsch« zu ersetzen (vgl. Seeger Bd. II 1966, S. 561 und Thiel 1973, S. 641). Diese nationale Komponente ist für den hier gemeinten Zusammenhang völlig irrelevant, wie sich aus dem Folgenden noch ergeben wird.

Kapitel I. 1.

1 Meier-Seehofer 1993, S. 4.

2 Hierzu finden sich jenseits romantischer Verklärung interessante Gedanken bei Duerr 1990; Macho 1991 (S. 505) und Chatwin 1993 (S. 222 ff).

3 Jaynes 1988, explizit S. 248.

4 Eine gute Kartographie dieser verschiedenen Bewußtseinsschichten findet man bei: Scharfetter 1991, S. 41 ff.

5 Kerenyi in Heyer o. J., S. 132.

6 Steindl-Rast 1988, S. 13.

7 Mit dem Begriff Kunst beschäftigt sich noch ausführlich Kap. II, 1.

8 Jensen 1992, S. 74 ff.

9 Erikson 1991, S. 217.

10 Jensen S. 104.

11 Lommel 1968, S. 11.

12 Onfray 1993, S. 57.

13 Im Englischen wird diese Verbindung in »holy« (= heilig) und »whole« (= ganz) auch hörbar.

14 Vgl. Heiler S. 33.

15 Diese Dreiteilung wird hier dargestellt in Anlehnung an Rätsch 1991, S. 224.

Kapitel I. 2.

1 Zit. nach Suppan 1984, S. 30.
2 Das Wort ist tibetisch und bezeichnet im Glauben der Tibeter den Zwischenzustand zwischen den Momenten von Tod und Wiedergeburt, wie er ausführlich beschrieben ist im *Tibetanischen Totenbuch*, herausgegeben von W. Y. Evans-Wentz.
3 Das Zitat stammt aus meinem Artikel *Musik und Selbsterfahrung. Gedanken von und über den Komponisten Peter Michael Hamel.* Dieses Portrait gestaltete ich aus einem persönlichen Gespräch, das auf Tonband mitgeschitten wurde. Vgl. *Musiktherapeutische Umschau*, Bd. 4, Heft 4, 1984, und *Musiktexte. Zeitschrift für Neue Musik*, Heft 4, Köln 1984.
4 Noller 1993, S. 4.
5 In Anlehnung an Suppan 1984.
6 Ornstein 1974, S. 69 ff.

Kapitel I. 3.

1 Vgl. Dittrich u. Scharfetter, 1987; Scharfetter, 1991; Timmermann 19989, S. 93).
2 Der Begriff wurde von C. G. Jung in die moderne Psychologie eingeführt und ist Basis für die Modelle der Transpersonalen Psychologie. Näheres hierzu finden wir in den Werken von C. G. Jung und dem Standard-Einführungwerk von Walsh & Vaughan (1984).
3 Vgl. Drewermann 1992 (Bd. 2), S. 101.
4 Näheres zum Thema »Musik und Traum« findet sich in dem gleichnamigen Beitrag von Isabelle Frohne-Hagemann in dem von ihr auch herausgegebenen Buch *Musik und Gestalt* (1990, S. 153 ff). Zur Traumsymbolik gibt es lesenswerte Beiträge von Hildemarie Streich in der *Musiktherapeutischen Umschau.*
5 Die Schulmedizin neigt noch immer zu einer Pathologisierung außeralltäglicher Bewußtseinszustände. Es ist Scharfetter (1991, S. 45) hoch anzurechnen, wenn er für die Psychiatrie ihre Kenntnis, Erlebnisinhalte und Auslöser als wichtig erachtet, um ungerechtfertigte Pathologisierungen zu vermeiden und topographisch in pathologischen Fällen dazuzulernen. Der Psychiater und LSD-Forscher Grof (der heute mit einer Kombination von forcierter Atmung und Musik, der »Holotropen Therapie«, arbeitet) hat aus diesem Grunde ein Netzwerk zur Hilfe von Menschen in spirituellen Krisen aufgebaut.

6 Diese findet man sehr anschaulich und klar beschrieben bei Haerlin 1987.
7 Diese gesamte Thematik ist ausführlich beschrieben in Peter Michael Hamels Buch *Durch Musik zum Selbst*.

Kapitel I. 4.

1 Im folgenden beziehe ich mich vor allem auf: Bonin 1986; Duerr 1983 und 1984; Eliade o. J.; Harner 1982; Kalweit 1987 a und 1987 b; Oppitz 1981; Uccisic 1991.
2 Vgl. dazu Lommel 1968, S. 19 f.
3 Die strukturellen Ähnlichkeiten zwischen Schamanismus und Psychotherapie wurden mir in den Seminaren von Hartmut Kraft bei den Lindauer Psychotherapie-Wochen bewußt; vgl. dazu Kraft 1990.

Kapitel II. 1.

1 Stumpfe 1972, S. 21.
2 Bahnbrechend für eine neue Musikpädagogik sind die Schriften von Heinrich Jacoby 1980 und 1984.
3 Vgl. z. B.: Mäckler 1987.
4 Blättner 1968, S. 40.
5 Zit. nach: Zahn o. J., S. 24.
6 Blossfeld 1982, S. 9.
7 Stumpfe s. o.
8 Petersen 1992.
9 Neumann 1987.
10 Zit. nach Harlan 1986, S. 27.
11 Zit. nach Zweite, 1991, S. 20.
12 van der Grinten 1990, S. 15.
13 Vgl. Stachelhaus 1987, S. 94 f und S. 164.
14 Stachelhaus 1987, S. 146.
15 Bischoff 1991, S. 17.
16 In diesem Zusammenhang sei auf die von C. G. Jung erstmals geäußerten Gedanken zur Synchronizität akausaler Zusammenhänge verwiesen, die bei Peat 1989 vertieft und aufgrund neuster wissenschaftlicher Erkenntnisse als verborgene Ordnung reflektiert werden.

17 Zit. nach Bischoff, s. o., S. 33.
18 Zit. nach Lewallen, S. 68.
19 Zit. nach Mäckler, s. o., S. 162.
20 Duden Bd. 7, S. 531.

Kapitel II. 2.

1 Ramseyer 1967, S. 8.
2 Sloterdijk 1993, S. 297.
3 Rauhe/Flender 1986, S. 9.
4 Sloterdijk 1993, S. 159.
5 Die ausführliche Darstellung dieses Modells ist zu finden in Gebsers zentralem Werk *Ursprung und Gegenwart* (1978).
6 Vgl. Exter & Röhrßen 1986.
7 Vgl Hamel 1980 und Timmermann 1987.
8 Stockhausen 1975.
9 Näheres zu diesem Thema in Timmermann 1987, S. 37 ff.
10 Haase 1977.
11 Viele Anregungen zu dieser Frage bekam ich, als ich sie meinen Wiener Studenten stellte, denen somit mein Dank für ihre Beteiligung an den folgenden Ausführungen gilt.
12 Bialas, zit. nach Pöllmann, Rainer, CD-Cover-Text zu Peter Michael Hamels »The arrow of time«, S. 15.

Kapitel II. 3.

1 Der Dirigent Ingo Metzmacher in einem Interview mit der »Süddeutschen Zeitung« (18. 6. 93, S. 13) zur »Musica Viva«, einer Konzertreihe mit »Neuer« Musik.
2 Ortega y Gasset, Ges. W. II, 1954, S. 232.
3 S. o.
4 Sloterdijk 1993, S. 302 ff.
5 Ebenda S. 304.
6 Wolfgang Schreiber: Deutsche Archäologie. Wo Neues alt aussehen kann. Die Donaueschinger Musiktage als Ritual der amtierenden Avantgarde. In: Süddeutsche Zeitung, 22. 10. 93, S. 15.
7 Ich folge damit der Jungschen Auffassung, hier zitiert nach Pochat 1983, S. 108.
8 Niedecken 1988, S. 25 f.

9 Lachenmann 1985, S. 7 ff.
10 Zit. nach Timmermann 1983, S. 178.
11 Ebenda 176 ff.
12 Sloterdijk 1987a, S. 42 ff.
13 In den Büchern von J. E. Behrendt erfuhr u. a. die Harmonikale Grundlagenforschung eine populärwissenschaftliche Verbreitung, die in gutgemeinter Euphorie in puncto Seriösität einigen Schaden anrichtete.
14 Ebenda 61 ff.
15 Sloterdijk 1987a, S. 114 f.
16 Andernorts ausführlich dargelegt (Timmermann 1989) ist der Gedanke, daß »Harmonia« in der griechischen Mythologie die Tochter von Aphrodite, Göttin der Schönheit und der Liebe, und des Ares ist, dem Gott des Krieges, der Agression, des Streits. Somit wird Harmonie zum Symbol für eine Ganzheit, in der polare Gegensätze integriert sind.
17 Die Struktur der Obertonreihe kann man sich am Monochord gut verdeutlichen, indem man eine Saite in der Reihenfolge der ganzen Zahlen teilt, also halbiert, drittelt, viertelt usw. Die ersten sechs Töne, die dabei entstehen, gehören alle zum Durdreiklang, dem Paradebeispiel für »Harmonie«. Je weiter man teilt, desto dissonantere Intervalle entstehen, alle Intervalle jedoch sind Teiltöne des einen Grundtons, den man teilt.

Kapitel II. 4.

1 Ferguson 1982.
2 Vester 1980.
3 Capra 1982.
4 Der Gedanke des Paradigmenwechsels stammt ursprünglich von dem Wissenschaftstheoretiker Thomas S. Kuhn (1978). Sehr vereinfacht und verallgemeinert ausgedrückt, bedeutet Paradigma ein fixes Muster, innerhalb dessen sich das Denken einer bestimmten Zeit bewegt. Echte Innovationen sind erst dann möglich, wenn durch Veränderungen in diesem Muster ganz neue Denkwege möglich werden.
5 Capra & Steindl-Rast 1991.
6 Ebenda S. 12 ff.
7 Eine aktuelle literarische Verarbeitung dieses Themas ist der Roman *Melodien* von Helmut Krausser, erschienen 1993 im List-Verlag.

8 Sloterdijk 1993, S. 125 ff.
9 Metzner 1992.

Kapitel III. 1.

1 Sloterdijk 1987b, S. 55.
2 Vgl. z. B.: Bonin 1986 und Duerr 1983.
3 Zit. nach Yasargil 1962, S. 312.
4 Müller 1979.
5 Tucek 1993, S. 6.
6 Yasargil 1962, S. 306 ff.
7 Gebser, Ges. W. Bd. II, 1972, S. 143.
8 Petzold 1990, S. 519 f.
9 Möller 1974, S. 64 ff.
10 Vgl. hierzu vor allem die Bücher von Rudolf Haase.
11 Möller 1974, S. 77 ff.
12 Möller 1974, S. 83 ff
13 Näheres hierzu findet man bei: Timmermann 1983.
14 Möller 1974, S. 117.
15 Möller 1974, S. 126 ff.
16 Möller 1974, S. 151.
17 Vgl. z. B. Gembris 1987 und Spintge & Droh 1985.
18 Pontvik 1955.
19 Kayser 1947.
20 Die Wiener Ausbildung wird umfassend beschrieben bei Schmölz, Alfred: Die Wiener Schule der Musiktherapie. In: Musiktherapeutische Umschau Bd. 8, Heft 3, 1987, S. 242–258.
21 Für den Überblick vgl. Petzold & Orth 1990.

Kapitel III. 2.

1 Czogalik 1988, S. 263 ff.
2 Ebenda, S. 267.
3 Hierzu ausführlich Petersen 1987.
4 Sloterdijk 1993, S. 284 f.
5 Loos 1986, S. 135 f.
6 Diese Phänomene sind gut beschrieben von Strobel 1990.
7 Langer 1965, S. 225. 8 Langer 1965, S. 228.
9 Langer 1965, S. 231.

10 Drewermann 1991, S. 14 f.
11 Näheres hierzu in Timmermann 1987, S. 11 ff.
12 Vgl. Gebser 1972.
13 Vgl. z.B. die neueren Bücher von Tilman Moser, die sich mit Psychoanalyse und Körpertherapie beschäftigen; siehe auch Haerlin 1993, S. 219 ff. Näheres zum Verhältnis von Musik und Psychoanalyse in Decker-Voigt 1991, S. 107 ff.
14 Vgl. Kächele & Scheytt 1990, S. 286 ff.
15 Huxley 1989, S. 33 f.
16 Mersmann, zit. nach Langer 1965, S. 238.
17 Wiltschko 1992, S. 87 f.
18 Sterba 1920.
19 Nitschke 1984, S. 167 ff.
20 Nirgendwo so gut beschrieben wie bei Loos 1986.

Kapitel III. 3.

1 Bräutigam 1978, S. 152.
2 Vgl. Loos 1986, S. 17.

Kapitel III. 4.

1 Vgl. Tomatis 1987; Verny & Kelly 1984; Decker-Voigt 1991.
2 Nöcker 1988.
3 Vgl. Laade 1975 und Timmermann 1989.
4 Wie die Hopi-Indianer mit dieser Strategie erfolgreicher waren als staatliche Agrarspezialisten mit modernster Ausrüstung kann man nachlesen in Duerr 1983.
5 Zit. nach: Schavernoch 1981, S. 38 f.
6 Vgl. Gembris 1987, S. 300 ff.
7 Vgl. Strobel & Timmermann 1991, S. 113 ff.
8 Vgl. Timmermann 1987, S. 60 ff.
9 Schneider 1991, S. 42 ff.
10 Vgl. Timmermann 1987, S. 159 ff.
11 Nach Stumpfe 1972, S. 10.
12 Schwabe 1979, S. 54.

Kapitel III. 5.

1 Vgl. Thomä/Kächele 1986, Bd. I, S. 97 f.
2 Dies ist etwas völlig anderes als eine bewußte und von einer stabilen Persönlichkeit gewünschte Aufgabe des Ich in der transpersonalen und mystischen Erfahrung.
3 Meister dieser therapeutischen Kunst ist Prof. Schmölz, der bis vor kurzem über lange Jahre hinweg die Wiener Ausbildung leitete und prägte. Zum Thema »Dialog« vgl. Schmölz 1989.
4 Loos 1986, S. 21.
5 Hegi 1986, S. 177.

Kapitel III. 6.

1 Diese musiktherapeutische Intervention wurde schon mehrfach genauer beschrieben, vor allem in: Timmermann 1990 (Diss.). Die Ulmer Studiengruppe Musiktherapie arbeitet an der Herausgabe eines Buches, in dem diese Fallstudie als Beispiel für Musiktherapieforschung als moderne Psychotherapieforschung beleuchtet wird. Vgl. zum Patienten auch Thomä/Kächele, Bd. 2 1988, S. 142 ff.
2 Vgl. Pfeiffer, Timmermann et al. 1986.
3 Tarr-Krüger 1989, S. 136

Kapitel III. 7.

1 Erlebnis, Einsicht und Übung sind die drei Begriffe, die Dürckheim (1983) als Pfeiler eines lebendigen Glaubens definierte. Damit inspirierte er mich zu dieser Begrifflichkeit.
2 Duden (Bd. 7) 1963, S. 727.

Kapitel III. 8.

1 Petersen 1987, S. 193.
2 Sloterdijk 1987, S. 249.
3 Wiltschko 1992, S. 68.

Kapitel IV. 1.

1 Jacobs 1985, S. 14.
2 Stolze 1992, S. 107.
3 Weinreb 1987, S. 14.
4 Tepperwein 1987, S. 68 ff.
5 Belz 1991, S. 28.
6 Romano Guardini, zit. nach Belz 1991, S. 29.
7 Die hier zitierte Schrift stammt in den Grundzügen aus dem Jahre 1932 (!) und erlebte 1972 die zweite Auflage. Jacobs 1983, S. 116.
8 Wilhelm Reich, Alexander Lowen, Gerda Boyesen, John Pierrakos, um nur einige Namen zu nennen.
9 Ein Beispiel hierfür ist vielleicht Tilman Moser und seine letzten Bücher über Körper und Psychotherapie.
10 Vgl. Betz, S. 14 f; auch die Forschungen von Irenäus Eibl-Eibelsfeld bestätigen dies.
11 Dürckheim 1983, S. 169.
12 Ebenda, S. 20.
13 Ein guter Überblick über die verschiedenen bewegungstherapeutischen Ansätz und Verfahren findet sich bei Petersen 1987, S. 209 ff.
14 Jacobs, 1983, S. 145.
15 Ebenda, S. 364 f.

Kapitel IV. 2.

1 Engert-Timmermann 1992, S. 6; es handelt sich um die Sendung *Ozeanische Musiknacht* von Barbara Wrenger, Bayr. Rundfunk, 2. Programm, gesendet am 3. 10. 92.
2 Jacobs 1985, S. 110.
3 Ebenda, S. 121.

Kapitel IV. 3.

1 Duden, Bd. 7, S. 632 f.
2 S. o., S. 206.

Kapitel IV. 4.

1 Vgl. Timmermann 1981 und 1983.
2 Diesem Raum wird im nächsten Teil noch ein ganzes Kapitel gewidmet.
3 Engert-Timmermann 1992, S. 2.
4 Vgl. hierzu Timmermann 1983 und 1987. Die Erforschung der psychologischen Themenfelder bestimmter Klangarchetypen wurde vor allem durch Wolfgang Strobel vorangetrieben. Vgl. dazu Strobel & Timmermann 1990.
5 Vgl. dazu Ramseyer 1969, S. 6.
6 Dürr 1990, S. 299.
7 Vgl. Zerries 1942.
8 Emsheimer 1941.
9 Dürr 1990, S. 64 f.
10 Dürr 1990, S. 299.
11 Zerries 1950/54.
12 Harner 1982.
13 Eliade 1954, S. 168 ff.
14 Harner in Doore 1989, S. 29.
15 Lawlis in Doore s. o., S. 207.
16 Neher 1962.
17 Doore 1989, S. 306.
18 Strobel 1992, S. 279–297; Schellberg 1993. Bau- und Spielkurse werden von Gabriele Engert-Timmermann am Freien Musikzentrum München durchgeführt.

Kapitel V. 1.

1 Weil 1988.
2 Timmermann 1989.
3 Weil, s. o., S. 64 ff.
4 Weil, s. o., S. 68 f.
5 Volbehr 1993, S. 25 f.
6 Ernst 1993 a, S. 123 ff.
7 Ernst 1993 b, S. 30.
8 Huxley 1983; Postman 1988, S. 192 ff.
9 Vgl. auch Petersen 1987, S. 93.

Kapitel V. 2.

1 Ortega y Gasset, Ges. W. IV, 1954, S. 11.
2 Sloterdijjk 1986, S. 72.
3 Gebser, Ges.W. Bd. VI, S. 382.
4 Steindl-Rast 1985, S. 182 f.
5 Vgl. z. B.: Marcuse 1969 u. 1979.
6 Nuber 1993.
7 Duden, Bd. 7, 1963, S. 645.

Kapitel V. 3.

1 In der Hirnforschung spricht man in diesem Zusammenhang vom Rechtshemisphärischen, dem die linke Körperhälfte zugeordnet ist; vgl. dazu Ornstein, 1974, S. 97.
2 Jacoby 1980.
3 Jacoby 1984.
4 Jacoby 1982, S. 12.

Kapitel V. 4.

1 Weber 1993, S. 8.
2 Hervorhebungen vom Autor.
3 Zit. aus einem Schreiben des Bundesgesundheitsministeriums an mich.
4 Der Artikel in der Süddeutschen Zeitung vom 4.10.93 basiert auf einem Gespräch mit dem SPD-Gesundheitspolitiker Martin Pfaff.

Kapitel V. 5.

1 Projektbeschreibung des Freien Musikzentrums München, nicht veröffentlichtes Manuskript, S. 1 f.
2 Ebenda, S. 13.
3 Erdacht und geleitet von Ulrike Trüstedt.
4 Näheres hierüber soll in einer *Festschrift 15 Jahre Freies Musikzentrum* dokumentiert werden, die dann am FMZ erhältlich sein wird.

Kapitel V. 6.

1 Vgl. vor allem Kapitel II.3.
2 Vgl. vor allem Kapitel V.2.
3 Der Ausdruck stammt von dem deutschen Philosophen Leibniz; Aldous Huxley (1987) stellte unter dem Titel *The Perennial Philosophy* (deutsch: Die ewige Philosophie) dazu Texte aus drei Jahrtausenden und allen Teilen der Erde, nach Themen gegliedert und kommentiert, zusammen.
4 Über die Zukunftsvorstellungen der Deutschen gab es eine Artikelserie im Nachrichtenmagazin *Focus*, hier zit. nach Heft 37/93, S. 52.
5 Vgl. hierzu Fromm 1976.
6 Vgl. Stikker 1988, S. 149 ff.

2. Literatur

BADER, A.: Die symbolische Interpretation zentralnervöser Erregung. In: Bader, A. (Hrsg.): Geisteskrankheit, bildnerischer Ausdruck und Kunst. Huber: Bern, Stuttgart, Wien 1975

BELZ, OTTO: Der Leib als sichtbare Seele. Kreuz: Stuttgart 1991

BONIN, WERNER: Naturvölker und ihre übersinnlichen Fähigkeiten. Goldmann: München 1986

BERENDT, JOACHIM ERNST: Nada Brahman. Insel: Frankfurt 1983

BISCHOFF, ULRICH: Kunst als Grenzbeschreitung: John Cage und die Moderne. Winterscheidt: Düsseldorf 1991

BLÄTTNER, FRITZ: Geschichte der Pädagogik. Quelle und Meyer: Heidelberg 1968

BLOSSFELD, KARL: Urformen der Kunst. Harenberg: Dortmund 1982

BONIN, WERNER: Naturvölker und ihre übersinnlichen Fähigkeiten. Goldmann, München 1986

BRÄUTIGAM, WALTER: Verbale und averbale Methoden in der stationären Psychotherapie. In: Zeitschrift für Psychosomatik, Medizinische Psychologie und Psychoanalyse. Bd. 24, 1978

CAPRA, FRIDJOF: Wendezeit. Bausteine für ein neues Weltbild. dtv: München 1982

CAPRA, FRIDJOF & STEINDL-RAST, DAVID: Wendezeit im Christentum. Perspektiven für eine aufgeklärte Theologie. Scherz: München 1991

CHATWIN, BRUCE: Traumpfade (The Songlines). Carl Hanser: München, Wien 1990

CHATWIN, BRUCE: Was mache ich hier? Fischer: Frankfurt 1993

CZOGALIK, DIETMAR: Was wirkt in der Psychotherapie? In Ehlers et al. (Hrsg.): Bio-psycho-soziale Grundlagen für die Medizin. Springer: Berlin, Heidelberg 1988

DECKER-VOIGT, HANS-HELMUT: Aus der Seele gespielt. Eine Einführung in die Musiktherapie. Goldmann: München 1991

DITTRICH, ADOLF & SCHARFETTER, CHRISTIAN: Ethnopsychotherapie. Enke: Stuttgart 1987

DITTRICH, ADOLF & SCHARFETTER, CHRISTIAN: Ethnospsychotherapie. Enke: Stuttgart 1987

DOORE, GARY (Hrsg.): Opfer und Ekstase. Bauer: Freiburg 1989

Duden Bd. 7, Etymologie. Bibliographisches Institut: Mannheim, Wien, Zürich 1963

DREWERMANN, EUGEN: Miomaki oder vom Geist der Musik. Walter: Olten 1991

DREWERMANN, EUGEN: Tiefenpsychologie und Exegese Bd. II, Walter: Olten Freiburg 1992

DUERR, HANS PETER (Hrsg.): Der Wissenschaftler und das Irrationale. Bd. 1., Frankfurt 1983a

DUERR, HANS PETER: Traumzeit. Syndikat: Frankfurt a. M. 1983b

DUERR, HANS PETER: Sedna oder die Liebe zum Leben. Suhrkamp: Frankfurt a. M. 1984

DÜRCKHEIM, KARLFRIED GRAF VON: Hara. Die Erdmitte des Menschen. Scherz: München 1983

ELIADE, MIRCEA: Schamanismus und archaische Ekstasetechniken. Rascher: Zürich o. J.

EMSHEIMER, E.: Über das Vorkommen und die Verwendungsart der Maultrommel in Sibirien und Zentralasien. In: Ethnos (Stockholm): 109–127, 1941

ENGERT-TIMMERMANN, GABRIELE: Musik und Atem. AFA 1992

ERIKSON, ERIK H.: Kindheit und Gesellschaft. Klett-Cotta: Stuttgart 1991

ERNST, HEIKO: Die Weisheit des Körpers. Piper: München 1993a

ERNST, HEIKO: Heilung ist vor allem Selbstheilung. In: Psychologie heute. Heft 9/ 1993 b

EVANS-WENTZ, W. Y. (Hrsg.): Das Tibetanische Totenbuch. Rascher: Zürich, Stuttgart 1953.

EXTER, ARVED & RÖHRSSEN, THOMAS: Wege zur Ganzheit – Aspekte einer integralen Entwicklungspsychologie. In: Internationale Jean Gebser Gesellschaft: Beiträge zur integralen Weltsicht. Vol. VI. Schlichter Atelierverlag: Stuttgart 1986

FERGUSON, MARILYN: Die sanfte Verschwörung. Sphinx: Basel 1982

FROMM, ERICH: Haben oder Sein. Die seelischen Grundlagen einer neuen Gesellschaft. Deutsche Verlags-Anstalt: Stuttgart 1976

FROHNE-HAGEMANN, ISABELLE (Hrsg.): Musik und Gestalt. Klinische Musiktherapie als Integrative Psychotherapie. Jungfermann: Paderborn 1990

GEBSER, JEAN: Ursprung und Gegenwart. In: Gesammelte Werke, Bd. 2 u. 3., Novalis: Schaffhausen 1978

GEMBRIS, HEINER: Forschungsprobleme der Musiktherapie am Beispiel »Musik und Entspannung. In: Musiktherapeutische Umschau Bd. 8 Heft 4, 1987: 300 ff

GÖTTNER-ABENDROTH, HEIDE: Für die Musen. Zweitausendeins: Frankfurt a. M. 1990

VAN DER GRINTEN, JOSEPH: Eurasia – Eine Welt der Kräfte. In: Haenlein, Carl (Hrsg.): Joseph Beuys. Eine innere Mongolei. Kestner Gesellschaft: Hannover 1990

HAERLIN, PETER: Wie von Selbst. Vom Leistungszwang zur Mühelosigkeit. Weinheim, Berlin 1987

HAMEL, PETER MICHAEL: Durch Musik zum Selbst. dtv: München 1980

HAMEL, PETER: The arrow of Time/The cycle of time. CD, Kuckuck: München 1992

HARNER, MICHAEL: Der Weg des Schamanen. Ansata: Interlaken 1982

HARLAN, VOLKER: Was ist Kunst? Werkstattgespräch mit Beuys. Urachhaus: Stuttgart 1986

HEGI, FRITZ: Improvisation und Musiktherapie. Jungfermann: Paderborn 1986

HEILER, FRIEDRICH: Erscheinungsformen und Wesen der Religion. Kohlhammer: Stuttgart 1961

HERRLEN-PELZER, SIBYLLE & SPONHOLZ, GERLINDE & BAITSCH, HELMUT (Hrsg.): Musik in Prävention und Therapie. Armin Vaas: Langenau-Ulm 1991

HUIZINGA, I.: Homo Ludens – Vom Ursprung der Kultur im Spiel. Rowohlt: Hamburg 1958

HUXLEY, ALDOUS: Schöne neue Welt. Ein Roman der Zukunft – Dreißig Jahre danach oder Wiedersehen mit der Schönen neuen Welt. Piper: München 1983.

HUXLEY, ALDOUS: Die ewige Philosophie. Piper: München 1987

HUXLEY, ALDOUS: Das Genie und die Göttin. Piper: München 1989

JACOBY, HEINRICH: Jenseits von ›Begabt‹ und ›Unbegabt‹. Christians Verlag: Hamburg 1980

JACOBY, HEINRICH: Jenseits von ›Musikalisch‹ und ›Unmusikalisch‹. Die Befreiung der schöpferischen Kräfte dargestellt am Beispiele der Musik. Christians Verlag: Hamburg 1984

JACOBS, DORE: Die menschliche Bewegung. Kallmeyer: Wolfenbüttel 1983

JAYNES, JULIAN: Der Ursprung des Bewußtseins durch den Zusammenbruch der bikameralen Psyche. Rowohlt: Reinbek bei Hamburg 1988

JENSEN, ADOLF, E.: Mythos und Kult bei Naturvölkern. dtv: München 1992

JUNG, C. G. ET AL.: Der Mensch und seine Symbole. Walter: Olten, Freiburg 1968

KÄCHELE, HORST & SCHEYTT, NICOLA: Sprechen und spielen – Verbale und nonverbale Aspekte des musiktherapeutischen Prozesses. In: Musiktherapeutische Umschau Bd. 11, 1990, S. 286–295

KALWEIT, HOLGER: Die Welt der Schamanen. Scherz: München 1987a

KALWEIT, HOLGER: Urheiler, Medizinleute und Schamanen. Kösel: München 1987b

KAYSER, HANS: Akroasis. Hatje: Stuttgart 1947

KERENYI, KARL, zit. nach HEYER, GUSTAV RICHARD: Praktische Seelenheilkunde. München: Kindler o. J.,

KRAFT, HARTMUT: Die Rituale der Initiation in Schamanismus und Psychotherapie/Psychoanalyse. Praxis der Psychotherapie und Psychosomatik. 35, 254–262, 1990

KRAUSSER, HELMUT: Melodien (Roman). List: München 1993

KUHN, THOMAS S.: Struktur wissenschaftlicher Revolutionen. Suhrkamp: Frankfurt 1978

LAADE, WOLFGANG: Musik der Götter, Geister und Menschen. Körner: Baden-Baden 1975

LACHENMANN, HELMUT: Über das Hören. In: Musiktexte 10, 1985

LANGER, SUSANNE: Philosophie auf neuen Wegen. Das Symbol im Denken, im Ritus und in der Kunst. Mittenwald 1979

LEWALLEN, CONSTANCE: Kunst ist eine Art Versuchslabor. In: Du. Die Zeitschrift der Kultur. Heft Nr. 5, Mai 1991

LOMMEL, ANDREAS: Schätze der Weltkunst Bd. I. Vorgeschichte und Naturvölker. Bertelsmann: Gütersloh 1968

Loos, Gertrud: Spielräume. Gustav Fischer: Stuttgart, New York 1986

Macho, Thomas in: Sloterdijk, Peter & Macho, Thomas: Weltrevolution der Seele. Bd. 2, Artemis & Winkler 1991

Marcuse, Herbert: Versuch über die Befreiung. Suhrkamp: Frankfurt 1969

Marcuse, Herbert: Triebstruktur und Gesellschaft. Ein philosophischer Beitrag zu Sigmund Freud. Suhrkamp: Frankfurt 1979

Mäckler, Andreas: Was ist Kunst? 1080 Zitate geben 1080 Antworten. Dumont: Köln 1987

Metzner, Ralph: Sucht und Transzendenz. Vortrag auf der Tagung des »Europäischen Collegiums für Bewußtseinsstudien« (ECBS) in Göttingen 1992 (Veröffentlichung im Druck)

Möller, Hans-Jürgen: Psychotherapeutische Aspekte in der Musikanschauung der Jahrtausende. In: Revers, J. W. et al. (Hrsg.): Neue Wege der Musiktherapie. Econ: Düsseldorf, Wien 1974

Müller, Peter: Zur Verwendung von elementaren Formen indischer Musik in der Musiktherapie. In: Pflüger, Peter Michael (Hrsg.): Rhythmus – Entspannung – Heilung. Beltz: Fellbach 1979

Munsterberg, Hugo: Zen-Kunst. Köln: Dumont 1978

Neher, Andrew: A physiological Explanation of Unusual Behaviour in Ceremonies Involving Drums. In: Human Biology (Zs.) 4: 151–160, 1962

Neumann Siegfried: Ist in der komplexen Gesellschaft von heute Gesundheit möglich? In: Kunst und Therapie. Bd. 11, Köln: Klein 1987

Niedecken, Dietmut: Einsätze. Material und Beziehungsfigur im musikalischen Produzieren. VSA: Hamburg 1988

Nitschke, Bernd: Frühe Formen des Dialogs. Musikalisches Erleben – Psychoanalytische Reflexionen. In: Musiktherapeutische Umschau. Bd. 5, Heft 3, 1984, S. 164 ff

Noller, Joachim: Ökologie und Energetik des Klangs. In: Musiktexte, Heft 49, 1993

Nöcker, Monika: Frühgeburt. Grundlagen für ein musiktherapeutisches Behandlungskonzept. Diplomarbeit an der Hochschule für Musik und Theater Hamburg 1988

Nuber, Ursula: Die Egoismus-Falle. Warum Selbsterfahrung uns oft so einsam macht. Kreuz: Zürich u. Stuttgart 1993

Oppitz, Michael: Schamanen im blinden Land. Syndikat: Frankfurt 1981

Onfray, Michel: Philosophie der Ekstase. Campus: Frankfurt a. M. 1993

ORNSTEIN, ROBERT: Die Psychologie des Bewußtseins. Kiepenheuer & Witsch: Köln 1974

ORTEGA Y GASSET, JOSE: Gesammelte Werke. Bd. II u. IV. Deutsche Verlagsanstalt: Stuttgart 1954

PEAT, F. DAVID: Synchronizität. Die verborgene Ordnung. Scherz: Bern, München, Wien 1987

PETERSEN, PETER: Der Therapeut als Künstler. Ein integrales Konzept von Psychotherapie und Kunsttherapie. Jungfermann: Paderborn 1987

PETERSEN, PETER: Heil-Kunst. Sprung in die therapeutische Zukunft. In: Decker-Vogt, Hans-Helmut (Hrsg): Spiele der Seele. Traum, Imagination und künstlerisches Tun. Trielog: Bremen 1992

PETZOLD, HILARION und ORTH, ILSE: Die neuen Kreativitätstherapien. 2 Bde. Jungfermann: Paderborn 1990

PFEIFFER, HERBERT, TIMMERMANN TONIUS et al.: Gruppentherapie bei Süchtigen mit musiktherapeutischen Elementen. In: Gruppenpsychotherapie und Gruppendynamik. Bd. 21, Heft 3, 1986

POCHAT, GÖTZ: Der Symbolbegriff in der Ästhetik und Kunstwissenschaft. Dumont: Köln 1983

PONTVIK, ALEKS: Heilen durch Musik. Rascher: Zürich 1955

POSTMAN, NEIL: Die Verweigerung der Hörigkeit. S. Fischer: Frankfurt a. M. 1988

RÄTSCH, CHRISTIAN: Von den Wurzeln der Kultur: die Pflanzen der Propheten. Sphinx: Basel 1991

RAMSEYER, URS: Klangzauber. Funktionen außereuropäischer Musikinstrumente. Führer durch das Museum für Völkerkunde und Schweizerisches Museum für Volkskunde Basel. Sonderausstellung 1969

SCHARFETTER, CHRISTIAN: Psychopathologie. Thieme: Stuttgart 1991

SCHAVERNOCH, HANS: Die Harmonie der Sphären. Freiburg 1981

SCHELLBERG, DIRK: Didgeridoo. Bruno Martin: Südergellersen 1993

SCHMÖLZ, ALFRED: Die Wiener Schule der Musiktherapie. In: Musiktherapeutische Umschau, Bd. 8, Heft 3, 242 ff (1987)

SCHMÖLZ, ALFRED: Entfremdung – Auseinandersetzung – Dialog. Zur Komplexität musiktherapeutischen Beziehungsgeschehens. In: Mitteilungsblatt der Internationalen Gesellschaft für Kunst, Gestaltung und Therapie. Heidelberg 1989.

SCHNEIDER, NORBERT JÜRGEN: Die Kunst des Teilens. Zeit, Rhythmus und Zahl. Piper: München 1991

SCHWABE, CHRISTOPH: Regulative Musiktherapie. Gustav Fischer: Stuttgart, New York 1979

SEEGER, HORST: Musiklexikon Bd. 2. VEB Deutscher Verlag für Musik: Leipzig 1966

SLOTERDIJK, PETER: Der Denker auf der Bühne. Suhrkamp: Frankfurt 1986

SLOTERDIJK, PETER: Kopernikanische Wende und ptolemäische Mobilmachung. Suhrkamp: Frankfurt 1987 a

SLOTERDIJK, PETER: Der Zauberbaum (Roman). Suhrkamp: Frankfurt 1987 b

SLOTERDIJK, PETER: Weltfremdheit. Suhrkamp: Frankfurt 1993

SPINTKE, RALPH & DROH, ROLAND (Hrsg.): Musik in der Medizin. Springer: Berlin 1985

STACHELHAUS, HEINER: Joseph Beuys. Heyne: München 1987

STEINDL-RAST, DAVID: Fülle und Nichts. Die Wiedergeburt christlicher Mystik. Dianus Trikont: München 1985

STEINDL-RAST, DAVID: Die Achtsamkeit des Herzens. Goldmann: München 1988

STERBA, RICHARD: Zur Dynamik der Bewältigung des Übertragungswiderstandes. In: Internationale Zeitschrift für Psychoanalyse Bd. 15, 1920, S. 456–470

STIKKER, ALFRED: Tao, Teilhard und das westliche Denken. Östliche Weisheit und die ganzheitliche Weltanschauung des Teilhard de Chardin als Leitlinien in einer Zeit des Wertewandels. Scherz: München 1988

STOLZE, HELMUTH: Der Körper in der Psychotherapie. In: Buchheim/Cierpka/Seifert (Hrsg.): Lindauer Texte. Springer: Berlin, Heidelberg 1992

STROBEL, WOLFGANG & HUPPMANN, GERNOT: Musiktherapie. Grundlagen, Formen, Möglichkeiten. Hogrefe: Göttingen 1978

STROBEL, WOLFGANG: Von der Musiktherapie zur Musikpsychotherapie. In: Musiktherapeutische Umschau. Bd. 11, Heft 4 1990, S. 313 ff

STROBEL, WOLFGANG & TIMMERMANN, TONIUS: Ethnotherapeutische Elemente in der psychotherapeutischen Praxis. Klanggeleitete Trance als Weg zum Unbewußten. In: Andritzky, Walter (Hrsg.): Jahrbuch für Transkulturelle Medizin und Psychotherapie. VWB–Verlag für Wissenschaft und Bildung: Berlin 1991

STROBEL, WOLFGANG: Das Didjeridu und seine Rolle in der Musiktherapie. In: Musiktherapeutische Umschau. Bd. 13, Heft 4 1992, S. 279–297

STUMPFE, ORTRUD: Symbolsprache der Märchen. Aschendorff: Münster 1972

SUPPAN, WOLFGANG: Der musizierende Mensch. Eine Anthropologie der Musik. Schott: Mainz 1984

TARR-KRÜGER, IRMTRAUD: Der Hunger, das Maß, die Sinne – Musiktherapie bei Bulimie. In: Musiktherapeutische Umschau. Bd. 10, Heft 2 1989

TEPPERWEIN, KURT: Die Botschaft Deines Körpers. Die Sprache der Organe. MVG-Verlag: Landsberg 1987

THIEL, EBERHARD: Sachwörterbuch der Musik. Kröner: Stuttgart 1973

THOMÄ, HELMUT & KÄCHELE, HORST: Lehrbuch der psychoanalytischen Therapie. 2. Bde., Springer: Berlin, Heidelberg, New York 1986 u. 1988

TIMMERMANN, TONIUS: Bedeutung psychischer und musikalischer Strukturen in der Musiktherapie. Untersuchung grundlegender struktureller Gegebenheiten in den Bereichen Psyche und Musik, der Möglichkeit analoger Beziehungen und methodische Anwendung der sich daraus ergebenden Konsequenzen in der musiktherapeutischen Praxis mit einem Suchtkranken. Unveröffentlichte Abschlußarbeit an der Hochschule für Musik und Darstellende Kunst: Wien 1981

TIMMERMANN, TONIUS: Musikalische Strukturen und ihre psychische Wirkung. Freies Musikzentrum e. V.: München 1983

TIMMERMANN, TONIUS: Musik durch Selbsterfahrung. Gedanken von und über den Komponisten Peter Michael Hamel. In: Musiktherapeutische Umschau. Bd. 4, Heft 4, 1983 und in: Musiktexte. Zeitschrift für neue Musik. Heft 4, 1984

TIMMERMANN, TONIUS: Musik als Weg. Das Er-fahren des Seins mit dem Klang. Pan Musikverlag: Zürich 1987

TIMMERMANN, TONIUS: Die Musen der Musik. Stimmig werden mit sich selbst. Kreuz-Verlag: Zürich u. Stuttgart 1989 a

TIMMERMANN, TONIUS: Das Monochord – eine Wiederentdeckung. In: Musiktherapeutische Umschau 10, 4, 1989 b

TIMMERMANN, TONIUS: Der musikalische Dialog. Beziehungsmuster im Spiegel bedeutsamer Momente im Therapieprozeß. Eine musiktherapeutische Einzelfallstudie. Diss. Ulm 1990

TIMMERMANN, TONIUS: Gegenwart und Zukunft der Musiktherapie. In: Musiktherapeutische Umschau, Bd. 14, Heft 1/93

TOMATIS, ALFRED: Der Klang des Lebens. Vorgeburtliche Kommunikation – die Anfänge der seelischen Entwicklung. Rowohlt: Reinbek bei Hamburg 1987

TUCEK, KADIR G.: Musik am Krankenbett. In: Information. Internationale Gesellschaft für musikethnologische Forschung und Musiktherapie: Wien, Frühjahr 1993

UCCUSIC, PAUL: Der Schamane in uns. Ariston: Genf 1991

VERNY, T. & KELLY J.: Das Seelenleben des Ungeborenen. Ullstein: Frankfurt 1984

VESTER, FREDERIC: Neuland des Denkens. Deutsche Verlags Anstalt: Stuttgart 1980

VOLBEHR, HARTWIG: Urvertrauen und Heilung – Krankheit im Prozeß geistiger Bewußtwerdung. In: Internationale Jean Gebser Gesellschaft (Hrsg.): Beiträge zur integralen Weltsicht. Vol. VIII, Novalis: Schaffhausen 1993

WALSH, R. M. & VAUGHAN, F.: Psychologie der Wende. Scherz: Bern, München, Wien 1984

WEBER, TILMANN: Der Psychotherapeut. Mediziner oder Psychologe? In MU 14/1, 1993

WEIL, ANDREW: Heilung und Selbstheilung. Beltz: Basel 1988

WEINREB, FRIEDRICH: Leiblichkeit. Unser Körper und seine Organe als Ausdruck des ewigen Menschen. Tauros: Weiler 1987

WILTSCHKO, JOHANNES: Anfänger-Geist. Hinführungen zur Focusing-Therapie I. DAF, München 1991

YSARGIL, M. G.: Über die Musiktherapie in Orient und Okzident. In: Schw. Arch. Neurol. Neurochir. Psychiat. 90, 1962, S. 301–326

ZAHN, LEOPOLD: Geschichte der Kunst. Gütersloh: Bertelsmann o. J.

ZERRIES, OTTO: Das Schwirrholz. Strecker & Schröder: Stuttgart 1942

ZERRIES, OTTO: Kürbisrassel und Kopfgeister in Südamerika. In: Paideuma (Zs.) 323–339, 1950/54

ZWEITE, ARMIN (HRSG.): Joseph Beuys. Natur, Materie, Form. Schirmer/Mosel: München 1991

Die neue Taschenbuchreihe:

Wege zur Ganzheit
Spiritualität – Heilung – Körpererfahrung

Robert O. Becker
Der Funke des Lebens
Heilkraft und Gefahren
der Elektrizität
416 Seiten. Serie Piper 2002

Joseph Campbell
Der Flug der Wildgans
Mythologische Streifzüge
285 Seiten. Serie Piper 2076

Tonius Timmermann
Die Musik des Menschen
Gesundheit und Entfaltung durch
eine menschennahe Kultur
288 Seiten. Serie Piper 2089

Alan W. Watts
Weisheit des ungesicherten Weges
126 Seiten. Serie Piper 2071

Dina Glouberman
**Der Hund, die Möhre,
der Samowar
und das Fischerboot**
Die Heilkraft der inneren Bilder
319 Seiten. Serie Piper 2079

Helmut Milz
**Mit Kopf, Hand, Fuß,
Bauch und Herz**
Ganzheitliche Medizin und
Gesundheit
288 Seiten. Serie Piper 2077

Idries Shah
Magie des Ostens
Die geheime Überlieferung des
Orients und Asiens
285 Seiten. Serie Piper 2078

PIPER